工业化先行地区
经济增长的动能转换

——佛山样本

罗锋　黄丽　朱宇婷　著

九州出版社
JIUZHOUPRESS

图书在版编目（CIP）数据

工业化先行地区经济增长的动能转换：佛山样本 / 罗锋，黄丽，朱宇婷著. -- 北京：九州出版社，2021.7

ISBN 978-7-5225-0249-6

Ⅰ. ①工… Ⅱ. ①罗… ②黄… ③朱… Ⅲ. ①区域经济－经济增长－研究－佛山 Ⅳ. ①F127.653

中国版本图书馆CIP数据核字（2021）第135530号

工业化先行地区经济增长的动能转换：佛山样本

作　　者　罗锋　黄丽　朱宇婷　著
责任编辑　陈春玲
出版发行　九州出版社
地　　址　北京市西城区阜外大街甲35号（100037）
发行电话　（010）68992190/3/5/6
网　　址　www.jiuzhoupress.com
印　　刷　武汉市籍缘印刷厂
开　　本　710毫米×1000毫米　16开
印　　张　16.5
字　　数　260千字
版　　次　2021年7月第1版
印　　次　2021年7月第1次印刷
书　　号　ISBN 978-7-5225-0249-6
定　　价　52.00元

序

关于世界经济史的研究表明：当一个国家或地区经历了一段时间的高速增长后，都会出现增速“换挡”现象，这种经济增速回落现象也被称为经济发展的规律之一。随着经济增长速度下降，各种社会矛盾日益尖锐，若无法找到新的经济增长动力，将逐渐失去国际竞争力，从而落入“中等收入陷阱”。在经济发展过程中，当发展中国家走出低水平均衡陷阱滞后，虽然经济发展水平超过了人均 GDP1000 美元，进入中等收入行列，但却很少有国家能够顺利进入高收入行列，长期徘徊在中等收入区间。因而，当经济发展到一定阶段后，寻找新的经济增长动力就成为世界各经济体的主要方向和着力点。

改革开放四十多年的时间，中国经济保持接近 10% 的平均增速，在世界主要经济体中名列前茅。但是，随着劳动力、土地、环境等资源的压力日趋严峻，中国经济发展所依赖的劳动力、资本和资源三大传统要素投入都已面临瓶颈制约，已经难以支持我国经济的长期可持续增长。尤其是，自 2018 年发生中美贸易摩擦后，中国经济面临日益严峻的外部挑战和内部压力，部分发达国家试图以封锁手段来打压中国制造业，同时 2020 年发生的疫情对国内经济也形成了巨大冲击，在新的时代背景下，寻找经济发展的新动能也成为我国经济转型的主要任务之一。佛山作为改革开放的前沿城市，经济一直处于快速发展态势，2019 年 GDP 总量和人均 GDP 分别达到 10751.02 亿元和 131775 元，GDP 规模在广东省内处于第三位，仅次于深圳和广州，已经进入发达经济体行列，但同时，近年来其经济增长也出现了新常态发展阶段。佛山既不是省会，也不是特区，既不靠海，也不沿边，更没有任何资源禀赋，能够取得如此成就，其背后的基因是什么？在新常态发展阶段，作为全国唯一一个制造业转型升级试点城市，探求其新旧动能转换的具体路径和措施，不仅对制造业转型升级具有重要的理论意义，对我国其他地方的传统制造业转型升级也具有重大的实践价值。

全书共分为十一章，其中第一章至第三章为本书的文献与理论研究部分，具体包括引言、文献综述与经济新常态背景下佛山经济发展动力转换的理论框架。第四章至第九章为本书的实证分析部分，具体包括佛山经济发展现状及阶段性判断、佛山经济发展动力转换需求侧角度分析、佛山经济发展动力转换供给侧角度分析：基于随机边界分析方法（SFA）、佛山经济发展动力转换供给侧角度分析：基于拓展的C-D生产函数要素分解模型、佛山市“十三五”期间经济发展新动力变化分析与“十四五”时期佛山经济增长趋势预测。第十章为国内外经济发展动力转换的经验分析。第十一章在上述研究成果的基础上针对“十四五”时期佛山经济发展动力转换提出政策建议。

本书成稿过程中，得到佛山发展和改革局、佛山市统计局、佛山市自然资源局、佛山市工业和信息化局、佛山市科技局等诸多部门的帮助，在此表示感谢！国际商务研究生部分同学在资料搜集和数据整理过程中付出了辛勤劳动，其中陈枫负责了全书的计量模型以及第五章、第六章、第七章和第九章的写作工作，杨丹丹负责了第一章和第十章的写作和资料整理工作，陈友东负责了第四章的数据收集和整理工作，钟俊鹏负责了第八章的数据收集和整理工作，梁漠凌、戴嘉岐、梁新怡、邱绍浪共同负责了第二章、第三章和第十一章的写作和资料整理工作！

目录

一、引　言

关于世界经济史的研究表明：当一个国家或地区经历了一段时间的高速增长后，都会出现增速“换挡”现象，这种经济增速回落现象也被称为经济发展的规律之一。例如1950—1972年期间，日本GDP年均增速为9.7%，1973—1990年期间回落至4.26%，1991—2012年期间更是降至0.86%；1961—1996年期间，韩国GDP年均增速为8.02%，1997—2012年期间仅为4.07%；1952—1994年期间，我国台湾地区GDP年均增长8.62%，1995—2013年期间下降至4.15%。而从2018年世界经济发达国家的增长速度来看，美国是2.86%、韩国是2.67%、德国是1.43%、英国1.4%、日本是0.79%。尤其对高收入国家而言，经济增长长期下降的现象尤为明显，比如从20世纪60、70、80、90年代一直到21世纪的10年代，其平均经济增长率分别为5.2%、3.5%、2.9%、2.5%和1.9%，一直处于下降的态势。虽然我国2018年的GDP增速为6.6%，相对其他经济大国仍是“高速”，但是相比先前的10%以上的增速来说，中国经济也逐步进入了新常态的发展轨道。可以说，经济发展过程中的经济增长速度由高速向中高速转换是经济发展的必然规律。随着经济增长速度下降，各种社会矛盾日益尖锐，若无法找到新的经济增长动力，将逐渐失去国际竞争力，从而落入“中等收入陷阱”①，带来社会动荡。在经济发展过程中，当发展中国家走出低水平均衡陷阱滞后，虽然经济发展水平超过了人均GDP1000美元，进入中等收入行列，但却很少有国家能够顺利进入高收入行列，长期徘徊在中等收入区间，他们或是陷入增长与回落的循环之

① 中等收入陷阱是2006年世界银行首次提出的概念，2010年又进一步阐述为“几十年来，拉美和中东的很多经济体深陷‘中等收入陷阱’而不能自拔；面对不断上升的工资成本，这些国家作为商品生产者始终挣扎在大规模和低成本的生产性竞争之中，不能提升价值链和开拓以知识创新产品与服务为主的高成长市场”。

中，或是较长期处于增长十分缓慢甚至停止的状态。通过梳理世界各国经济发展史发现，世界上跨越中等收入陷阱的发达国家一般有两大类，第一类是美国和英国为首的资本主义国家，他们在工业革命的推动下全面实现了工业化，并在本国内部，或者本地区的国家联盟内部构建了一整套具有自我技术更新的工业化体系，并在经济发展、实现工业化过程中构建相对完善的社会保障体系，从而有效走出中等收入陷阱；第二类是日本、韩国和新加坡等国家，他们在第二次世界大战之后，承接了第一类国家出于国际战略考虑而进行的技术转移和大量订单，通过技术立国和贸易立国的经济战略方针，并在此基础上建立起部分自我完善与更新的工业体系，完成了产业结构的高级化转型，从而实现经济增长，顺利跨入发达经济体的行列。相反，拉美地区部分国家在进入中等收入国家行列后继续依靠低成本优势，对产业结构没有进行及时的升级，也未采取有效办法改进金融服务实体经济的机制，从而使其错失了经济发展方式的转变良机，以致经济无法实现可持续增长。因而，寻找新的经济增长动力就成为世界各经济体的主要方向和着力点。

改革开放 40 年来，中国经济建设取得了重大成就。在经济发展初期阶段，我国依靠廉价的劳动力和土地资源，承接了海外的资本和产业转移，经济由此进入快速发展的阶段，在近四十年的时间里，中国经济保持接近 10% 的平均增速，在世界主要经济体中名列前茅。中国在 1978 年人均 GDP 仅为 155 美元的起点上，只用了 23 年于 2001 年就达到了 1042 美元，成功突破 1000 美元大关，2010 年人均 GDP 达到 4114 美元，突破世界银行最新调整的上中等收入标准 3945 美元，正式跻身于上中等收入行列（郑秉文，2011）。2019 年国内生产总值 990865 亿元，比上年增长 6.1%，稳居世界第二位；人均国内生产总值按年平均汇率折算达到 10276 美元，首次突破 1 万美元，与高收入国家差距进一步缩小；对世界经济增长贡献率达 30% 左右，持续成为推动世界经济增长的主要动力源。但是，随着劳动力、土地、环境等资源的压力日趋严峻，中国经济发展所依赖的劳动力、资本和资源三大传统要素投入都已面临瓶颈制约，已经难以支持我国经济的长期可持续增长。长期的依靠要素和投资驱动推动经济高速增长，由此也导致了我国经济发展质量不高、效益不好、产品多在中低端水平上参与竞争，在国际分工中赚的多是苦力钱，科技创新对经济发展的贡献率不高，关键核心技术对外依存度偏高，受制于人。世界发达经济体的轨迹表明，经济增长由要素和投资驱动向创新驱动是保持经济高质量发展的必然路径，要提高全要素生产率，尤其是提高科技创新在经济增长中的贡献。经济发展必须由追求规模速度型的粗放型增长向追求质量效率型的集约式增长转变。习近平总书记在十九大报告中指出，“我国经济已由高速增长阶段转向高质量发展阶段，正处在转变发展方式、优化经济结构、转换增长动力的攻关期，建设现代化经济体系是跨越关口的迫切要求和我国发展的战略目标。必须坚持质量第一、效益优先，以供给侧结构性改革为主线，推动经济发展质量变革、效率变革、动力变革，提高全要素生产率，着力加快建设实体经济、科技创新、现代金融、人力资源协同发展的产业体系，着力构建市场机制有效、微观主体有活力、宏观调控有度的经济体制，不断增强我国经济创新力和竞争力。”随着中国特色社会主义进入新时代，我国社会主要矛盾已经转化为人民日益增长的美好生活需要和不平衡不充分的发展之间的矛盾。为了解决这一矛盾，需要把经济发展的质量与效率放在重要位置，以供给侧结构性改革为主线，把发展经济的着力点放在实体经济上，把提高供给体系质量作为主攻方向，显著增强我国经济质量优势。习近平总书记尤其提到要“加快建设制造强国，加快发展先进制造业，推动互联网、大数据、人工智能和实体经济深度融合，在中高端消费、创新引领、绿色低碳、共享经济、现代供应链、人力资本服务等领域培育新增长点、形成新动能”。尤其是，自 2018 年以来发生中美贸易摩擦后，中国经济面临严峻的外部挑战和内部压力，部分发达国家试图以封锁手段来打压中国制造业，同时 2020 年发生的疫情对国内经济也形成了巨大冲击，在新的时代背景下，寻找经济发展的新动能也成为我国经济转型的主要任务之一。

改革开放 40 年来，佛山经济快速发展，2019 年 GDP 总量和人均 GDP 分别达到 10751.02 亿元和 131775 元，GDP 规模在广东省内处于第三位，仅次于深圳和广州，已经进入发达经济体行列。佛山既不是省会，也不是特区，既不靠海、也不沿边，更没有任何资源禀赋，能够在新中国成立 70 年以来特别是改革开放 40 年以来取得成就，从岭南鱼米之乡一跃成为全国乃至全球重要的制造业基地，这是佛山始终坚持把实体经济作为地方经济发展立身之本的结果。佛山经济注重内源型增长，根植性和稳定性较强，一方面得益于佛山拥有门类齐全的工业体系，涵盖了几乎所有制造业行业，家电、家具、陶瓷、装备制造、金属加工等传统行业优势突出，机器人、新能源汽车、新材料、生物医药等新兴产业蓬勃发展，而且近年来通过加快推进产业转型升级，佛山工业结构持续优化，雄厚的制造业基础为佛山经济发展提供了抵御风险的能力。另一方面，佛山作为全国民营经济最为发达的地区之一，制造业一直有扎根本土、向内集聚的传统，逐步形成了自我造血功能强的特点。这种内源型经济在保证佛山经济内生增长的同时，也充分激发了企业家发挥才能、释放了企业经营活力。截至 2019 年底，佛山市共有市场主体突破 80 万户，其中民营市场主体占比超过 96%；全市共有企业超过 34 万户，其中民营企业占比超过 90%；民营经济增加值占地区生产总值比超过 60%，对全市工业增长贡献率超过 80%。美的、碧桂园跻身“世界企业 500 强”，7 家佛山民营企业上榜“2019 中国民营企业 500 强”，14 家企业入选“广东省百强民营企业”。经济发展活力和动力在基层，佛山注重发挥基层活力和创造力。全市 32 个镇（街）中，共有国家级特色产业基地 26 个、省级特色产业基地 10 个，中国产业名都、名镇 41 个，省级专业镇 38 个，形成了“一镇一主品”的专业镇经济形态。专业镇的蓬勃发展，有利于提供较为完善的产业配套，增强产业协作和集聚能力，目前各主要行业在本地的产业配套率高达 90% 以上。得益于制造业的支撑作用，在全国综合实力百强区排名中，佛山全市五区均位列前 50 强，其中顺德区、南海区分列第 1、第 2 位；在全国综合实力千强镇排名中，狮山、北滘等 11 个镇（街）上榜百强镇。虽然佛山制造业发展取得了不俗成绩，但是，随着新经济时代来临，无论是从经济增长速度、产业结构转型以及经济增长的驱动因素看，佛山经济与全国的发展特征相类似，也进入了新常态，具体表现在：从经济增长速度看，佛山 GDP 总量的增速在经历了 20 世纪 90 年代和 21 世纪初期超过 10% 以上的高速增长后，自 2012 年以来一直保持在 8% 以上的中速平稳增长，2018 年则首次降至 6.3%，虽然 2019 年增速达到了 6.9%，但也没有重新进入 8% 以上的快车道；从产业结构来看，佛山的经济主要还是以第二产业为主，第三产业在 GDP 中所占比重还偏低，2019 年佛山市三次产业结构比例为 1.5∶56.2∶42.3，服务业对国民经济的贡献还偏低；从经济增长的驱动因素来看，主要还是依靠需求侧的投资驱动。

世界各国经济发展的经验表明，当经济处于高速增长的过程中会出现经济发展的新常态，需要及时转换经济增长动能才能使经济得到可持续发展，并防止掉入中等收入陷阱。2015 年 11 月，习近平总书记首次明确提出了“供给侧结构性改革”，强调注重经济发展的质量与效益，并鼓励各地在实践中探索经济增长的新旧动能转换机制，实现经济可持续发展。根据项目组的测算，多年来，佛山经济增长主要还是依靠投资驱动，全要素生产率还没有对经济增长形成主要的推动作用，创新驱动亟待加强。这说明佛山经济与全国经济发展总趋势基本一致，进入了经济发展方式的转变和经济增长形态跳跃发展的新常态发展阶段，必须及时挖掘和培育经济发展的新动能，才能保持经济的可持续发展。那么，在中央提出并逐步深入推进粤港澳大湾区战略规划背景之下，作为全国唯一一个制造业转型升级试点城市，其传统制造业占比较大，探求其新旧动能转换的具体路径和措施，不仅对制造业转型升级具有重要的理论意义，对我国其他地方的传统制造业转型升级也具有重大的实践价值。

二、文献综述

经济增长是经济学研究永恒的主题，国内外学者对此研究成果丰硕。

（一）国内外研究动态

1. 古典政治经济学关于经济增长动力的研究

古典政治经济学家们对有关经济增长问题有着深入研究，在斯密（1776）看来，国民财富的增长是由分工和市场劳动与非生产劳动之比例两大因素决定，其中经常性起决定性作用的是分工的深度与广度。因为劳动分工引起的专业化协作，不仅仅促进生产制度的创新，而且促进交易制度的规范与完善，由此带来收益递增并构成长期经济增长的持续源泉。李嘉图（1817）认为增加资本积累、促进利润增长是扩大市场与经济增长的有利条件，而促进利润增加或经济增长的主要手段是提高劳动生产率，缩短必要劳动时间，降低人工工资，此外，还必须限制与缩小地租及赋税比例，并反对地主、官吏等非生产阶级的奢侈性消费。马克思（1867）以劳动价值论为前提，以剩余价值论、资本积累理论和社会资本再生产理论为基础，科学分析了市场经济条件下经济增长的理论前提条件、静态和动态均衡条件、内在实现机制即外延和内涵扩大再生产，此外，马克思还从资本积累、产业结构、市场环境、科学技术、管理制度等方面分析了决定经济增长潜能与动力的影响因素。总之，古典政治经济学家认为，经济增长是多种因素综合作用的动态过程，主要是劳动、资本、土地等内生要素和技术进步、社会经济制度等外生因素的综合因素促进经济增长，其中劳动和资本被认为是关键因素。

2. 现代增长理论关于经济增长动力的研究

以哈罗德 – 多马模型为理论起点的现代经济增长理论，经历了一条由外生增长到内生增长的演进历程。20 世纪 40 年代，以哈罗德 – 多马模型为代表的资本积累论，将凯恩斯的短期比较静态分析理论推广到经济增长问题上，强调经济增长率取决于储蓄率和资本 – 产出比率，并奠定了现代经济增长理论的逻辑起点。但是哈罗德 – 多马模型是以资本产出比固定不变为假设前提，并没有考虑技术进步在经济增长中的作用，因而决定了它不适合进行长期经济增长分析之缺陷。索罗斯旺等人修正哈罗德 – 多马模型关于资本产出比例不变之假定，创立了新的增长模型即新古典增长理论。根据新古典增长模型，储蓄率的上升只有在其能带来资本边际产品增加的前提下，才能促进增长。新古典增长理论认为，当经济中不存在技术进步时，经济最终会陷入停滞状态。从长期来看，经济增长不仅取决于资本增长率、劳动增长率以及资本和劳动对产量增长的相对作用程度，还取决于技术进步。新古典增长理论一方面将技术进步视为经济增长的决定因素，并强调发展中国家不应只重视资本数量积累，更应关注资本质量的提升，要将资本积累和技术创新、技术改造、技术引进结合起来促进经济增长；另一方面，又假定技术进步是外生变量而将它排除在考虑之外，这一假定无疑使该理论排除了最重要的因素。此外新古典增长模型还要求外生的技术进步必须是哈罗德中性意义上的①，这也大大限制了此模型的解释力和适用性。

以罗默和卢卡斯（1988）为代表的经济学家进一步发展了新增长理论，该理论强调经济持续增长是经济系统中内生因素作用的结果，而内生的技术进步是经济增长的决定因素；并认为技术（或知识）、人力资本产出的溢出效应是实现持续增长所不可缺少的条件，国际贸易和知识的国家流动对一国经济增长具有重要影响；在经济政策上强调向研究开发活动提供补贴有助于促

① 哈罗德中性技术进步是指在资本—产出比(K/Y)不变的条件下，使得利润和工资在国民收入中的分配比率不发生变化的技术进步。在技术进步过程中，由于资本—产出比率是不变的，从而资本的边际生产力不变，利润率也不变。这也就是说，这种技术进步并不影响资本的边际生产力，只是使每单位劳动由于配备了更多的资本而提高了效率。哈罗德中性技术进步对产量增加的作用与人口增加完全相同，所以又称为纯粹的扩大劳动的技术进步。

进经济增长。新增长模型依据基本假设上的差别又可以分为两类:（1）在完全竞争分析框架下，以收益递增和外部性假设为基础来考察经济增长的决定，如罗默的知识溢出模型和卢卡斯的人力资本溢出模型。他们认为，内生的技术进步保证了经济均衡增长路径的存在，而技术进步取决于知识资本或人力资本的积累，知识资本或人力资本积累是技术进步与经济增长的潜在源泉。这类新经济增长模型代表了新增长理论的主要研究思路，以后的新经济增长模型基本上是沿此思路而拓展与深化研究。（2）另一类是在完全竞争的假设下考察经济增长，强调决定经济增长的关键因素是资本积累（包括物资资本和人力资本积累），而不是技术进步。（3）在垄断竞争分析框架下，通过研究技术商品特征、技术进步类型等考察经济增长的决定，进而更具体地说明技术进步如何影响经济增长。这类新经济增长模型又可以分为相互补充的产品品种增加型内生增长模型和产品质量升级型模型，相互补充的产品品种增加型内生增长模型假定技术进步表现为新型资本品或消费品不断出现，并用分工演进解释经济增长，因而较为成功地解释了斯密的“增长源于分工”思想。产品质量升级模型假定技术进步表现为产品质量的不断提高，凸显了熊彼特的创造性破坏的思想。一个大致的结论是技术进步对经济增长起决定性作用。

20 世纪后半期以来，经济学家围绕着原内生增长模型的精致化，对原有增长理论的多方面开展了深入研究，就经济增长的动力方面来说主要包括如下几个方面:（1）如杨格（1998）等提出的增长模型认为经济增长是由于中学和技术进步与资本积累两方面驱动;（2）伊斯特利和拉文等（2002）熊彼特主义增长理论将跨国经济增长的差异归结为生产率的差异而不是要素积累的差异;（3）阿格依奥和奥伊特（1988）发展了市场结构与技术进步的关系，认为寻求垄断租金是研究与开发进而是经济增长得以持续的重要动力，强调竞争的压力是企业从事研究和开发活动的动力，也是生产率增长的来源;（4）莱特纳（2000）等研究了结构变化与经济增长之间的关系，认为一个国家在工业化过程中，储蓄率内生地上升，经济增长也随之发生变化，穆茂和谢特（1996）对九十多个经济体进行回归分析，发现城镇化水平与人均 GDP、工业化水平等经济指标呈显著正相关，亨德森（2003）通过对多个国家的研究发现，城镇化率与人均 GDP 的相关系数为 0.85，并认为要保持城镇化与经济增长的正相关性，需要为城镇发展提供制度性和政策性支持。然而，有学者如费伊和奥普尔、福克斯（2012）等通过对非洲和拉美国家研究，发现城镇化与增长之间因贫富分化、政权无序、教派冲突等原因而没有出现正相关甚至还出现负相关。

总之，新增长理论着重分析了后工业社会中技术创新、人力资本积累、知识溢出对经济增长的影响，可以更好地解释处于领先地位的国家何以能够保持持续的增长，而没有出现报酬递减现象，因而使此理论可以成为“知识经济”的理论与政策基础。但是各类新增长模型都采用了严格的假设条件，因而损害了新增长模型的普适性和现实解释力，另外，新增长模型还忽视了经济制度对增长的影响，这也制约了对经济增长动力源泉的深度分析。

近年来，西方学者将内生经济增长理论扩展，引入了收入分配如何影响经济增长方式，重点研究了“公平、效率、增长”“收入分配的不公平是否不利于经济增长”“何种收入分配原则更有利于经济增长”等问题。例如，艾尔萨那和罗迪克（1994）建立了一个考虑公共投资的内生增长模型，通过劳动和资本禀赋的相对份额这一主要分配变量，确立了收入分配对经济增长的作用机制。阿格伊奥（1998）引入信用市场不完善的假定，通过研究再分配对经济增长的影响，得到不平等不利于增长的结论。此后又有众多的经济学家分别对收入分配影响经济增长的机制进行深入研究（加勒、莫阿夫，1999；斯托克哈默，1999；詹帕莱利，2015）。

3. 新制度经济学关于经济增长制度动力源的研究

刘易斯（1955）认为，经济增长取决于自然资源的丰裕程度和人的行为，其中起主导作用的是人的行为。刘易斯进一步把经济增长的人类行为分为直接原因与间接原因，其直接原因是从事经济活动的努力、知识的增长与运用以及资本积累，而决定这些直接原因是观念与制度。新制度主义发展经济学家认为，制度与技术都是经济增长的内生力量，并强调解释历史经济绩效不仅需要人口变迁理论、知识存量增长理论，更需要制度变迁理论。为此，他们打开制度黑箱，将交易费用引入专业化和分工模型之中，并通过对制度变迁的研究来理解经济增长。新制度经济学家们（诺斯，1971）发现创新、规模经济、教育和资本积累等并不是真正的增长原因，经济增长的真正原因是有效率的经济组织，尤其是有效的所有权体系能产生足够的激励机制和降低交易费用，进而导致总产出提高。他们认为经济增长的过程就是不断出现新的降低交易费用的产权体系的过程。阿西莫格鲁、阿格伊奥和奇李博迪（2002）引入“适宜制度”概念，建立了熊彼特主义增长模型，得出不同的制度或政策选择对生产率的影响是不一样的，即各国提升增长的制度或政策选择并非一成不变，而是随一个国家或产业离技术前沿距离的变化而变化。

（二）国内研究动态

国内有关经济增长问题的研究成果比较丰富，包括中国经济高速增长原因的探讨、经济增长制约因素的研究、中国经济增长的特点和阶段分析、科技创新与经济增长动力等方面，近年来开始关注经济增长的动能转换问题。

1. 有关中国经济高速增长时期经济增长动力的相关研究

国内学者探讨了特定时期中国经济快速增长的主要动力以及增长源泉问题。众多研究表明，中国的经济高增长主要是高投资拉动和出口驱动的，其中资本投入是改革开放以来促进中国经济高速增长的主要动力，其次是出口驱动。例如王小鲁、樊纲、刘鹏（2009）认为中国改革开放以来最主要的动力之一就是投资。郭熙保（2009）认为，中国经济高速增长的潜能主要是来自资本、技术、劳动、制度和结构等后发优势的充分发挥。刘瑞翔和安同良（2011）经过核算，指出 1987—2007 年间中国经济增长动力来源有着根本性的变化，投资和出口需求是中国增长奇迹的驱动源泉。武鹏（2013）通过研究发现中国经济增长持续稳定的主要来源是资本投入。黄益平等（2013）研究认为，改革开放 30 年中国经济高速发展的根本原因在于较低的要素成本。李静（2015）认为中国的高速增长主要源于国内要素成本优势，以及与发达国家之间的技术差距所形成的后发优势。陈俊（2018）也认为改革开放中国经济增长的主导性动力是资本的投入，属于典型的资本驱动型经济。还有一部分学者是从要素供给的角度分析中国高增长的原因，将经济高速增长的原因归结为低劳动力成本和低要素成本。

2. 有关经济增长传统动力变化的研究

针对中国经济增长所处的阶段及其经济增长动力的状况，国内学者的观点基本一致，研究指出中国经济发展进入新常态，并且拉动中国经济增长的传统动力作用趋于减弱，新的增长动力还未完全形成，新旧动力正处于切换时期，亟须培育新的动能。从资本投入角度分析，大多数学者根据资本投资边际报酬递减的规律，推论到资本投资量上的增加对经济增长的推动作用将会减小。有很多的研究得出资本投入对中国经济增长的拉动力在减弱的结论。就经济增长动力减弱的原因分析研究方面，蔡昉（2012）认为人口红利的消失是经济增长减速的原因。封永刚等（2017）论证了资本增强型技术进步减缓、资本累积速度下降和人口红利消失是经济增长速度下滑的重要原因。也有大量学者从供给侧视角分析了经济增长动力的问题，认为可以通过释放改革红利开启新的动力源泉。

3. 有关中国经济增长动力转换的研究

国内学者主要从经济增长动力转换的阶段特征、转换的方向及其路径进行了相关研究。一是关于经济增长动力转换的演变特点。黄泰岩（2014）对改革开放以来中国经历了两次增长动力转换过程（进）行了梳理；刘伟（2016）讨论了两次动力转换过程中宏观经济失衡的特点；王一鸣（2017）提到，近些年来中国再次进入增长动力转换的新阶段。二是中国经济增长动力转换的方向及路径研究。大多学者是从供给面来分析动力的转换路径问题，支持通过供给侧结构性改革来促进经济增长动力的转换，认为中国需要从要素驱动转向创新驱动，尤其是依靠科技创新提高。沈坤荣，滕永乐（2013）指出中国经济增长需要从要素驱动转向创新驱动，重新构建经济增长的动力机制。任保平（2016）提出推进供给侧结构性改革，重聚经济发展新活力；实施创新驱动发展战略，促进经济增长动力机制的有效转换。陈守东等（2017）将“创新驱动”视为中国经济增长最为根本的内生动力。王一鸣（2017）提出从供给侧、结构性改革入手来推动经济增长动力转换。钱娟、李金叶（2018）通过研究表明“中国动力由资本和劳动力等要素禀赋驱动型动力逐渐演变为科技进步、城镇化等生产率驱动型动力，驱动经济增长的传统要素禀赋驱动型动力因素不断衰减，生产率驱动型动力有些尚属于孕育期，尚未成长为驱动经济增长的主动力”。乔榛、王丹（2020）认为缩小收入差距，还要形成鼓励创新的收入分配机制，最终在收入结构优化、消费扩大升级与增长动力转换间形成一个良性机制，以此推动我国经济可持续增长。杨新铭（2019）也认为，一个成熟的经济体需要依靠内源性的消费驱动经济增长，政府在动力转换过程中扮演重要的角色，既要给企业让利，也要给居民让利，既要实现创新驱动，也要实现消费驱动。徐现祥（2019）认为，放开更多的市场领域，让市场主体可以进入更多原来禁止进入的领域，可以为我国高质量发展奠定坚实的市场基础。史宇鹏（2019）认为需要花大力气解决公共服务缺乏、公共服务质量不高的问题，以此满足广大人民日益增长的高质量需求。而私人服务的满足更需要充分发挥竞争性市场的作用。近年来，有文献开始对广东省（赵祥、张海峰，2020）、青海省（王桂英，2020）、苏州（田国杰，2018）等省、市的经济增长动力转换展开研究，因各地禀赋差异较大，得到的结论也不尽相同。周小亮（2015）等从复杂系统角度研究我国经济增长动能转换问题，他认为经济增长是一个复杂的非线性反馈系统，以线性、稳定、均衡的新古典经济增长理论为基础的因素分解法去阐释解读复杂的经济增长潜能与动力系统，存在难以克服的缺陷与不足，为此需要运用能够反映非线性复杂系统特征的系统演化理论分析框架来替代新古典经济增长理论，以便发现经济增长的系统潜能与动力。同时，新古典模型主要是以资本为中心而展开分析，没有构建一个制度、行为与绩效互动演化下增长动力分析框架，更没构建一个以人为中心，满足增速换挡、结构优化、动力转换经济新常态特征约束下的增长动力及其新增长点培育的分析框架。并结合经济新常态的中高速、优结构、新动力、多挑战等基本特征和全面深化体制改革以及经济发展方式转型的实践要求，设计了一个复杂的包含资本结构优化、技术创新体系完善、利益关系协调的经济增长动能转换模型。

4. 有关经济增长动力的制度视角研究

近年来，中国学者围绕经济增长的动力主题，进行了多角度研究，其中制度是学界关注的一个重要因素。例如，王小鲁（2000）认为，资本形成的加速对中国高速增长做出了很大贡献，但更重要的贡献是来自制度变革引起的资源重新配置。目前中国经济正面临增长方式转换的挑战，今后中国要保持中高速度增长，则取决于若干深层体制改革和政策调整。唐世平（2006）从社会经济学角度，提出支撑社会流动的制度安排或调节地位市场中激励结构的制度体系，是经济增长的整个制度基础中的一个关键维度。胡乃武、周帅、衣丰（2010）认为，中国在产业结构优化、城镇化提升、区域发展协调、“人口红利”发挥、技术进步加快、民营经济发展、收入分配结构调整、制度变革等方面存在巨大的增长潜力。沈坤荣、李子联（2011）认为，1978 年中国市场化体制改革以来的工业化、城市化、市场化与经济国际化，是支撑中国经济持续高速增长的“四大引擎”，中国要实现经济可持续增长，宜突破资源环境、市场条件、资金资本、人才资本和体制机制等方面的条件约束，并应从产业结构的调整、市场竞争机制和资本市场的完善、人才计划的实施和体制机制的深化改革等方面进行政策制定，以发掘经济增长的潜能与动力。靳涛（2011）基于新中国六十年（1949—2008）来中国经济增长与制度变迁互动关系的经验分析，也认为中国要保持经济可持续发展，则必须进一步深化体制改革，完成从政府主导的市场经济向市场主导的市场经济的过渡。杨瑞龙等（2013）强调要通过制度变革释放经济增长潜力，包括重建微观基础提升消费、改善总需求结构、全面提高城镇化水平和促进技术创新等，并认为释放中国经济增长潜力涉及的制度创新主要包括：通过户籍制度改革进一步释放人口红利；通过深化体制改革释放制度红利；通过收入分配制度调整增强内需潜力；通过实施创新驱动发展战略增加创新活力等。

5. 有关经济增长新动能的培育方面的研究

有关经济增长新动能的培育研究，学界有不同的看法，但大部分的观点都包含了创新、经济结构和改革三个方面，认为创新是拉动经济增长的核心动能。例如，高波（2016）、胡家勇（2016）、沈坤荣（2017）及王一鸣（2017）等学者指出中国经济已经迈入新成长阶段，需培育经济增长新动能。任保平（2018）表示，在新时代背景下，中国经济进入换挡期，发展的内部资源禀赋发生了很大变化，传统优势正在消失，后发优势不断减弱。就新动能的培育问题上，胡家勇（2016）从供给面提出中国经济增长的新动力主要来自创新、结构转型和人力资本积累三个方面，从需求面提出培育居民消费和新的投资热点。罗良文等（2016）认为创新是经济增长的内核动力，供给侧的“三大发动机”和需求侧的“三驾马车”将合力推动中国经济健康可持续增长。林涛（2016）认为加快供给侧结构性改革去旧换新的特征是加快经济增长动力转换的最有效的途径，他认为供给侧结构性改革在调整产业结构的同时为经济增长注入新的活力，提供新的动能。王一鸣（2017）认为，“从中长期看，要着力在科技创新、人力资本投资、产业转型升级、推进新型城镇化和基础设施网络建设、构建全球化生产运营体系等方面培育经济增长新动力，并围绕这些领域深化改革，以实现供需在更高水平再平衡，重塑中国经济增长新动力”。

（三）文献述评

关于经济增长及增长动力转换的相关研究成果非常丰富，并提出了有益的政策建议，为我国未来经济发展提供了很好的思路。但是现有研究存在以下不足：一是研究视角侧重对整个国家经济增长动能转型的研究，虽然有部分文献对部分省份的经济增长动力转换进行研究，但是缺乏对工业化先行地区的案例进行研究。在当前我国强化实体经济发展以及追求经济全面转型的背景下，对工业化先行地区，以制造业为主的佛山市的经济增长动力转型进行研究，其转型经验可以为我国经济增长动力转型提供很好的经验；二是研究对象上现有研究侧重单一经济体的实证研究，缺乏在统一的框架内对国际和国内各经济体开展经济增长动力转型的研究；三是研究方法上现有研究侧重运用单一方法对某一经济体进行实证研究，缺乏运用不同方法开展对比询证研究，同时运用比较的研究方法对国内各经济体经济增长动能转型的经验进行比较研究还相对较少。

三、经济新常态下佛山经济发展动力转换的理论框架

（一）“经济新常态”概念的提出及其主要特征

1.“经济新常态”概念的提出

新常态是近年来国际社会描述国际金融危机后世界经济与金融状况的一个常用说法，其意思是金融危机后，世界经济再也回不到以前的状态。2013年12月10日，习近平总书记在中央经济工作会议上首次提出“新常态”，指出“我们注重处理好经济社会发展各类问题，既防范增长速度滑出底线，又理性对待高速增长转向中高速增长的新常态；既强调改善民生工作，又实事求是调整一些过度承诺；既高度关注产能过剩、地方债务、房地产市场、影子银行、群体性事件等风险点，又采取有效措施化解区域性和系统性金融风险，防范局部性问题演变成全局性风险”。

此后，习近平总书记在多次讲话中阐述了“新常态”的内涵。2014年5月10日，习近平在河南考察时的讲话指出，“我国发展仍处于重要战略机遇期，我们要增强信心，从当前我国经济发展的阶段性特征出发，适应新常态，保持战略上的平常心态。”2014年11月9日，习近平总书记在亚太经合组织工商领导人峰会开幕式上的演讲上指出，中国经济呈现出新常态，有几个主要特点：一是从高速增长转为中高速增长；二是经济结构不断优化升级，第三产业、消费需求逐步成为主体，城乡区域差距逐步缩小，居民收入占比上升，发展成果惠及更广大民众；三是从要素驱动、投资驱动转向创新驱动。

2014年12月5日，中央政治局会议上首提新常态：“我国进入经济发展

新常态，经济韧性好、潜力足、回旋空间大”“经济发展新常态下出现的一些趋势性变化使经济社会发展面临不少困难和挑战”“主动适应经济发展新常态，保持经济运行在合理区间”。2015年6月，习近平总书记在贵州调研时指出“当前，我国经济发展呈现速度变化、结构优化、动力转换三大特点。适应新常态、把握新常态、引领新常态，是当前和今后一个时期我国经济发展的大逻辑。要深刻认识我国经济发展新特点新要求，着力解决制约经济持续健康发展的重大问题”。

中国经济进入新常态是外部因素与内在条件相互作用的结果，也是符合经济发展内在逻辑的变化过程。从外部压力来看，2008年爆发的国际金融危机引发了二战以来世界经济最为严重的衰退，外部需求急剧收缩造成我国出口急速下滑，工业生产大幅回落。为应对危机冲击，我国出台了一揽子计划和政策措施，避免了经济出现断崖式下滑，但是在外部冲击和内在条件交互作用下，经济增速仍然出现了快速下降。同时，支撑我国经济增长的内生条件出现了新的特点，例如劳动年龄人口减少，人口抚养比逐步提高，储蓄率和投资率都趋于下降，技术进步与人力资本的提升依然不能有效支撑经济转型的需要。在上述因素的共同作用下，我国经济增长率趋于下降。从本质上讲，经济进入新常态是经济发展方式转变的过程，随着产能相对过剩，劳动力成本上升，资源环境承载能力接近极限，支撑经济发展的主要因素已经由生产能力大规模扩张转向提高生产效率，因而未来我国经济的主旋律是提高效率和效益。

2.“经济新常态”的主要特征①

经济新常态是刻画近年来中国经济从高速增长后经济发展的阶段性特征。2014年12月9日至11日，中央经济工作会议对经济新常态的九大特征进行了系统阐述：

第一，从消费需求看，过去我国消费具有明显的模仿型排浪式特征，2014年模仿型排浪式消费阶段基本结束，个性化、多样化消费渐成主流，保证产品质量安全、通过创新供给激活需求的重要性显著上升，必须采取正确

① 本部分内容引自“中央经济工作会议在京举行”. 新华网. 2014-12-11。

的消费政策，释放消费潜力，使消费继续在推动经济发展中发挥基础作用。

第二，从投资需求看，经历了30多年高强度大规模开发建设后，传统产业相对饱和，但基础设施互联互通和一些新技术、新产品、新业态、新商业模式的投资机会大量涌现，对创新投融资方式提出了新要求，必须善于把握投资方向，消除投资障碍，使投资继续对经济发展发挥关键作用。

第三，从出口和国际收支看，国际金融危机发生前国际市场空间扩张很快，出口成为拉动我国经济快速发展的重要动能，全球总需求不振，我国低成本比较优势也发生了转化，同时我国出口竞争优势依然存在，高水平引进来、大规模走出去正在同步发生，必须加紧培育新的比较优势，使出口继续对经济发展发挥支撑作用。

第四，从生产能力和产业组织方式看，过去供给不足是长期困扰我们的一个主要矛盾，2014年传统产业供给能力大幅超出需求，产业结构必须优化升级，企业兼并重组、生产相对集中不可避免，新兴产业、服务业、小微企业的作用更加凸显，生产小型化、智能化、专业化将成为产业组织新特征。

第五，从生产要素相对优势看，过去劳动力成本低是最大优势，引进技术和管理就能迅速变成生产力，2014年以后人口老龄化日趋发展，农业富余劳动力减少，要素的规模驱动力减弱，经济增长将更多依靠人力资本质量和技术进步，必须让创新成为驱动发展新引擎。

第六，从市场竞争特点看，过去主要是数量扩张和价格竞争，2014年以后正逐步转向质量型、差异化为主的竞争，统一全国市场、提高资源配置效率是经济发展的内生性要求，必须深化改革开放，加快形成统一透明、有序规范的市场环境。

第七，从资源环境约束看，过去能源资源和生态环境空间相对较大，2014年以后环境承载能力已经达到或接近上限，必须顺应人民群众对良好生态环境的期待，推动形成绿色低碳循环发展新方式。

第八，从经济风险积累和化解看，伴随着经济增速下调，各类隐性风险逐步显性化，风险总体可控，但化解以高杠杆和泡沫化为主要特征的各类风险将持续一段时间，必须标本兼治、对症下药，建立健全化解各类风险的体制机制。

第九，从资源配置模式和宏观调控方式看，全面刺激政策的边际效果明显递减，既要全面化解产能过剩，也要通过发挥市场机制作用探索未来产业发展方向，必须全面把握总供求关系新变化，科学进行宏观调控。

实际上，结合世界各国经济发展的规律以及我国的实际情况来看，经济新常态又可以从经济增长速度、经济发展方式、产业结构、经济增长动力以及市场在资源配置的作用程度等五个方面来概括，具体包括：

（1）经济增长速度由高速向中高速转换是经济发展的必然规律。

经济增速回落是一种经济规律，学界关于世界经济史的研究表明：当一个国家或地区经历了一段时间的高速增长后，都会出现增速“换挡”现象，例如 1950—1972 年期间，日本 GDP 年均增速为 9.7%，1973—1990 年期间回落至 4.26%，1991—2012 年期间更是降至 0.86%；1961—1996 年期间，韩国 GDP 年均增速为 8.02%，1997—2012 年期间仅为 4.07%；1952—1994 年期间，我国台湾地区 GDP 年均增长 8.62%，1995—2013 年期间下降至 4.15%。而从 2018 年世界经济发达国家的增长速度来看，美国是 2.86%、韩国是 2.67%、德国是 1.43%、英国 1.4%、日本是 0.79%。而我国 2018 年的 GDP 增速为 6.6%，相对其他经济大国仍是“高速”。因而，经济发展过程中的经济增长速度由高速向中高速转换是经济发展的必然规律。

（2）发展方式由规模速度型粗放增长向质量效率型集约增长转变。

发展方式由规模速度型粗放增长向质量效率型集约增长转变，这是实现经济大国向经济强国转变的关键所在。经济发展的初期阶段，我国依靠廉价的劳动力和土地资源，承接了海外的资本和产业转移，经济由此进入快速发展的阶段，但是，随着劳动力、土地、环境等资源的压力日趋严峻，逐渐面临瓶颈制约，经济发展必须由追求规模速度型的粗放型增长向追求质量效率型的集约式增长转变。

（3）产业结构由中低端向中高端转换。

“配第 – 克拉克”定理表明：随着经济的发展，人均国民收入水平的提高，劳动力首先由第一产业向第二产业转移；当人均国民收入水平进一步提高时，劳动力便向第三次产业转移。随着一个国家或地区实现从工业化初期向中期和后期的演变，第一产业在 GDP 所占比重逐渐降低，工业和服务业将持续增长，最终服务业在 GDP 中所占比重达到 50% 以上。2013 年，中国产业结构出现历史性的变化，第三产业（服务业）增加值占 GDP 比重达 46.1%，首次超过第二产业，标志着中国经济正式迈入“服务化”时代，这几年第三产业贡献率更是逐年增加，2017 年和 2018 年分别增加到 58.8% 和 52.2%，但是与美国等发达国家相比，我国的第三产业占 GDP 的比重还明显偏低。因此，在经济新常态下，我国产业结构由中低端向中高端提升，尤其是服务业的占比提升将是长期趋势。也就是说，从供给方面来说，要由过去由第二产业带动经济增长为主转向二、三产业并重，并主要依靠第三产业来带动经济。

（4）经济增长动力由要素驱动、投资驱动向创新驱动转换。

创新是第一动力。目前，我国经济所依赖的劳动力、资本和资源三大传统要素投入都面临诸多瓶颈约束，已经难以支持我国经济的长期可持续增长。长期的依靠要素和投资驱动推动经济高速增长，由此也导致了我国经济发展质量不高、效益不好、产品多在中低端水平上参与竞争，在国际分工中赚的多是苦力钱，科技创新对经济发展的贡献率不高，关键核心技术对外依存度偏高，受制于人。世界发达经济体的轨迹表明，经济增长由要素和投资驱动向创新驱动是保持经济高质量发展的必然路径，要提高全要素生产率，尤其是提高科技创新在经济增长中的贡献。佛山经济发展是中国经济发展的缩影，在要素驱动、投资驱动向创新驱动转变的过程尤其具有代表性，未来佛山的经济的可持续增长液将表现出要素的规模驱动力逐步减弱，经济增长将更多依赖人力资本积累和技术进步。

（5）资源配置由市场起基础性作用向起决定性作用转换。

经济发展就是要提高资源尤其是稀缺资源的配置效率，以尽可能少的资源投入生产尽可能多的产品、获得尽可能大的效益。理论和实践都证明，市场配置资源是最有效率的形式。市场决定资源配置是市场经济的一般规律，市场经济本质上就是市场决定资源配置的经济。发展社会主义市场经济，既要发挥市场作用，也要发挥政府作用，但市场作用和政府作用的职能是不同的。经济新常态下，资源配置将由市场起基础性作用向起决定性作用转换，市场升至“决定性作用”，不是不要政府的调节作用，而是一方面，发挥市场在资源配置中的决定性作用；另一方面，更好发挥政府作用。政府的主要作用就是要在建立市场化、法制化、国际化的营商环境方面多下功夫，给广大企业家以良好的预期和信心。

（二）新常态下经济发展的关键：供给侧结构性改革

供给侧结构性改革是党中央基于中国经济新常态发展背景提出的治国方略，2015 年 12 月中央经济工作会议指出，“推进供给侧结构性改革，是适应和引领经济发展新常态的重大创新，是适应国际金融危机发生后综合国力竞争新形势的主动选择，是打造经济升级版的客观要求”，为真正转变经济增长方式开辟了新思路、注入了新智慧。党的十九大报告进一步明确：“我国经济已由高速增长阶段转向高质量发展阶段，正处在转变发展方式、优化经济结构、转换经济增长动力的攻关期……建设现代化经济体系，必须坚持质量第一，效益优先，以供给侧结构性改革为主线”。

实际上，2008 年世界金融危机之后，学界已经开始结合中国实际，对“供给管理”调控与供给侧结构性改革框架进行探索，提出了两种代表性观点：第一种是基于供需之间对应关系的解释框架（吴敬琏，2016）；第二种是基于结构主义的解释框架，侧重对“结构”的理解（李佐军，2016）。总体来说，就是传统需求侧“三驾马车”框架所强调的消费、投资和出口的需求，应联通至消费、投资和出口的供给，其中蕴含着由需求侧“元动力”引发的供给侧响应、适应机制，即其相关的要素配置和制度安排动力机制的优化问题，并合乎逻辑地以政府理性的供给管理优化推动“规划先行、多规合一”的顶层规划的功能实现，进一步释放微观主体潜力，激活中国经济的增长空间（贾康、苏京春，2016）。《人民日报》对此进行了明确解读，指出供给侧结构性改革是“供给侧 + 结构性 + 改革”，即从提高供给质量出发，用改革的办法推进结构调整，矫正要素配置扭曲，扩大有效供给，提高供给结构对需求变化的适应性和灵活性，提高全要素生产率，更好满足广大人民群众的需要，促进经济社会持续健康发展。它包含两个方面的任务，即结构调整和体制改革，从要素供给、产品供给和制度供给 3 个层面形成了供给侧结构性改革的 3 个供给层次。

（三）经济新常态下供给侧结构性改革的动力机制

学界关于经济发展动能的研究大致可以分为供给和需求两个视角，即需求拉动系统和供给推动系统。从需求拉动系统来看，包括三方面的拉动力，也就是通常所说的三驾马车，即消费、投资、外贸。最有影响力的经济学家有奥地利经济学家卡尔·门格尔和英国经济学家梅纳德·凯恩斯。前者建立了著名的效用价值论，后者建立了以总需求管理为主的宏观经济学体系。从供给推动系统来看，经济发展的动能则划分为要素供给推动、结构供给推动和制度供给推动。要素供给是指各种生产要素的投入，包括资本、土地、劳动、管理、技术、知识等生产要素投入数量以及它们的使用效率。结构供给是指经济结构的优化升级，包括产业结构、城乡结构、收入分配结构等。制度供给是指经济、政治、文化、社会、生态等制度或体制的演进和优化，包括正式制度供给和非正式制度供给。具有代表性的经济学家包括萨伊、亚当·斯密、马克思、库兹涅茨、熊彼特等。

我国进入经济发展新常态后，面临产能严重过剩的现实问题，需求拉动系统动力明显不足，并呈现不断衰减之势（黄泰岩，2014），关于供给侧改革的新动力研究成为学界的研究热点。基于我国当前商品和住房市场的需求结构从超额需求转为饱和需求以及需求结构偏离稳态增长率的程度对供给的调整产生重大影响（周密、刘秉镰，2017；周密、朱俊丰，2017）的经济背景，代表性观点主要立足于西方经济学新古典模型，探讨资本、劳动力、全要素生产率等结构，从供给侧重点提升全要素生产率（吴敬琏，2016），减少政府对市场的干预（贾康、苏京春，2014），进而通过供给调整，保持供给与需求实现同步发展。资本方面，主要融合新古典模型的要素结构和凯恩斯总需求管理思想，主张进一步加快投资驱动，尤其增加高端基础设施等方面的投资（林毅夫，2016）。劳动力方面，推进供给侧结构性改革重要的是增加人力资本的投入，落实创新驱动发展（张卓元，2016）。全要素生产率方面，主张提高以科技创新、研发投入等为核心的全要素生产率（吴敬琏，2016）。

然而，仅仅基于西方成熟的市场经济体制下进行理论分析，难以体现中国经济增长的国情特色和新常态下经济增长的动力系统转换的特征要求，越来越多的学者将研究重点转向以降低制度性交易成本（刘世锦，2016）、解放生产力（贾康，2016）、提高供给质量、以监管转型为重点的简政放权（迟福林，2016）以及改善政府和市场关系的市场化改革方向上来（李扬，2016），如何通过制度变革，提高要素的优化配置，成为研究热点。例如，对当前限制区域间劳动力流动的户籍等制度进行改革（蔡昉，2017）；完善与供给侧结构性改革相适应的市场经济体制和宏观调控新体制，如投融资体制、金融体制、财税体制、科技体制等（任保平，2017）；建立公正公平的产权分配制度体系和利益权利关系的协调机制收入分配制度变革等（周小亮，2015）。进而形成了以体制、政策改革等为中心的全局研究（钱颖一，2016；邵宇，2016）和分重点领域各个突破的局部研究（吴敬琏，2016；黄勇，2016）协调并进的局面。

综上所述，供给侧改革本质上是问题导向下引领新常态、激活要素潜力的动力体系再造创新（贾康、苏京春，2016），需要从要素供给、产品供给和制度供给 3 个层面同时发力，实现协同发展。

（四）研究的基本思路和主要内容

1. 研究背景：佛山进入经济发展新常态

改革开放 40 年来，佛山经济快速发展，2019 年 GDP 总量和人均 GDP 分别达到 10751.02 亿元和 131775 元，GDP 规模在广东省内处于第三位，仅次于深圳和广州，已经进入发达经济体行列。但是，无论是从经济增长速度、产业结构转型以及经济增长的驱动因素看，佛山经济与全国的发展特征相类似，也进入了新常态，具体表现在：从经济增长速度看，佛山 GDP 总量的增速在经历了 20 世纪 90 年代和 21 世纪初期超过 10% 以上的高速增长后，自 2012 年以来一直保持在 8% 以上的中速平稳增长，2018 年则首次降至 6.3%，虽然 2019 年增速达到了 6.9%，但也没有重新进入 8% 以上的快车道；从产业结构来看，佛山的经济主要还是以第二产业为主，第三产业在 GDP 中所占比重还偏低，2019 年佛山市三次产业结构比例为 1.5 ∶ 56.2 ∶ 42.3，服务业对国民经济的贡献还偏低；从经济增长的驱动因素来看，主要还是依靠需求侧的投资驱动。根据项目组的测算，多年来，佛山经济增长主要还是依靠投资驱动，全要素生产率还没有对经济增长形成主要的推动作用，创新驱动亟待加强。这说明佛山经济与全国经济发展总趋势基本一致，进入了经济发展方式的转变和经济增长形态跳跃发展的新常态发展阶段，必须及时挖掘和培育经济发展的新动能，才能保持经济的可持续发展。

2019 年 2 月，中共中央国务院印发《粤港澳大湾区发展规划纲要》，指导粤港澳大湾区当前和今后一个时期合作发展的纲领性文件。那么，佛山市作为与粤港澳湾区的重要节点城市之一，应如何发掘经济发展的新动能才能保持可持续增长？

2. 研究的基本思路：以供给侧改革推动需求动力增长

本研究主要运用经济新常态下供给侧改革的基本分析框架。首先，对佛山当前经济发展的特征性事实进行概括性总结，对经济发展阶段进行初步判断；其次，从需求拉动视角对佛山近年来经济发展特别是“十三五”经济发展动力源及其变化特征进行分析，具体包括投资、消费和出口三个角度，发现经济发展存在的问题；第三，基于新古典模型的研究思路，探讨资本、劳动力、全要素生产率对佛山近年来特别是“十三五”经济发展的贡献率，并从要素供给、产品供给、制度供给三个层面，总结“十三五”时期佛山供给侧改革动能变化以及与需求动力的匹配情况；最后，结合国内外改革经验总结和佛山“十四五”经济增长预测，探讨“十四五”期间佛山经济发展新动能培育日标，并提出相应的政策支持建议。

研究框架如下：

国际国内环境变化对经济持续增长提出新要求
提出问题：佛山作为工业化先行地区的经济动力转换
理论框架：新常态下以供给侧改革推动需求动力增长
佛山经济发展现状及阶段性判断
佛山经济发展动力演变：需求侧分析
佛山经济发展动力演变：供给侧分析
佛山经济发展动力转换的历史分析
佛山经济增长趋势预测
经济发展动力转换的国际国内经验比较
佛山经济发展动力转换的基本思路与政策建议

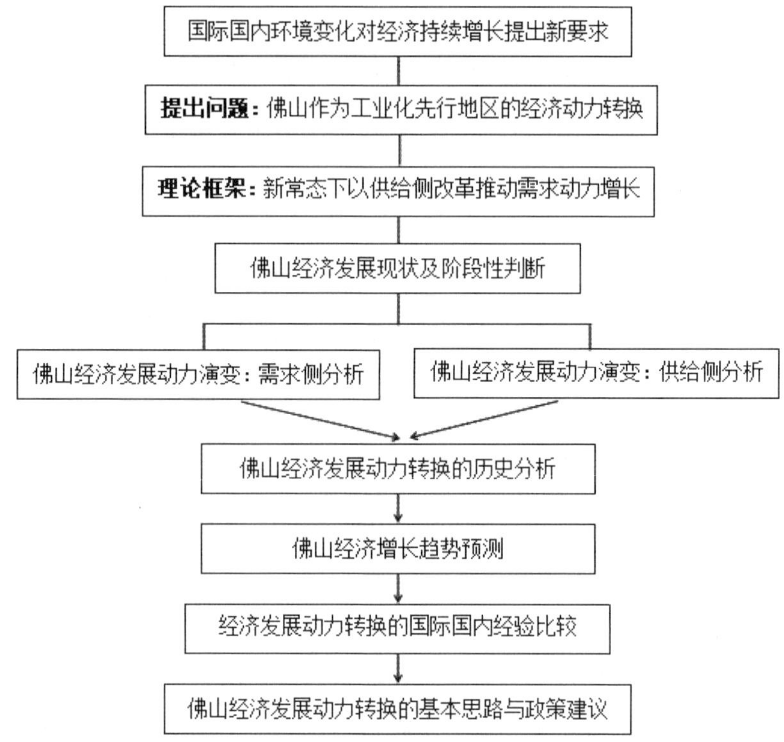

图3-1 研究框架图

四、佛山经济发展现状及阶段性判断

（一）佛山经济发展概况及其特点

佛山市位于广东省中南部、珠江三角洲腹地，东接广州，西接肇庆，南连中山、江门，北通清远，毗邻港澳，与广州共同构成“广佛都市圈”，是“广佛肇经济圈”“珠江—西江经济带”的重要组成部分，历史上是中国天下四大聚、四大名镇之一。经过 40 多年的发展，佛山现已发展为中国制造业基地、广东重要的制造业中心。佛山经济发展具有如下特点：

1. 佛山是中国制造业基地，实体经济活跃

改革开放 40 多年来，佛山坚持市场化改革，以制造业和实体经济立市兴市强市，走出了一条内源型增长模式。工业体系健全，制造业企业涉及 33 个主要工业行业，已形成家具、家电、陶瓷、铝型材、房地产、装备制造业等支柱产业。2018 年佛山实现规模以上工业总产值 21591.09 亿元，增长 6.2%；实现规模以上工业增加值 4590.05 亿元，增长 6.3%。2019 年佛山完成规模以上工业总产值 2.32 万亿，增长 7%，完成规模以上工业增加值 4860 亿元，增长 7%。2019 年的增长速度明显高过全国和全省。在佛山的制造业中，民营企业则是中流砥柱，为佛山的经济提供了扎根本土、向内集聚的特质，也形成了对外商投资依赖低、自我造血功能强的个性。这种内源型经济在保证佛山经济内生增长的同时，也激发了佛山广大的企业家精神、实现产业联动式转型升级。截止到 2019 年末，佛山市场主体总数达到 72.03 万户，其中，在市场极为困难的 2019 年，佛山新增市场主体 15.72 万户，增长 30.9%。表明佛山实体经济活动极为活跃。

2. 佛山是民营经济最为发达的地区之一，发展内源性强

作为我国国民经济的重要组成部分，民营经济是拉动经济增长、推动转型升级、促进市场化改革、吸纳城乡居民就业的关键力量。民营企业是市场经济中最为活跃的主体，它们经营灵活，效率更高，拥有较强的市场应变能力，追逐利润的动机也极为强烈，对提升经济发展活力极为重要。佛山 40 多年经济发展的历史就是民营经济发展的历史。佛山，明清时商贾云集、工商业发达，清末又得风气之先，是我国近代民族工业的发源地之一，也是改革开放初期乡镇经济孕育地之一。20 世纪 80 年代，佛山人发挥敢饮“头啖汤”的精神，以土地改革带动村办企业。南海通过国有、乡镇、村集体、合资、外资、个体“六个轮子一起转”的经济发展模式开启工业化进程。顺德也形成了以乡镇企业为特色的“顺德模式”，打造了乡镇经济发展的典型样本。通过股份制试点，实施产权改革，佛山培育了一大批在国内外具有竞争力的民营企业，涌现出一批优秀民营企业家。从南海到顺德，佛山通过改革释放市场经济活力，为经济社会发展打下了坚实基础。2019 年，民营经济增加值 6748.31 亿元，占全市生产总值的比重为 62.8%。民营工业对规模以上工业增长的贡献率达 80.1%。截至 2018 年底，佛山民营企业超过 26 万户，占企业总数的比重超过 90%，是佛山经济社会发展的主力军。与东莞、苏州等地的“两头在外”的经济发展模式不同，佛山的民营企业大部分都是在本地成长起来的，具有较强的根植性。这种扎根于地方社会文化的企业，与本地经济融合度高，拥有较为强劲且稳定的内生增长动力，适应市场、应对风险能力相对较强。

3. 产业集群化发展程度高，一镇一品特色明显

佛山形成产业集群较早，产业集群发展较快，产业发展特色鲜明，陶瓷、家电、纺织服装等产业集群在国内外具有较高知名度、影响力和竞争力。如顺德区以家电行业龙头企业带动上下游产业协同发展，打造出一条本地配套率超过 90% 的家电产业链和产业集群，还有大力发展有色金属、丹灶五金、石湾陶瓷、乐从家具等产业的各镇都形成了自己的产业集群。目前，佛山全市 32 个镇（街）中，共有国家级特色产业基地 26 个、省级特色产业基地 10 个，中国产业名都、名镇 41 个，省级专业镇 38 个，形成了“一镇一主品”的专业镇经济形态。专业镇的蓬勃发展，有利于提供较为完善的产业配套，增强

产业协作和集聚能力，目前各主要行业在本地的产业配套率都高达 90% 以上。

4. 制造业低端锁定比较严重，创新能力有待加强

近年来，佛山狠抓“机器换人”、技改创新、两化融合、节能降耗，推动传统制造业转型升级。2015 年以来，佛山全市累计开展“机器换人”规模以上工业企业 500 多家，工业企业应用机器人超过 10000 台，2018 年全市工业投资超过 1000 亿元，成为全省唯一一个工业投资超过千亿元的城市，2018 年单位 GDP 能耗下降 5.2%，超额完成省下达的年度节能目标任务。但是佛山工业结构中还存在不少问题，主要表现在：一是先进制造业相对滞后。2019 年佛山市高技术制造业增加值比上一年增长 5.6%，先进制造业增加值同比增长 8.7%，二者占工业增加值比重分别达到 49.9%、31.2%，现代服务业增加值占第三产业比重提高到 61.4%。高技术制造业增加值和先进制造业增加值占工业增加值的比重都低于全省平均水平。战略性新兴产业虽然发展较快，但是总体规模偏小，对经济增长的支撑作用不够突出，高端新型电子信息、半导体照明（LED）、节能环保、新能源汽车等战略性新兴产业发展整体缓慢，相关前沿技术掌握不足，制约制造业供给质量的全面提升。智能成套设备、高档数控机床、工业机器人以及 3D 打印等新兴装备制造产业处于起步阶段，与国内发达城市相比差距较大。二是制造业创新能力有待提升。近年来，佛山在鼓励企业创新方面不断加大工作力度，企业创新水平有所提升，但是与先进地区相比，佛山的企业创新投入仍不足，具有引领和带动作用的产业园区和公共创新平台偏少，高端人才引进和培育上与先进城市仍有较大差距，核心技术、关键零部件、重大装备受制于人，科技创新的驱动力还不强。

（二）佛山GDP总量和人均GDP增长进入中速发展阶段

自改革开放以来，佛山市 GDP 和人均 GDP 增长迅速，特别是 20 世纪 90 年代和 21 世纪初，平均增速超过了 10%。2011 年以后，GDP 和人均 GDP 增速趋缓，但仍然分别维持在 8% 和 7% 以上，高于全国和广东省的平均水平。2018 年，GDP 增速突然降为 6.3%，人均 GDP 增速则降为 1.1%，GDP 增速低于全国（6.6%）和广东省（6.8%）的水平，人均 GDP 增速则已经显著低于平均水平（见表 4–1）。GDP2019 年增长 6.9%，增幅分别高于全国、全省平均水平。

表 4-1 佛山市历年 GDP 和人均 GDP 增长情况

年份	GDP（亿元）	增长率（%）	人均 GDP（万元）	增长率（%）
2000	1050.38	12.5	2.02	9.9
2001	1189.19	11.1	2.20	10.5
2002	1328.55	11.8	2.40	10.8
2003	1578.49	16.1	2.82	14.7
2004	1918.04	16.3	3.37	14.3
2005	2429.38	19.4	4.21	17.8
2006	2983.90	19.3	5.04	16.4
2007	3660.18	19.2	5.93	18
2008	4378.30	15.2	6.80	10.5
2009	4820.90	10.1	7.22	12.8
2010	5665.45	17.5	7.9	9.4
2011	6231.40	10.0	8.68	9.9
2012	6642.95	6.6	9.21	7.7
2013	7064.29	6.3	9.78	9.5
2014	7509.96	6.3	10.33	7.7
2015	8107.60	8.0	11.01	7.3
2016	8756.31	7.7	11.76	7.3
2017	9382.16	7.1	12.43	6.6
2018	9976.72	6.3	12.6	1.7
2019	10751.02	7.8	13.2	4.8

注：历年《佛山统计年鉴》。其中2000-2009年的GDP数据引自2011年《佛山统计年鉴》，2010-2019年的GDP数据引自2020年《佛山统计年鉴》。

（三）佛山三次产业保持同步增长，其中工业一直占比最高

1. 三次产业结构仍然需要优化，第二产业近二十年占比一直保持 50% 以上

自 2000 年以来，佛山市无论是 GDP 总值，还是三次产业的生产总值都呈现快速增长趋势（如图 4-1）。三次产业在 GDP 中的比重演变具有以下鲜明特征：

第一，农业生产总值在 GDP 中所占比重持续下降，近年来占比稳定在 1.5% 左右。2001 年佛山市农业生产总值在 GDP 中占比约 6.5%，2010 年降至 1.9%，2017 年、2018 年及 2019 年分别占比 1.4%、1.5% 和 1.5%。

第二，第二产业生产总值在 GDP 增加值中所占比重最高，2017—2018 年

次贷危机后有所下降，近年来占比仍然高于55%。2001年，佛山市第二产业市场总值占GDP增加值的比重为53%，至2008年达到64.1%的峰值，此后缓慢下降，至2017年仍然占比高达57.7%，2018年和2019年占比分别为56.5%和56.2%。

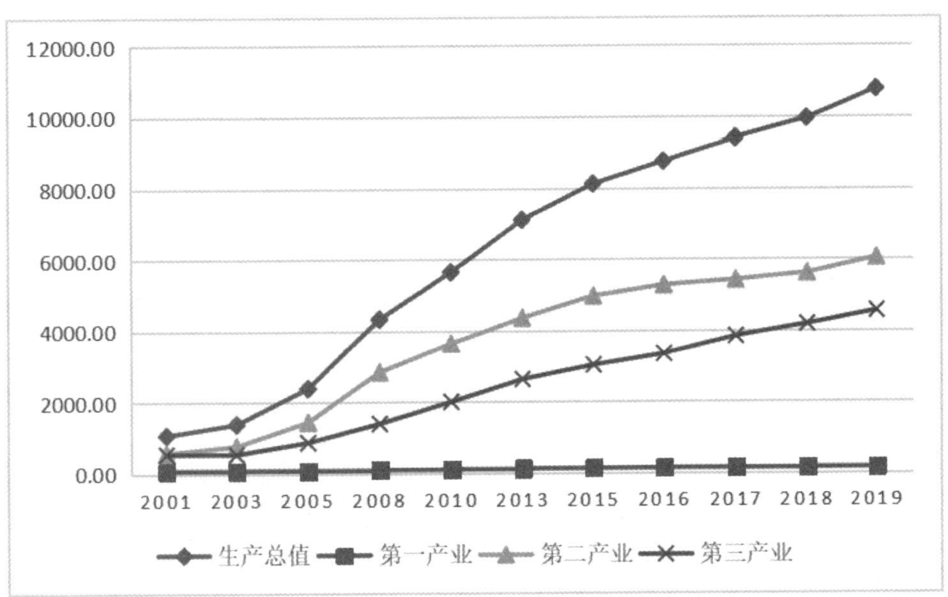

图4-1　佛山市GDP与三大产业产值变化（单位：亿元）

数据来源：《佛山统计年鉴》

第三，第三产业在GDP中的占比近年来缓慢攀升。2000年第三产业生产总值占GDP的比值为40.6%，至2008年降至33.7%，此后一直缓慢攀升，至2017年后占比达到40.9%。2017年、2018年和2019年分别为40.9%、42%和42.3%。（如图4–2）

按照库兹涅茨产业结构演进理论和发达国家的经验，随着一个国家或地区实现从工业化初期向中期和后期的演变，第一产业在GDP所占比重逐渐降低，工业和服务业持续增长，最终服务业在GDP中所占比重达到50%以上。然而，佛山虽然在2010年人均GDP就已经达到11935美元，按照这一指标，已经迈入发达经济体行列，但是服务业所占比重至2019年仍未达到45%，工业所占比重仍然是最高的。因而，体现出十分鲜明的佛山特色，即三次产业结构的演进滞后于人均GDP的增长，制造业无论是总规模，还是在GDP中所占比重都较高，成为佛山市经济发展的突出特征。

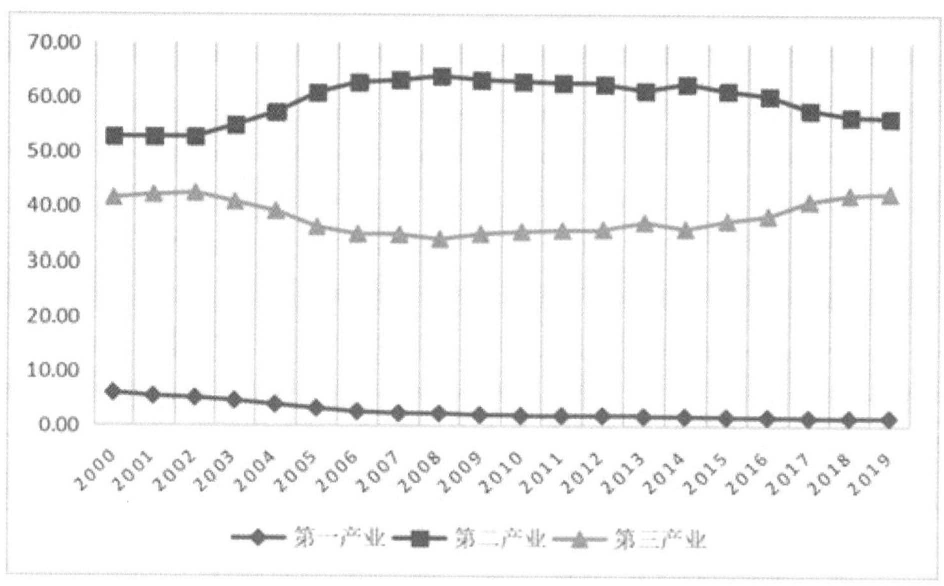

图4-2 历年来佛山市三次产业占GDP的份额（%）

数据来源：《佛山统计年鉴》

2. 佛山市三次产业就业结构中工业吸纳劳动力比例最高

从三次产业的就业结构来看，第一产业的就业人数所占份额从 2001 年的 20.9% 开始下降到 2014 年的 4.9%，到 2014—2018 年处于 4.9% ~ 5.0% 的平稳状态；第二产业的就业人数份额在 2001—2003 年间由 43.9% 增长到了 59.8%，2003 到 2010 年则由 59.8% 下降至 53.6%，2010 年后再次经历了先上涨后又逐步下降的过程，2018 年所占比重为 56.3%；第三产业的就业人数份额变化正好与工业相反，2018 年所占比重达到 39.3%（如图 4–3）。2019 年佛山市三次产业的结构比例为 1.5：562：42.3，与三次产业生产总值在 GDP 中的占比进行比较，我们发现，至 2018 年佛山市农业的发展更多地依赖了劳动力数量的贡献（农业总产值在 GDP 中占比仅 1.5%，但却吸纳了 4.45% 的就业人口）；工业在 GDP 中的占比为 56.2%，就业人口所占比重与此基本持平，为 56.3%。而服务业以 39.3% 的就业人口，生产总值在 GDP 中占比 42.3%。

从发达国家的经验来看，随着农业、工业率先采用先进的生产技术和设备替代劳动力进行生产，由于服务的多样化需求，第三产业将吸纳最多的就业人口。这说明，目前佛山经济发展面临一个较为迫切的问题，即如何通过资本和技术的替代作用，推动劳动力从农业和工业（主要是工业）向服务业的大量转移，进而在劳动力总数量增长难以持续增长的背景下，满足第三产业对劳动力的增长需求。

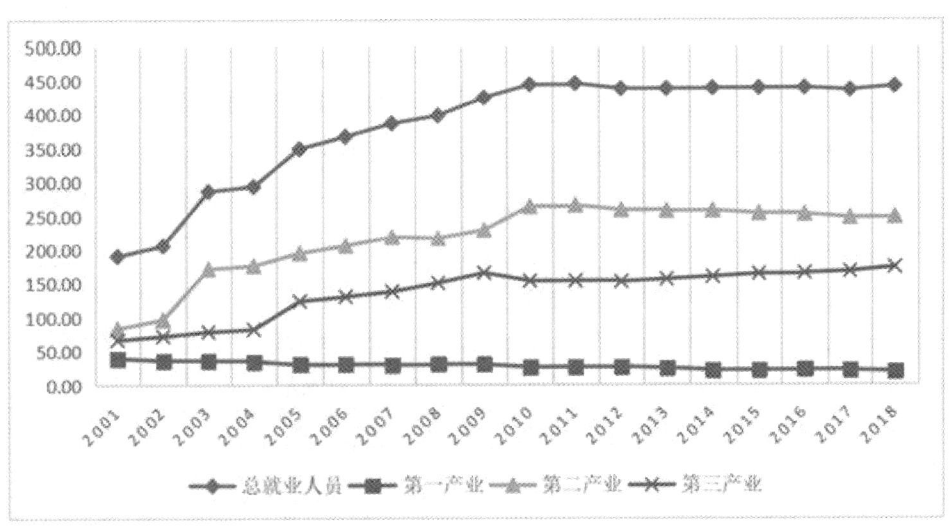

图2-3　佛山市总就业人员与三次产业就业人员变化（单位：万人）

数据来源：历年《佛山统计年鉴》以及《广东统计年鉴》

（四）佛山市所处经济发展阶段的判断

国际经验表明，工业化是各国经济发展中的一个重要阶段，而且也是产业结构迅速转变的一个重要时期。不同学者从不同的角度或各国实证分析中归纳总结了相应的判断标准。比较有代表性且易于实证操作的标准有基于三次产业就业结构划分的配第—克拉克理论、基于三次产业结构比例的库兹涅茨理论和主要基于 GDP 和人均 GDP 与产业结构关系的钱纳里标准。以下分别运用这三种标准从不同角度对佛山市当前所处的经济发展水平进行判断。

1. 按配第—克拉克理论划分

就业结构是经济发展阶段的重要标志，克拉克以三次产业分类方法为基础，通过搜集和整理 27 个国家从产出和部门劳动投入的时间数据，从劳动力转移角度揭示产业结构演进趋势，得出以下结论：随着人均国民收入水平的提高，劳动力首先由第一产业向第二次产业转移，当人均收入水平进一步提高时，劳动力则向第三次产业转移。通过多国的发展经验总结，克拉克将工业化分为准备期、工业化阶段和经济稳定增长阶段（具体标准见表 4-2）。

表 4-2　配第—克拉克理论关于就业结构与经济发展阶段的关系标准

三次产业就业结构（%）			时期	经济发展阶段
一产就业比重	二产就业比重	三产就业比重		
大于 63.3	小于 17.0	小于 19.7	工业化准备期	初期产品生产阶段
小于 46.1	大于 26.8	大于 27.1	工业化初期	工业化阶段
小于 31.4	大于 36.0	大于 32.6	工业化中期	
小于 24.2	大于 40.8	大于 35.0	工业化成熟期	
小于 17.0	大于 45.6	大于 37.4	工业化后期	经济稳定增长阶段

资料来源：引自陈秀山、张可云《区域经济理论》[M].北京：商务印书馆，2003.

2018 年，佛山市第一、第二、第三产业的就业比例分别为 4.5%，56.3% 和 39.3%，按照配第—克拉克理论，佛山已经进入工业化后期，经济进入稳定发展阶段。实际上，早在 2002 年佛山市第一、第二、第三产业就业结构就达到了 17.7%、47.1%、35.1%；工业化成熟期到工业化后期的突破点。十余年以来，第一产业的就业人口大量向第二产业转移，第三产业就业占比则变化相对较小。从全国来看，2018 年，我国的第一、第二、第三就业结构产业分别为 27%、28% 和 45%，第三产业吸纳的就业人口高于佛山市。

2. 按库兹涅茨产业结构理论划分

库兹涅茨在 1941 年的著作《国民收入及其构成》中就阐述了国民收入与产业结构间的重要联系，依据人均国内生产总值份额基准，考察了总产值变动和就业人口机构变动的规律，揭示了产业结构变动的总方向，从而进一步证明了配第—克拉克定律。库兹涅茨认为工业化往往是产业结构变动最为迅速的时期，其演进阶段可以通过产业结构表现。在工业化初期和中期阶段，产业结构变化的核心是农业和工业之间的“二元转化”。当第一产业比重下降到 20% 以下，并且二产的比重高于三产，这时进入了工业化中期阶段；当一产比重降低到 10% 左右，二产比重上升到最高水平，此后三产比重逐步高于二产比重，工业化进入后期阶段。

佛山市 2019 年三次产业占比分别为 1.5%、56.2% 和 42.3%，按照库兹涅茨工业化发展阶段划分，目前工业占比达到最高水平，处于从工业化中期向工业化后期迈进的阶段，预期未来服务业将逐步攀升，超过工业所占比重。事实上，自 2000 年后，佛山市工业生产在 GDP 所占比重一直是最高的，服务业所占比重提升较为缓慢。

3. 按钱纳里工业化标准划分

钱纳里在《工业化和经济增长的比较研究》一书中指出，经济增长是经济结构 (产业结构) 转变的结果，而结构转变与人均收入有着规律性联系，在不同收入水平上经济增长依次通过以消费品工业、重化工业和高科技高附加值工业为不同侧重点的增长阶段。在上述过程中，经济增长具有加速趋势，而当经济发展完成工业化进入成熟经济以后，增长速度会明显放缓。钱纳里借助多国模型提出的增长模式，将随人均收入增长而发生的经济结构转换过程划分为六个时期，其中 第六时期为发达经济。(具体标准见表 4–3)

表 4–3　钱纳里工业化不同阶段划分的标准值

经济发展水平	人均 GDP（美元）				
	1970 年	1990 年	2000 年	2010 年	2018 年
前工业化阶段	140 ～ 280	470 ～ 940	620 ～ 1240	790 ～ 1570	876 ～ 1753
工业化初期	280 ～ 560	940 ～ 1890	1240 ～ 2490	1570 ～ 3150	1753 ～ 3520
工业化中期	560 ～ 1120	1890 ～ 3770	2490 ～ 4970	3150 ～ 6300	3520 ～ 7026

（续 表）

经济发展水平	人均 GDP（美元）				
	1970 年	1990 年	2000 年	2010 年	2018 年
工业化后期	1120 ~ 2100	3770 ~ 7070	4970 ~ 9320	6300 ~ 11810	7026 ~ 13176
发达经济初期	2100 ~ 3360	7070 ~ 11310	9320 ~ 14910	11810 ~ 18900	13176 ~ 21079
发达经济	3360 ~ 5040	11310 ~ 16970	14910 ~ 22380	18900 ~ 28350	21079 ~ 31640

资料来源：1970年标准引自钱纳里.工业化和经济增长的比较研究[M].上海：三联书店，1989.其余各年份数据为项目组依据1970年的标准和美国GDP平减指数计算得到。

2019 年，佛山市 GDP 总值达到 10751.02 亿元，以 2019 年末常住人口 815.86 万人为基数，人均 GDP 达到 131775 元，约为 19106 美元，排在全省第四位（仅次于深圳、珠海和广州），按照钱纳里标准，已经达到处于发达经济初期。2019 年广东省和全国的人均 GDP 分别为 13651 美元和 10279 美元，广东已经进入发达经济初期阶段，但是全国仍然处于工业化后期阶段。事实上，早在 2010 年佛山的人均 GDP 就已经达到 11935 美元，跨越了钱纳里标准的工业化后期阶段。但是，与成熟发达经济体相比，佛山仍然存在巨大差距（见表 4 –4）。

表 4 –4　2019 年 GDP 总量前 10 名国家的人均 GDP 排名

国家	2019 年各国人均 GDP（美元）	人均 GDPP 排名	GDP 总量排名
美国	65281	1	1
德国	46259	2	4
加拿大	46195	3	10
英国	42300	4	6
法国	40494	5	7
日本	40247	6	3
意大利	33190	7	8
中国	10262	8	2
巴西	8717	9	9
印度	2104	10	5

资料来源：世界银行

（五）小　结

综上所述，当前佛山市的经济发展在经历了多年高速增长后，2011 年后开始进入 8% 左右的中高速增长，在 2018 年则开始进入 6% 的中速增长期，从 GDP 总规模和人均 GDP 指标来看，参照钱纳里工业化阶段划分标准，目前佛山虽然与最发达的成熟经济体还存在较大差距，但已经迈入发达经济初期，大幅超越广东省和全国的平均发展水平。从三次产业占 GDP 的比重来看，参照库兹涅茨产业结构理论，佛山近二十年来工业在 GDP 中占比一直在 50% 以上，服务业占比相对较低，呈现出极为鲜明的佛山特色，处于从工业化中期向工业化后期迈进的重要阶段。从三次产业就业结构来看，参照配第—克拉克理论，佛山已经进入工业化后期，经济进入稳定发展阶段，全国的平均水平则处于工业化初期迈向工业化中期的发展阶段。综上所述，项目组认为，佛山市目前处于从工业化后期向成熟的服务型发达经济体迈进的关键时期。总体上来看，与中央经济工作会议总结的经济新常态特征基本吻合。如何发挥第二产业的比较优势，以制造业为基础完成从工业化后期到成熟的服务型发达经济体的转变，需要佛山市在实践中不断培育发展新动能，总结创新经验，实现自我突破。

五、佛山经济发展动力转换需求侧角度分析

本部分从需求拉动视角对佛山近年来经济发展特别是“十三五”上半期经济发展动力源及其变化特征进行分析，具体包括对投资、消费和外贸这三大经济引擎的分析。

（一）投资、消费和净出口规模及占GDP总值的比重演进

1. 投资在佛山市 GDP 中所占比重近年来不断攀升，总量增长空间较为有限

从固定资产投资来看，佛山市 2015 年固定资产总额达到 3035.52 亿元，是 2001 年（238.20 亿元）的 12.74 倍，到 2019 年固定资产投资总额已增至 3961.73 亿元，较 2015 年增长 30.51%。固定资产总额占 GDP 的比重自 2001 年的 22.30% 提升至 2019 年的 36.85%(详见表 5–1)。

从房地产开发投资情况来看，2019 年达到 2146.84 亿元，分别是 2001 年的 29.68 倍和 2015 年的 2.27 倍。房地产开发投资占 GDP 的比重 2010 年以前一直低于 10%，2015 年占比达到 11.62%，2019 年这一比例已经达到 19.97%。这说明，“十三五”期间，佛山市房地产投资迅猛增长，成为拉动经济增长的重要力量 (详见表 5–1)。

从基础设施投资来看，2019 年达到 792.69 万元，分别是 2001 年的 27.58 倍和 2015 年的 1.66 倍。但从基础建设投资占 GDP 的比重来看，2019 年为 7.37%，与历史年份相比，占比并不算高，在广佛同城发展背景下，基础设施投资具有较大的增长空间 (详见表 5–1)。

通过与广东省整体水平的对比，我们发现，佛山市固定资产投资、房地产开发投资占 GDP 的比重在 2016 年后都已经超过了广东省的平均水平，但是基础设施投资占比自 2009 年一直低于广东省平均水平（见图 5–1）。

表 5–1　2001—2019 年佛山市固定资产投资、基础建设投资、房地产开发投资及占 GDP 的比重

年份	固定资产投资（亿元）	占 GDP 比重（%）	房地产开发投资（亿元）	占 GDP 比重（%）	基础设施投资（亿元）	占 GDP 比重（%）
2001	238.20	22.30%	72.34	6.77%	28.74	2.69%
2002	290.43	24.70%	81.60	6.94%	39.6	3.37%
2003	423.69	30.67%	88.50	6.41%	69.86	5.06%
2004	584.86	35.31%	112.70	6.80%	128.08	7.73%
2005	757.13	30.89%	143.16	5.84%	158.83	6.48%
2006	909.83	30.12%	182.07	6.03%	228.04	7.55%
2007	1089.69	29.48%	314.63	8.51%	185.81	5.03%
2008	1258.75	28.48%	403.68	9.13%	207.59	4.70%
2009	1470.56	30.30%	358.25	7.38%	441.69	9.10%
2010	1719.63	30.25%	485.52	8.54%	532.34	9.36%
2011	1933.96	30.90%	596.92	9.54%	368.46	5.89%
2012	2128.33	31.87%	638.46	9.56%	384.91	5.76%
2013	2375.60	33.38%	737.32	10.36%	391.39	5.50%
2014	2612.45	34.55%	832.70	11.01%	496.53	6.57%
2015	3035.52	37.32%	945.37	11.62%	477.44	5.87%
2016	3512.04	40.10%	1229.97	14.04%	540.22	6.17%
2017	4265.79	45.39%	1453.99	15.47%	829.68	8.83%
2018	3759.10	37.83%	2019.51	20.33%	652.96	6.57%
2019	3961.73	36.85%	2146.84	19.97%	792.69	7.37%

备注：数据来源于《佛山统计年鉴》以及2019佛山统计月报。2019年佛山固定资产投资增速为5.4%，房地产开发投资增速为6.3%，基础设施投资增长21.4%。基础设施投资数据根据2019年的增长速度计算而出。

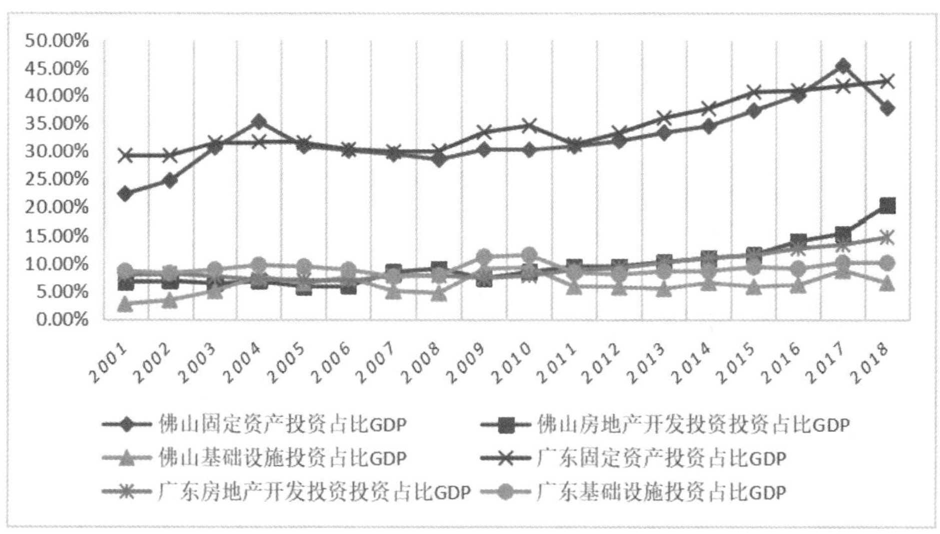

50.00%
45.00%
40.00%
35.00%
30.00%
25.00%
20.00%
15.00%
10.00%
5.00%
0.00%
2001
2002
2003
2004
2005
2006
2007
2008
2009
2010
2011
2012
2013
2014
2015
2016
2017
2018
佛山固定资产投资占比GDP
佛山房地产开发投资投资占比GDP
佛山基础设施投资占比GDP
广东固定资产投资占比GDP
广东房地产开发投资投资占比GDP
广东基础设施投资占比GDP

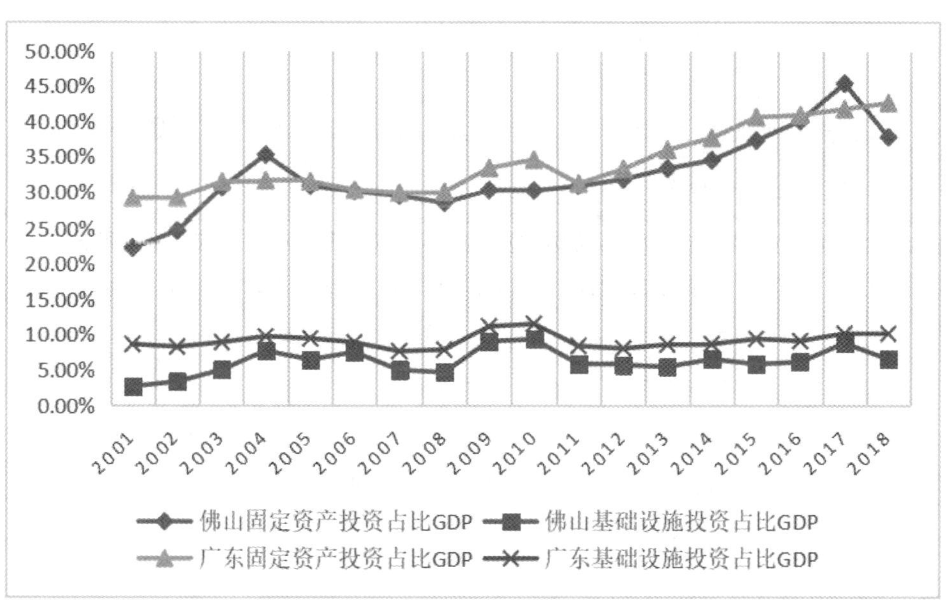

50.00%
45.00%
40.00%
35.00%
30.00%
25.00%
20.00%
15.00%
10.00%
5.00%
0.00%
2001
2002
2003
2004
2005
2006
2007
2008
2009
2010
2011
2012
2013
2014
2015
2016
2017
2018
佛山固定资产投资占比GDP
佛山基础设施投资占比GDP
广东固定资产投资占比GDP
广东基础设施投资占比GDP

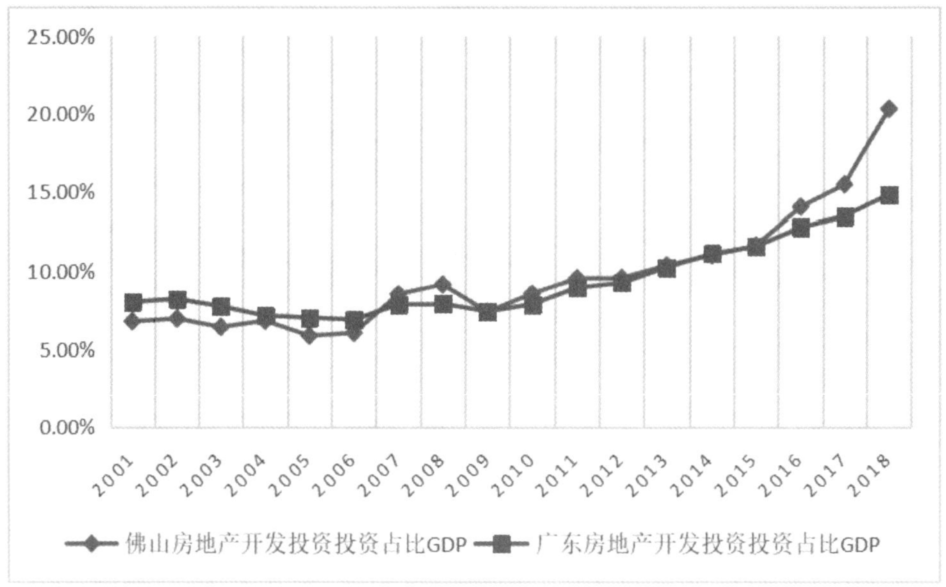

图 5-1 2001—2018 年佛山与广东省固定资产投资、房地产开发投资以及基础设施建设投资占 GDP 的比重对比

2. 消费规模持续上涨，但“十三五”以来占 GDP 的比重变化不大

从社会消费品零售总额情况来看，佛山市社会消费品零售总额在 2001 年一直保持持续增长的趋势，2019 年达到 3516.33 亿元，是 2001 年的 9.38 倍，但总体来看，除 2005 年到 2009 年这一段时间，佛山市社会消费品零售总额占 GDP 的比重一直维持在 35% 左右，2018 年为 36.39%，达到 21 世纪以来的最高点，2019 年有所下降，比例为 32.71%。（见表 5–2）

通过与广东省总体水平的对比，我们发现，佛山市社会消费品零售总额占 GDP 的比重自 2004 年以来一直低于广东省的平均水平。不过，在“十三五”期间差距呈现逐步缩小的趋势（见图 5–2）。

表 5-2 2001—2019 年佛山市社会消费品零售总额及占 GDP 的比重

年份	2001	2002	2003	2004	2005	2006	2007	2008	2009	2010
消费（亿元）	374.85	419.80	473.19	555.75	647.73	776.18	946.80	1195.75	1408.78	1636.1
占 GDP 比重（%）	31.52	31.60	29.98	28.98	26.66	26.01	25.87	27.31	29.03	28.78
年份	2011	2012	2013	2014	2015	2016	2017	2018	2019	
消费（亿元）	1931.41	2019.50	2264.10	2400.58	2705.22	3017.76	3320.43	3615.95	3516.33	
占 GDP 比重（%）	30.85	30.24	31.81	31.75	33.26	34.46	35.33	36.39	32.71	

数据来源：《佛山统计年鉴》以及佛山统计公报，2019年数据源自佛山统计月报

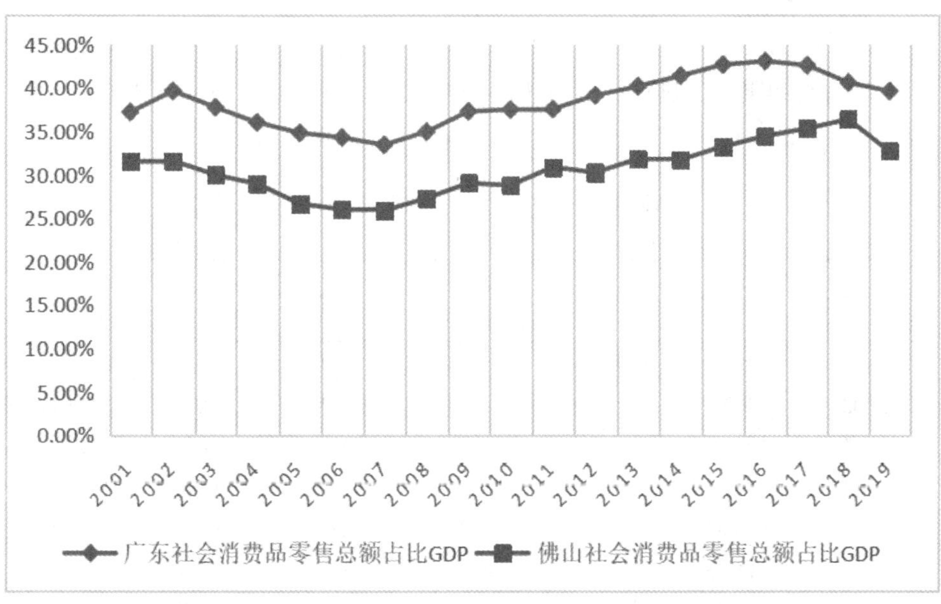

图5-2　2001—2019年广东与佛山社会消费品零售总额占GDP的比重对比

数据来源：《佛山统计年鉴》《广东统计年鉴》

3.“十三五”以来出口规模基本稳定，但进口规模有所下降

表 5-3 数据显示，佛山市出口额自 2012 年后突破了 400 亿美元，至 2015 年保持增长态势，但是 2016 年和 2017 年，出口额有一定幅度的下跌，2018

年则较 2017 年出现了高达 14.68% 的大幅增长；进口总额在 2014 年为 220.98 亿美元，但 2015 年降至 175.10 亿元（降幅高达 20.76%），2018 年进口金额为 159.44 亿美元。从净出口规模来看，2014 年已达到 246.22 亿美元（超过了当年的进口总额），“十三五”期间，净出口总额除 2017 年有小幅下降外，均超过了 300 亿元，2019 年为 380.92 美元；净出口占 GDP 的比重自 2015 年到 2019 年，最低为 23.51%（2015 年），2019 年占比 24.44%。与广东和全国的对比来看，佛山净出口在 GDP 中的占比一直是最高的。

以上数据表明，“十三五”期间，佛山市的产品在国际市场上一直保持较高的竞争力，净出口（出口减去进口）在GDP中所占比重达到20%以上。但是，近年来出口总额增长幅度并不大，在2016年和2017年两年甚至出现小幅下降，净出口总额以及占 GDP 比重的提升主要原因在于进口的减少。在国际贸易摩擦频繁发生的背景下，长期大规模顺差难以持续。因而，佛山市在未来应大力推动商品和服务的进口，通过进口的增长保持出口商品的进一步增加，保持经济可持续发展。

表 5-3 2001—2019 年佛山市进出口总额与增速

年份	出口（亿美元）	出口增速	进口（亿美元）	进口增速	净出口（亿美元）	净出口占 GDP 比重
2001	63.56	10.81%	47.14	2.68%	16.42	12.72%
2002	78.88	24.10%	50.81	7.79%	28.07	19.76%
2003	102.23	29.60%	62.42	22.85%	39.81	23.85%
2004	138.31	35.29%	78.56	25.86%	59.75	29.86%
2005	170.80	23.49%	86.32	9.88%	84.48	28.24%
2006	211.35	23.74%	98.43	14.03%	112.92	29.80%
2007	261.90	23.92%	116.59	18.45%	145.31	29.89%
2008	289.60	10.58%	132.54	13.68%	157.06	24.68%
2009	245.78	−15.13%	137.62	3.83%	108.16	15.23%
2010	330.39	34.42%	186.16	35.28%	144.22	17.17%
2011	390.94	18.33%	218.04	17.12%	172.90	17.84%
2012	401.50	2.70%	209.08	−4.11%	192.42	18.19%
2013	425.24	5.91%	214.11	2.41%	211.12	18.37%
2014	467.20	9.87%	220.98	3.20%	246.22	20.00%

（续　表）

年份	出口（亿美元）	出口增速	进口（亿美元）	进口增速	净出口（亿美元）	净出口占GDP比重
2015	482.10	3.19%	175.10	−20.76%	307.00	23.51%
2016	469.80	−2.55%	152.04	−13.17%	317.76	24.10%
2017	464.80	−1.06%	177.80	16.94%	287.00	20.62%
2018	533.05	14.68%	161.98	−8.9%	371.07	24.71%
2019	540.36	5.7%	159.44	2.60%	380.92	24.44%

数据来源：出口和进口数据均来自佛山市统计年鉴，其中2019年数据来自佛山统计月报，单位为人民币，按照年度平均汇率转化成美元净出口=出口−进口。

（二）投资、消费和净出口对GDP的贡献率和拉动率

本部分进一步对历年来佛山投资、消费和净出口对 GDP 年度增量的贡献率和拉动率进行分析。

1. 测算方法

本部分运用增量分析法，在对需求侧的投资、消费和净出口对 GDP 影响的研究中主要采用贡献率和拉动率进行分析。具体测算方法如下：

（1）贡献率是指某一要素增量在地区生产总值增量中所占的份额，反映了各要素对经济增长的贡献程度。贡献率是部分增量与总体增量之比，计算公式为：

$$\text{某要素对}GDP\text{增长的贡献率}=\frac{\text{该要素增量}}{GDP\text{增量}}$$

其中，要素分别为投资、消费和净出口，增量为今年的数值减上一年的数值的差额。此外，由于 2018—2019 年的消费、投资、净出口对经济增长的贡献率的算法为：$X_{it}=\frac{X_{it}}{\sum_{i} X_{it}}$，其中 Xit 为第 i 个要素或 TFP 在第 t 年的增长率。

（2）拉动率是指某一要素的贡献率对地区生产总值增速中所占的份额，反映了各要素对经济增速的拉动程度。计算公式为：

$$\text{某要素对}GDP\text{增长的拉动率}=\text{该要素对}GDP\text{增长的贡献率}\times GDP\text{增速}$$

其中，GDP 增速主要为今年的 GDP 增量除以上一年的 GDP 总值的商。

2. 变量说明与数据处理

本次研究所考察的 GDP、投资、消费与净出口的数据主要来自 1997—2018 年的《广东统计年鉴》，由于缺乏 2013 年的数据，采用均值法测算出 2013 年的相关数据。变量说明及数据处理如下：

GDP 总额。采用支出法测算当年价的 GDP 总额，具体为最终消费支出、资本形成总额、货物和服务净流出的加总。

投资。采用资本形成总额数据，资本形成总额指常住单位在一定时期内获得的减处置的固定资产和存货的净额，包括固定资本形成总额和存货变动两部分。固定资本形成总额指生产者在一定时期内获得的固定资产减处置的固定资产的价值总额。存货变动指常住单位存货实物量变动的市场价值，即期末价值减期初价值的差额，再扣除当期价格变动而产生的持有收益。

消费。采用最终消费支出数据，最终消费支出指满足物质、文化和精神生活的需要，从本国经济领土和外国购买的货物和服务的支出，包括居民消费支出（城镇居民消费支出与农村居民消费支出）和政府消费支出。

净出口。采用货物和服务净流出数据，货物与服务净流出指货物和服务流出减货物和服务流入的差额。

此外，《广东统计年鉴》并未提供 2018—2019 年的资本形成总额、最终消费支出、货物和服务净流出数据，故采用《佛山统计年鉴》与佛山市 2019 年国民经济和社会发展统计公报数据提供 2018—2019 年的固定资产投资、社会消费品零售总额以及净出口（出口总额–进口总额）数据。

3. 佛山市投资、消费和净出口在不同经济发展阶段的贡献率和拉动率

根据上述测算方法，我们得到佛山市三大需求侧动力对经济增长的贡献率和拉动率，详见表 5–4。

（1）消费对佛山经济增长的平均贡献率和拉动率最高，但近年来呈现下降的趋势。从贡献率来看，消费对佛山市经济增长的年均贡献率高达 38.5%，

消费贡献率呈现小幅度的下降趋势于2016—2019年（“十三五”）降至28.6%。从拉动率来看，消费的年均拉动率为5.1%，然而消费拉动率的变化率呈现较大幅度的下降趋势，自2001—2005年（“十五”）的峰值8%跌至2016—2019年（“十三五”）时期的2.4%。

（2）投资作为需求侧的第二动力推动佛山市经济增长，年均贡献率为36.2%。从贡献率来看，投资贡献率呈现上涨趋势并于“十二五”至“十三五”时期跃升为需求侧第一动力。从拉动率来看，投资拉动率于“十五”至“十三五”时期呈现下降趋势，但投资仍在“十二五”至“十三五”时期对经济增长起到第一拉动作用。

（3）净出口对佛山经济增长发挥着需求侧第三推动力作用，年均贡献率为25.3%。从贡献率来看，除“十二五”时期外，净出口贡献率的变化趋势较为稳定，在28.7% ~ 36.3%的范围内波动，2012年与2015年佛山市净出口出现负增长，进而导致“十二五”时期的年均贡献率为负值。从拉动率来看，净出口拉动率在“九五”至“十一五”时期保持较为平稳的变化趋势，于“十二五”时期大幅度下跌并在“十三五”时期回升升至1.8%的年均拉动率。

表5-4
1996—2019佛山市消费、投资、净出口对GDP增长的贡献率和拉动率

年份	贡献率			拉动率		
	消费	投资	净出口	消费	投资	净出口
1996—2000	0.458	0.179	0.363	0.051	0.013	0.048
2001—2005	0.363	0.323	0.314	0.080	0.069	0.057
2006—2010	0.382	0.284	0.334	0.064	0.063	0.062
2011—2015	0.432	0.572	−0.004	0.032	0.040	0.000
2016—2019	0.286	0.428	0.287	0.024	0.035	0.018

注：根据历年《广东统计年鉴》《佛山统计年鉴》、佛山市2019年国民经济和社会发展统计公报数据计算；以上贡献率均为五年计划内的年均贡献率。

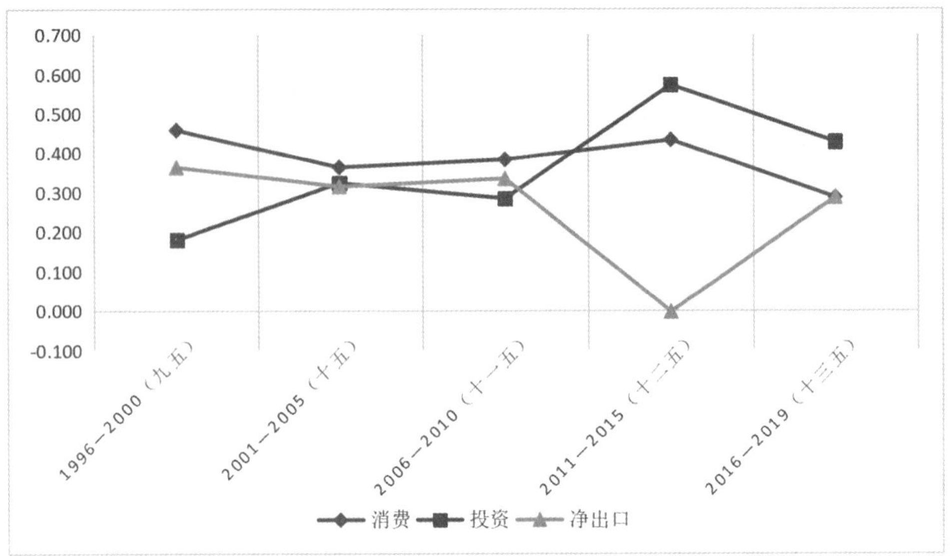

图 5-3　投资、消费、净出口对佛山市经济增长的贡献率

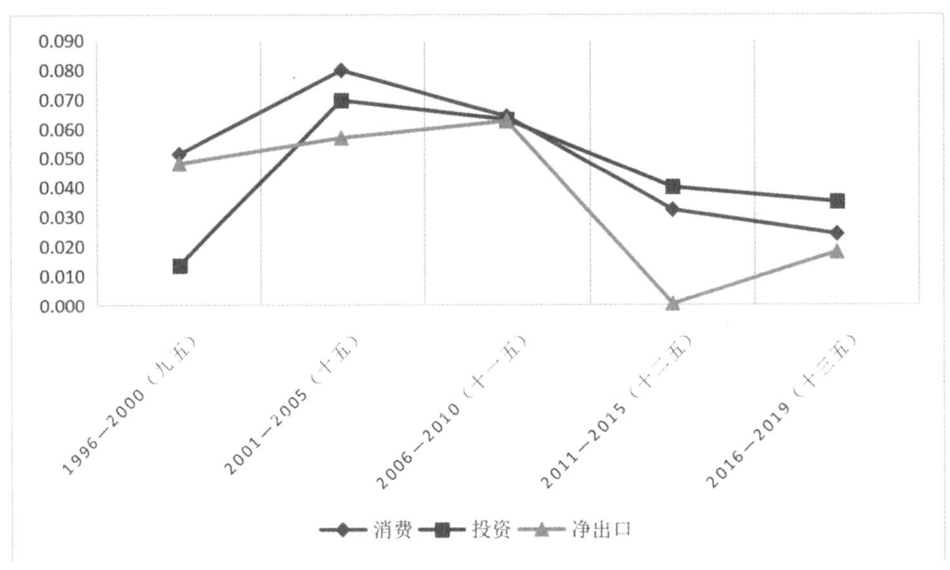

图 5-4　投资、消费、净出口对佛山市经济增长的拉动率

（三）投资、消费、净出口贡献率与拉动率的区域比较

1.“十三五”时期佛山市与广东省消费、投资、净出口贡献率和拉动率比较

表 5-5 佛山市与广东省的三大需求对经济增长的贡献率和拉动率比较

范围	年份	贡献率（%）			拉动率（%）		
		消费	投资	净出口	消费	投资	净出口
佛山市	2016	42.5	47.4	10.1	3.3	3.7	0.8
	2017	39.1	77.4	−16.6	3.5	6.9	−1.5
	2018	−3.2	18.3	84.9	−0.2	1.0	4.9
	2019	35.9	27.9	36.2	2.9	2.3	3.0
广东省	2016	49.6	48.8	1.6	3.7	3.7	0.1
	2017	48.6	44.9	6.5	3.7	3.4	0.5
	2019	26.9	37.3	35.9	1.7	2.3	2.2

注：根据历年来《广东统计年鉴》《佛山统计年鉴》、佛山市2019年国民经济和社会发展统计公报数据计算；以上贡献率均为五年计划内的年均贡献率。广东省2018年消费、投资、净出口贡献率和拉动率因受数据所限无法测算。

表 5-6 2019 年国内各大城市人均住户存款余额对比

城市	常住人口（万人）	住户存款余额（亿元）	人均住户存款（万元）
北京	2153.6	38865	18.05
上海	2428.14	33295.4	13.71
广州	1530.59	18383.44	12.01
深圳	1343.88	16327.05	12.15
杭州	1036	11901.3	11.49
佛山	815.86	8383.03	10.28
无锡	659.15	6316.12	9.58
宁波	854.2	7566.9	8.86
东莞	846.45	6365.7	7.52

资料来源：各市2019年国民经济和社会发展统计公报。

表 5-5 的数据表明，2016—2019 年，消费、投资、净出口这三驾马车对

佛山市的贡献率和拉动率与广东省的平均情况保持了相同的变化趋势。其中，投资的贡献率和拉动率在2016—2017年均呈现较大增长，但于2018—2019年均出现下滑趋势；消费支出的贡献率有一定下降，但对经济增长的拉动率影响不大，略有上升；净出口的贡献率和拉动率均在2017年跌为负值后有所回升。不过，佛山市最终消费对GDP增长的贡献率和拉动率均低于广东平均水平，这反映了佛山作为经济发达的珠三角城市之一，消费对GDP增长的贡献还有较大潜力。根据2019年的数据，佛山市人均住户存款为10.28万元，排在北京、上海、广州、深圳和杭州之后的第六位。比东莞高2.76万元、比宁波高1.42万元、比无锡高0.7万元（详见表5-6），具有强劲的消费能力。

2.“十三五”期间佛山与东莞、宁波的消费、投资、净出口贡献率和拉动率比较

表5-7的数据表明，除2018年外，“十三五”时期佛山市三大需求均保持较高的贡献和增速，但消费增长仍落后于大部分城市。一方面，从消费增速看，“十三五”时期佛山的消费以5.7%的平均增速排在与其他9个对标城市中的最后一位，郑州、合肥、长沙、无锡和泉州均在这一时期保持10%以上的平均增速，而广东省内深圳与东莞市的平均增速分别为8.8%、9.1%。

近年来，佛山市的投资增速下降且平均增速远落后于广东省内的深圳市、东莞市。一方面，从投资的增速来看，佛山市投资的平均增速为9.6%，位于10个城市中的第4位，而前3位城市分别为深圳市（21.2%）、东莞市（16.4%）、泉州市（10.1%）。同时各对标城市的增速差异大，这一阶段，苏州、无锡的投资平均增速均为负。佛山市投资增速在2016—2017年保持高增速，但2018—2019增速下降至5.6%、5.4%。另一方面，从贡献率来看，2016—2017年投资对佛山市经济增长保持高贡献，而在2018—2019年佛山的投资贡献率大幅度下降，原因在于佛山市投资增速的下滑。

对标城市之间的净出口增速呈现较大差异，佛山市的净出口增速远落后于郑州、长沙、宁波等城市，但仍保持较高的增速。一方面，从净出口的增速看，各城市净出口增速差距大，其中佛山市以7.3%的平均增速位列对标城市中的第6位，郑州（81.2%）、长沙（43%）、宁波（24.5%）分别位列前三位，

而深圳市以 1.75 的平均增速居于最后一位。佛山市的净出口增速于 2017 年呈现较大的跌幅，后于 2018—2019 均保持较高的增速。另一方面，从贡献率看，净出口在 2017 年的负增长导致了负贡献，2018—2019 年净出口分别对经济增长发挥着 84.9%、36.2% 的高贡献。

表 5-7 佛山市与国内对标城市的三大需求贡献率和增速比较

城市	年份	贡献率			增速		
		消费	投资	净出口	消费	投资	净出口
佛山市	2016	0.425	0.474	0.101	0.081	0.096	0.038
	2017	0.391	0.774	−0.166	0.085	0.176	−0.075
	2018	−0.032	0.183	0.849	−0.010	0.056	0.259
	2019	0.359	0.279	0.362	0.070	0.054	0.070
东莞市	2016	0.706	0.828	−0.534	0.113	0.247	−0.303
	2017	0.392	0.542	0.067	0.077	0.177	0.074
	2018	0.152	0.109	0.738	0.081	0.058	0.392
	2019	0.144	0.267	0.589	0.094	0.175	0.386
深圳市	2016	0.370	0.570	0.059	0.097	0.219	0.025
	2017	0.312	0.497	0.191	0.112	0.236	0.118
	2018	−0.358	−0.976	2.334	0.076	0.206	−0.493
	2019	0.099	0.278	0.622	0.067	0.188	0.420
宁波市	2016	0.362	0.638	0.001	0.072	0.107	0.001
	2017	0.323	0.304	0.373	0.102	0.078	0.816
	2018	0.206	0.280	0.515	0.026	0.036	0.066
	2019	0.302	0.318	0.380	0.077	0.081	0.097
苏州市	2016	−3.428	2.501	1.927	0.107	−0.078	−0.060
	2017	0.585	−0.019	0.434	0.103	−0.003	0.076
	2018	−0.497	1.696	−0.199	0.056	−0.191	0.022
	2019	0.255	0.354	0.391	0.059	0.083	0.091
无锡市	2016	0.483	0.445	0.072	0.134	0.087	0.067
	2017	0.468	0.427	0.105	0.148	0.099	0.118
	2018	−0.539	2.677	−1.139	0.062	−0.309	0.131
	2019	1.677	0.927	−1.605	0.085	0.047	−0.081

（续 表）

城市	年份	贡献率			增速		
		消费	投资	净出口	消费	投资	净出口
郑州市	2016	0.440	0.535	0.025	0.100	0.116	0.282
	2017	0.400	0.421	0.179	0.111	0.110	2.154
	2018	0.115	0.129	0.757	0.097	0.109	0.640
	2019	0.325	0.096	0.579	0.095	0.028	0.169
合肥市	2016	0.745	0.689	−0.435	0.120	0.111	−0.070
	2017	−0.577	−0.249	1.826	0.116	0.050	−0.366
	2018	0.174	0.136	0.690	0.091	0.071	0.361
	2019	0.141	0.145	0.714	0.087	0.090	0.442
长沙市	2016	0.634	0.361	0.005	0.120	0.049	0.014
	2017	0.595	0.406	0.000	0.139	0.073	−0.001
	2018	0.069	0.167	0.764	0.048	0.115	0.527
	2019	0.073	0.073	0.854	0.101	0.101	1.179
泉州市	2016	0.440	0.408	0.152	0.108	0.100	0.037
	2017	1.368	1.205	−1.573	0.114	0.100	−0.131
	2018	0.445	0.513	0.041	0.123	0.142	0.011
	2019	0.154	0.095	0.750	0.102	0.063	0.496

资料来源：根据各市历年统计年鉴、统计公报计算所得。

（四）小 结

本部分从需求侧对佛山经济增长的动力进行分析，主要从两个角度展开：

一是从投资、消费和进出口规模及占 GDP 总值比重的情况进行分析，结果表明：（1）佛山市固定资产投资总额在“十三五”期间增长十分迅速，占 GDP 的比重逐年增加，目前虽然仍然略低于广东省和全国的平均水平，但总量增长空间有限，因而，要想进一步激发投资对经济的拉动作用，应在规模控制的前提下，主动改变投融资结构。第一，佛山市基础建设投资规模在 GDP 中的占比无论与过去的历史年份对比，还是与广东省总体水平对比，目前都处于较低的位置，未来有一定可提升空间。在粤港澳湾区发展背景下，通过顶层规划，创新融资机制，消除投资障碍，将会使得基础建设投资对经济发展起到重要拉动作用。第二，房地产开发投资“十三五”以来占 GDP 的比重成倍增长，2018 年占 GDP 的比重更是达到 20.33%，近年来这一比例一直高于广东省平均水平，且差距呈现进一步扩大趋势。未来如何引导房地产开发投资，谨防出现供给过剩，将是政府急待解决的一个难题。（2）从佛山市消费增长情况来看，虽然社会消费品零售总额消费规模持续上涨，但“十三五”以来占 GDP 的比重变化不大，2019 年为 3516.33（占 GDP 比重为 32.71%）亿元。与广东省平均水平相比，佛山市社会消费品零售总额占 GDP 的比重自 2004 年以来一直较低，不过，在“十三五”期间差距呈现逐步缩小的趋势。无论是从佛山市人均居民存款数额还是从发达地区经验来看，佛山市的消费增长潜力较大。因而，“十四五”期间应积极创新消费政策，释放消费潜力。（3）从佛山市进出口发展情况来看，“十三五”以来一直保持高额的出口顺差，顺差规模甚至有进一步扩大的趋势。但是，“十三五”以来，佛山市出口总规模增幅不大，进口规模则有一定程度下降。因而，未来应通过加大进口，在保持传统竞争优势的同时，通过进口培育新的比较优势，使得出口能够继续成为拉动佛山经济增长的动力。

二是利用《广东统计年鉴》国民经济收入核算的支出法数据，计算资本所得、最终消费与净出口对 GDP 增长值的贡献率和拉动率进行分析。结果表明，投资、消费和净出口对经济增长的贡献率和拉动率具有以下几个鲜明特征：（1）投资对佛山经济增长的贡献率在 2011 年以后最高，与此相应，其对 GDP 增长的拉动率也是最高的。（2）消费对佛山经济增长的贡献率在 1996—2010 年一直高于投资的贡献率，但是 2011 年至今，一直低于投资的贡献率，对经济增长的拉动率也有所下降；（3）净出口在 2011 年以前对经济增长的贡献率在三驾马车中大致可以占据 1/3 的份额，但 2010 年以后，对佛山经济增长的平均贡献率和拉动率已经跌到了零或负值，后于 2018—2019 年有所回升。

与广东省的总体情况对比结果表明，2016—2019 年，消费、投资、净出口这三驾马车对佛山市的贡献率和拉动率与广东省的平均情况保持了相同的变化趋势。不过，佛山市的最终消费支出对 GDP 增长的贡献率和拉动率均低于广东平均水平。与国内对标城市进行对比的结果表明，“十三五”时期佛山市的消费平均增速在国内对标城市中排最后一位，可见这一时期佛山市消费增长滞后于国内其他对标城市；近年来佛山市经济增长更多依赖于投资，佛山市的投资在“十三五”时期呈现较快增长且领先于国内大部分对标城市，但仍以较大差距落后于广东省内的深圳市和东莞市；对标城市之间的净出口增速呈现较大差异，佛山市的净出口增速远落后于郑州、长沙、宁波等城市，但仍保持较高的增速。

综上所述，通过经济增长的需求动力分析表明，未来佛山市需要重点从以下几个层面入手推动经济转型升级。

第一，投资总规模增长空间较有限，但是在控制投资在 GDP 中的占比前提下，具有较大的结构调整动力潜力。一是加大基础设施建设投资，在粤港澳湾区发展背景下，通过顶层规划创新融资机制，消除投资障碍，使得基础建设投资对经济发展起到重要拉动作用。二是严控房地产开发投资规模增长，谨防出现供给过剩和资金向房地产市场聚集的风险。

第二，消费具有较大提升空间。未来应积极创新消费政策，释放消费潜力。

第三，净出口规模占 GDP 的比例较高，但是，对佛山经济增长的平均贡献率和拉动率已经跌到了零或负值。未来应加大培育新的比较优势扩大出口，同时通过加大进口的方式，充分利用全球资源，提升本土产业的全球价值链，提高国际市场的竞争力迫在眉睫。

六、佛山经济发展动力转换供给侧角度分析：基于随机边界分析方法

自索洛的现代经济增长理论以来，西方主流观点多数从资本、劳动、技术等要素角度入手来研究经济发展的动力源泉，进而将经济增长划分为粗放式（仅仅依靠要素规模投入推动）和集约式（主要依靠效率改进）两种基本模式。目前学界将中国的经济增长主要归因于生产要素投入、技术进步和制度创新，实证研究则多数通过对经典的道格拉斯生产函数进行拓展，运用多种数据和核算方法进行测度，探讨中国不同时期或不同区域的经济增长的动能，即主要依靠传统生产要素的投资驱动，还是技术和制度变革带来的效率驱动？本部分主要通过构建超越对数生产函数模型并运用SFA进行参数估计，后根据估计结果对佛山市TFP增长率进行测算，进一步可得出资本投入、劳动投入以及TFP对经济增长的贡献以分析佛山市改革开放特别是21世纪以来经济增长的主要驱动力及其发展变化情况。最后本部深入分析影响TFP变化的内在动因结构，即技术进步、技术效率、规模经济效应以及资源配置效率对TFP影响的变化趋势。

（一）实证方法与数据处理

1. 实证方法

本书对TFP增长率的测算采用随机边界分析法（SFA），具体模型设定采用引入时间趋势项t的超越对数生产函数模型，模型具体设定形式如下：

$$\begin{aligned} lnY_t = & \beta_0 + \beta_K lnK_t + \beta_L lnL_t + \beta_t t + \frac{1}{2}\beta_{KK} lnK_t^2 + \frac{1}{2}\beta_{LL} lnL_t^2 + \frac{1}{2}\beta_{tt} t^2 \\ & + \beta_{KL} lnK_t lnL_t + \beta_{tK} t lnK_t + \beta_{tL} t lnL_t + v_t - u_t \end{aligned}$$

（公式4–1）

式中，Y 为实际产出；K 和 L 分别为资本和劳动投入；下标 t 表示年份；v 为随机干扰项，服从标准正态分析；u 为技术非效率项，反映技术非效率程度且服从零点截断的半正态分布，exp（–u）为技术效率（TE），且 TE ∈ [0,1]。根据 Kumbhakar（2000）① 年的分解方法，将生产函数对 t 求导，得到如下公式：

$$\begin{aligned} \frac{\Delta Y_t}{Y_{t-1}} & = \frac{\partial lnY}{\partial t} = \frac{\partial lnf(X_i, t)}{\partial t} + \sum_i \frac{\partial lnf(X_i, t)}{\partial lnX_i} \frac{\partial lnX_i}{\partial X_i} \frac{dX_i}{dt} - \frac{\partial U}{\partial t} \\ & = \frac{\partial lnf(X_i, t)}{\partial t} + \sum_i a_{it} \frac{\Delta X_i}{X_{it-1}} - \frac{\partial U}{\partial t} \end{aligned}$$

（公式4–2）

其中，$\frac{\Delta Y_t}{Y_{t-1}}$、$\frac{\Delta X_{it}}{X_{it-1}}$ 分别表示实际产出和要素投入的年增长率，$a_i = \frac{\partial lnf(X,t)}{\partial lnX_i}$ 表示各要素的产出弹性，根据 Solow（1957）关于 TFP 增长率的定义：TFP 增长率是产出增长率减去投入增长率之差，具体公式如下：

$$\frac{\Delta TFP_t}{TFP_{t-1}} = \frac{\Delta Y_t}{Y_{t-1}} - \sum_i \omega_{it} \frac{\Delta X_{it}}{X_{it-1}}$$

（公式4–3）

式中，ωi 表示各要素使用成本在总成本中的占比，将（2）式代入三式中得：

$$\begin{aligned} \frac{\Delta TFP_t}{TFP_{t-1}} & = \frac{\partial lnf(X_i, t)}{\partial t} - \frac{\partial U}{\partial t} + (RTS_t - 1)\sum_i \eta_{it} \frac{\Delta X_{it}}{X_{it-1}} + \sum_i (\eta_{it} - \omega_{it}) \frac{\Delta X_{it}}{X_{it-1}} \\ & = TP_t + TEC_t + SE_t + RA_t \end{aligned}$$

（公式4–4）

① Kumbhakar S C. Estimation and Decomposition of Productivity Change When Production Is Not Efficient: A Panel Data Approach.[J].*Econo–metric Reviews*, 2000,(19)

上式中 TFP 增长率分解为 TP、TEG、SE 和 RA 的定义和具体测算公式如下：

① TP 表示技术进步增长率（或前沿面增长率），即通过函数前沿面移动的方向和距离判断技术进步是否有正增长、负增长或无变化 [8]，具体测算公式为：

$$\frac{\partial lnf(X_i,t)}{\partial t}=\beta_t+\beta_{tt}t+\beta_{tK}lnK_t+\beta_{tL}lnL_t$$

（公式4-5）

② TEG 表示技术效率增长率，$TEG_t=\frac{TE_t-TE_{t-1}}{TE_{t-1}}$，$TE_t=exp(-u_t)$，当 TEt=1 时，说明第 t 年的要素投入带来的产出位于产出前沿边界上，故无效率损失，当 0 ≤ TEt ＜ 1 时，则说明第 t 年要素投入带来的产出存在效率损失；

③ SE 表示规模经济效应增长率。$RTS_t=\sum_i a_{it}$，RTS 表示要素弹性之和，即规模经济效应，当 RTSt ＞ 1、RTSt=1、RTSt ＜ 1 时分别表示第 t 年的要素投入具有规模报酬递增、规模报酬不变、规模报酬递减效应；$\eta_{it}=\frac{a_{it}}{RTS_t}$，ηit 表示第 t 年的各要素弹性在要素弹性之和中的占比。资本产出弹性、劳动投入产出弹性以及 ES 的具体计算公式为：

$$\omega_K=\frac{\partial lnf(X_i,t)}{\partial lnK_t}=\beta_K+\beta_{KK}lnK_t+\beta_{KL}lnL_t+\beta_{tK}t$$

（公式4-6）

$$\omega_K=\frac{\partial lnf(X_i,t)}{\partial lnL_t}=\beta_L+\beta_{LL}lnL_t+\beta_{KL}lnK_t+\beta_{tL}t$$

（公式4-7）

$$ES_t=(RTS_t-1)(\eta_{tK}\frac{\Delta K_t}{K_{t-1}}+\eta_{tL}\frac{\Delta L_t}{L_{t-1}})$$

（公式4-8）

④ RA 表示资源配置效率增长率，通过测算各要素产出弹性占总弹性的比重与要素使用成本所占总成本份额的偏离程度来衡量。[9] ωtK、ωtL 分别表示第 t 年的资本使用成本、劳动使用成本在总成本中的占比，具体测算公式如下：

$$RA=(\eta_{tK}-\omega_{tK})\frac{\Delta K_t}{K_{t-1}}+(\eta_{tL}-\omega_{tL})\frac{\Delta L_t}{L_{t-1}}$$

（公式4–9）

2. 数据来源与处理

（1）GDP 总额数据。本书采用佛山市以 1978 年价格为基期的 1979—2018 年的不变价 GDP 作为产出数据。根据《佛山统计年鉴》提供的 1978—2018 年按当年价计算的地区生产总值和 1978 年以来的地区生产总值指数（较上年）可换算出以 1978 年价格为基期计算的 1979—2018 年佛山市不变价格的地区生产总值。

（2）劳动投入数据。本书以劳动力从业人员作为劳动投入数据，数据来源于《佛山统计年鉴》公布 1978—2018 年的年末社会从业人口数量的数据。劳动使用成本采《佛山统计年鉴》提供的 1978—2018 年的佛山市在岗职工工资总额数据。

（3）资本投入数据。本书以物质资本存量数据作为资本投入数据。具体方法采用永存盘存法（Perpetual Inventory Method，PIM）来核算佛山市以 1978 年为基期的 1979—2018 年的不变价格物质资本存量，具体测算为：

$$K_t=(1-\delta_t)K_{t-1}+\frac{I_t}{P_t}$$

（公式4–10）

上式中，Kt 表示第 t 年的物质资本存量；δt 表示第 t 年的折旧率；It 表示第 t 年的投资；Pt 表示第 t 年的缩减指数。根据永续盘存法测算公式所需数据如下: ①当年投资 It。固定资本形成总额被认为是衡量当年投资的合理指标，由于佛山市统计局未公布固定资本形成总额数据，本书采用《佛山统计年鉴》提供的 1978—2018 年的全社会固定资产投资数据作为当年投资数据；②投资缩减指数 Pt。由于佛山市 1978—2018 年的固定资产投资价格指数数据并未公布，本书通过构造广东省的投资缩减指数进行替代，广东省的投资缩减指数构造分为两部分：a. 基于 1978 年为基期的不变价格的广东省固定资本形成总额与当年价固定资本形成总额的比值构建的广东全省投资缩减指数。不变价的固定资本形成总额可由固定资本形成总额发展指数换算出，其中，1978—1982 年、1984—1992 的固定资本形成总额发展指数年由《中国国内生产总值核算历史资料（1952—1995）》提供，而 1992—2004 年的固定资本形成总额发展指数来源于《中国国内生产总值核算历史资料（1952—2004）》。由于 1983 年的发展指数数据缺失，故采用线性外推法预测得到 1983 年的全省固定资本形成总额发展指数；2004—2018 年的投资缩减指数采《广东统计年鉴》提供的固定资产投资价格指数；③折旧率 δt。本书采用单豪杰（2008）估算省际资本存量中所采用的统一折旧率 10.96%；④ 1978 年的基期资本存量数据 K1978。[①] 本书采用 Hall 和 Jones(1999) 所使用的基期资本存量测算方法。[②]

具体测算公式为：$K_{1978}=\dfrac{I_{1979}}{g+\delta}$，I1978 表示 1979 年的不变价固定资产投资；g 表示 1979—1989 年的固定资产投资平均增长率；δ 为本书假定的折旧率 10.96%。资本使用成本采用资本存量的当年折旧额来衡量。此外，使用成本采用资本存量的当年折旧额来衡量。

（二）佛山市资本、劳动力规模变化特征

1. 佛山市近年来资本规模变化情况

本部分 2002—2018 年资本投入数据采用永续盘存法测算所得（年折旧率为 10.96%）。这一阶段佛山市的资本投入（物质资本存量）均保持 10% 以上的高增长率。2002—2018 年佛山市的投入规模增长率变化趋势大致分为阶段变化：增长率在 2002—2005 年呈现快速上升的趋势，而自 2005 年后呈现下降趋势，但仍保持高 10% 以上的增长率。

① 单豪杰 . 中国资本存量 K 的再估算 :1952 ~ 2006 年 [J]. 数量经济技术经济

② Hall R. E. , Jones C. I. , 1999, Why Do Some Countries Produce So Much More Output Per Worker Than Others? [J], *The Quarterly Jour- nal of Economics*, 114(1), 83 ~ 116.

表 6-1 佛山市 2002—2018 年资本投入变化情况

年份	2002	2003	2004	2005	2006	2007	2008	2009	2010
资本投入（亿元）	452.98	533.85	643.36	786.94	956.17	1150.19	1341.97	1578.88	1841.79
增长率	11.74%	17.85%	20.51%	22.32%	21.51%	20.29%	16.67%	17.65%	16.65%
年份	2011	2012	2013	2014	2015	2016	2017	2018	
资本投入（亿元）	2104.66	2377.87	2671.91	2980.00	3358.71	3804.18	4325.71	4784.77	
增长率	14.27%	12.98%	12.37%	11.53%	12.71%	13.26%	13.71%	10.61%	

数据来源：根据永续盘存法计算得到。

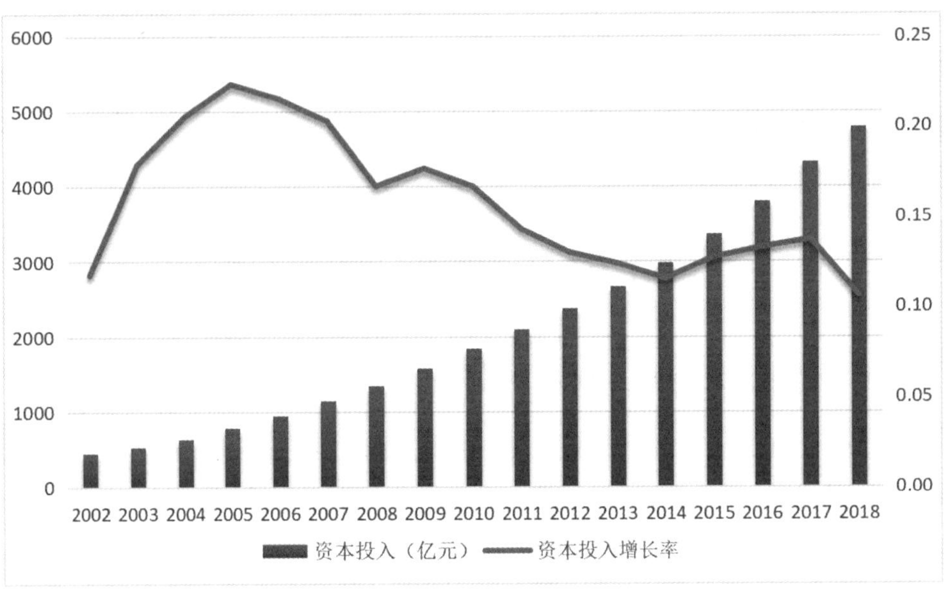

图6-1 佛山市2002—2018年资本投入变化情况

2. 佛山劳动力数量增长变化情况

佛山市就业劳动力数量在 21 世纪初期经历了一个较快的增长过程，到 2005 年劳动力规模增长的速度达到了峰值（18.80%），之后劳动力增长速度一直快速下降，至 2012 年劳动力绝对数量降为 437.25 万人。近年来基本保持稳定，2018 年就业劳动力为 440.91 万人，较 2017 年的劳动力人数而言，虽然上升了 1.24%，但还是低于 2010 的劳动力人数（见表 6-2）。这说明，佛山市在 2010 年前后就基本丧失了“劳动力红利”，其后的经济增长与劳动力数量没有显著联系。

图 6-2 显示，在 2001—2010 年期间，佛山市劳动力增长速度显著高于全国和广东的平均水平，但在 2012 年后，劳动力增长速度则接近或低于全国和广东的平均水平。而同期宁波、东莞劳动力数量的变化呈现出与佛山相近似的趋势，不过，2017 年佛山市劳动力数量的下降趋势则更为明显，2018 年略有回升（图 6-3）。

表 6-2　2001—2018 年佛山市劳动力数量变化情况

年份	2002	2003	2004	2005	2006	2007	2008	2009	2010
劳动投入（万人）	205.74	286.39	293.51	348.69	350.77	358.88	397.8	424.38	443.46
增长率	0.080	0.392	0.025	0.188	0.006	0.023	0.108	0.067	0.045
年份	2011	2012	2013	2014	2015	2016	2017	2018	
劳动投入（万人）	445.13	437.25	437.29	438.09	438.41	438.81	435.51	440.91	
增长率	0.004	−0.018	0.00009	0.002	0.001	0.0009	−0.008	0.012	

数据来源：历年来佛山市统计年鉴

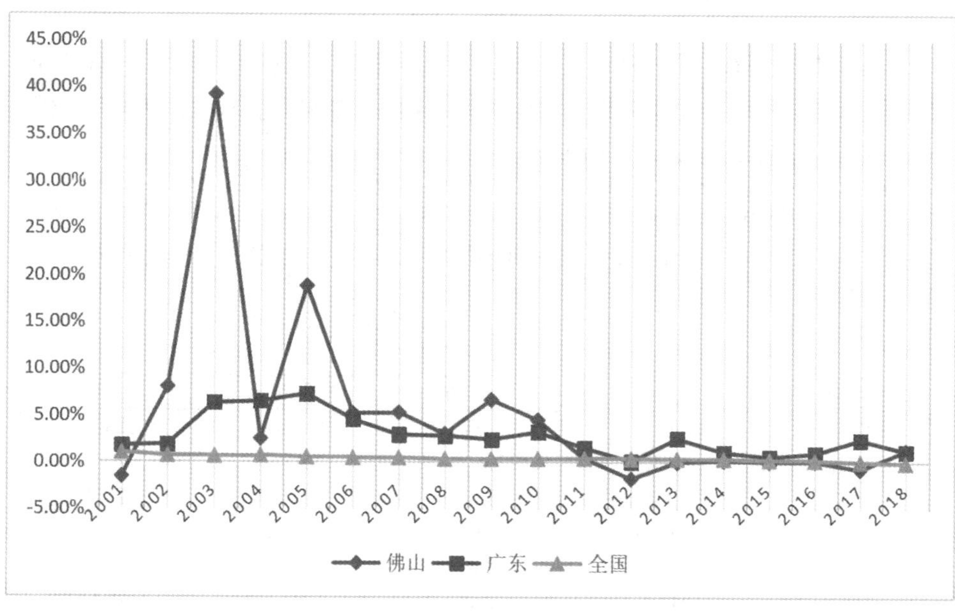

图6-2　佛山、广东和全国2002—2018年劳动力增长速度对比

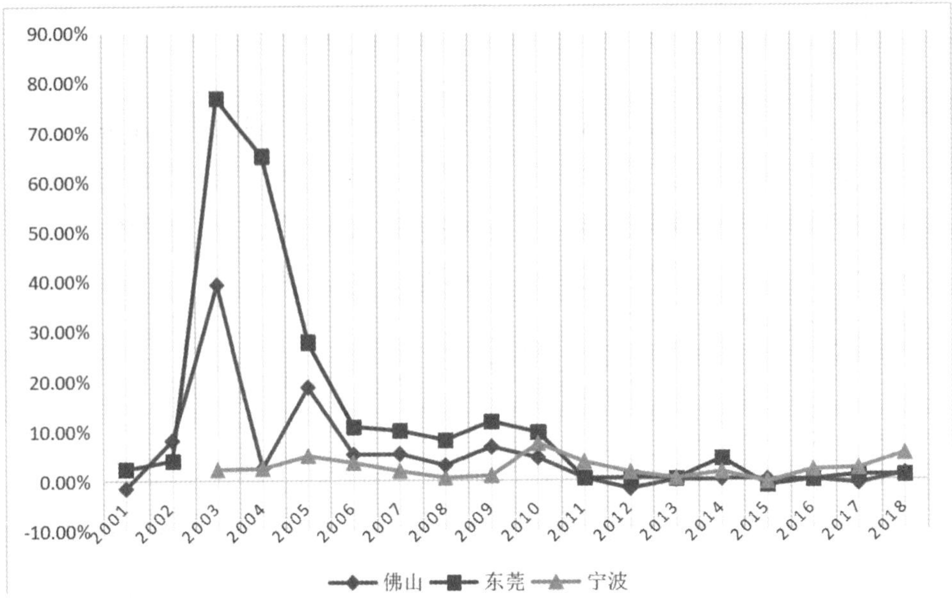

图6-3　佛山、东莞和宁波2002—2018年劳动力增长速度对比

（三）实证结果及讨论

1. 模型估计结果

基于 1979—2018 年佛山市资本投入与劳动投入数据的 SFA 估计结果如表 1 所示，其中，σu、σv 分别为技术无效率项 u、随机干扰项 v 的方差，故可通过 测得 u 的方差在 u 和 v 的方差之和中的占比高达 99%，而 λ 为 σu/σv。进一步通过 LR 单边检验结果，在 5% 的显著水平下拒绝原假设：不存在技术无效率项。由参数和 log 似然函数值的显著性水平可知总体估计结果较好。

表 6-3　超越对数生产函数的 SFA 估计结果

变量	系数	估计值	标准误差	Z 统计量
截距	β0	7.050	0.580	12.15***
lnK	βK	3.678	0.186	19.79***
lnL	βL	−5.353	0.262	−20.45***
t	βt	−0.025	0.032	−0.76
lnK2	βKK	−0.500	0.008	−60.11***
lnL2	βLL	1.820	0.063	28.78***

（续　表）

变量	系数	估计值	标准误差	Z 统计量
t2	β tt	−0.030	0.001	−54.5★★★
lnK × lnL	β KL	−0.643	0.038	−16.74★★★
t × lnK	β tK	0.149	0.002	66.74★★★
t × lnL	β tL	−0.024	0.007	−3.57★★★
σ u		0.488	0.111	4.39★★★
σ v		0.0004	0.0004	1.05
λ		1191.015	0.1109869	11000★★★
log 似然函数值		87.4895★★★		
LR 单边检验			−1.785★★	

注：★★★、★★分别表示在1%、5%的水平显著。

2. 要素投入与 TFP 对经济增长的贡献

本部分在 TFP 增长率测算结果的基础上结合资本投入与劳动投入的增长率，运用武鹏（2013）[①] 提供的要素对经济增长贡献率的计算方式得出资本投入、劳动投入与 TFP 对经济增长的贡献（如图 6-4 所示）。具体贡献率测算公式为：$X_{it}=\frac{X_{it}}{\sum_{i} X_{it}}$，其中 Xit 为第 i 个要素或 TFP 在第 t 年的增长率。

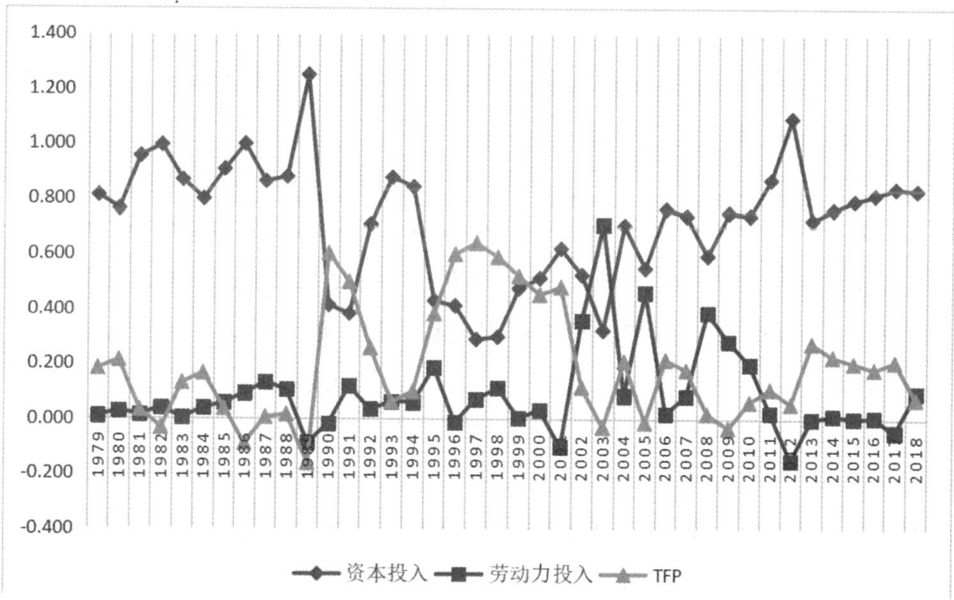

图6-4　资本投入、劳动投入与TFP对经济增长的贡献

① 武鹏．改革以来中国经济增长的动力转换[J]. 中国工业经济，2013(02):5-17.

（1）基本动力构成：资本投入为推动佛山市经济增长的第一动力。

从1979—2018年佛山市基本动力构成来看：①资本投入为推动佛山市经济增长的第一动力，年均贡献率高达67.9%，可见改革开放以来佛山市的经济增长主要由投资主导；② TFP为推动佛山市经济增长的第二动力，年均贡献率为17.6%，相对于资本投入的贡献处于较低的水平，佛山市的创新贡献水平亟待提高；③劳动以较为稳定的变化趋势发挥着第三推动力作用，年均贡献为7.8%。

（2）动力转换趋势：TFP与劳动力投入交替转换第二、第三动力地位。

从1979—2018年佛山市动力转换趋势来看：①从动力转换的总体趋势看，资本投入长期处于首要推动力的位置，TFP与劳动力投入不断交替更换第二、第三动力位置；②从TFP贡献的变化趋势看，TFP较高增长和贡献率的年份主要集中于“八五”至“九五”时期（1991—2000年），这一阶段TFP年均贡献率为39.6%且稳居第二推动力的位置，并于1996—1999超越资本投入的贡献成为经济增长的第一推动力；③从劳动贡献的变化趋势看，劳动力贡献率出现较高增长率和高贡献的年份主要集中于“十五”至“十一五”时期，这一阶段劳动力投入大部分年份的贡献率位居第二位置并于2003年达到峰值70.7%，超越资本投入贡献率成为第一动力，劳动力投入在这一阶段保持高增长的原因为2000年后我国内陆农村的大量劳动力往广东省较为发达的城市流入，从而影响了佛山市的劳动力增长率。

（3）“十二五”至“十三五”时期：TFP贡献水平较低且呈现下降趋势

从“十二五”至“十三五”（2011—2018年）时期的经济增长动力来看：①从资本投入来看，这一阶段资本投入仍保持高增长率和高贡献率，年均贡献率达到83.4%且于2013—2018年保持较为稳定的上升趋势；②从TFP来看，TFP在这一阶段的年均贡献率为14.7%且稳居第二动力位置，但相较于资本投入的贡献率处于较低的水平。TFP的贡献率在2011—2013年保持上涨的趋势，但于2014—2018年间呈现下降的趋势；③从劳动力投入来看，劳动力投入在这一阶段保持微弱的正向推动乃至负推动作用，此时年均贡献率为-0.9%，劳动力投入贡献率出现这一变化的原因主要源于人口红利的逐渐削减。

3. 深度分解：TFP 的内在要素对经济增长的贡献

（1）2008 年以来技术进步对 TFP 增长率变动起到主要的负向拉动作用。

1979—2018 年的技术进步增长率与技术效率值如图 6–5 所示，1989 年测算出的技术效率贡献为 586%，数值过大故暂时从折线图中剔除该数据点。技术进步增长率和技术进步贡献均明显呈现两阶段变化趋势。从技术进步对经济增长的贡献来看，1979—2000 年技术进步贡献保持上涨趋势，2000—2018 年间技术进步贡献率转为下降趋势并于 2008 年后跌入负值。从技术进步增长率来看，1979—1994 年技术进步保持正增长态势，1995 技术进步增长率开始下降并于 2008 年进入负增长状态。可见 2008 年后技术进步对 TFP 增长率的变动起到主要的负向拉动作用。

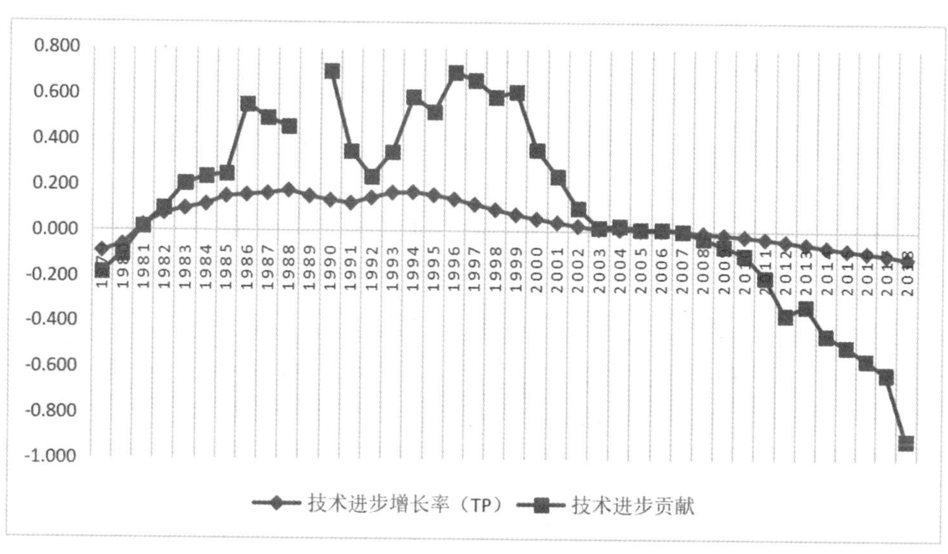

图6–5 技术进步增长率（TP）与技术进步贡献的变化趋势

（2）历年来要素投入的技术效率长期维持高效率状态。

1979—2018 年的技术效率贡献与技术效率值如图 6–6 所示，1989 年测算出的技术效率贡献值为 –541.9%，暂时从折线图中剔除该数据点。从技术效率值来看，历年来要素投入带来的实际产出的效率损失较小，1979—2018 年技术效率值均保持 79% 以上，1992—2018 年的技术效率值均为 90% 以上的高效率。从技术效率的贡献来看，技术效率对经济增长的贡献在正贡献和负贡献之间上下稳定波动，主要源于技术效率值较高且保持平稳的变化趋势。

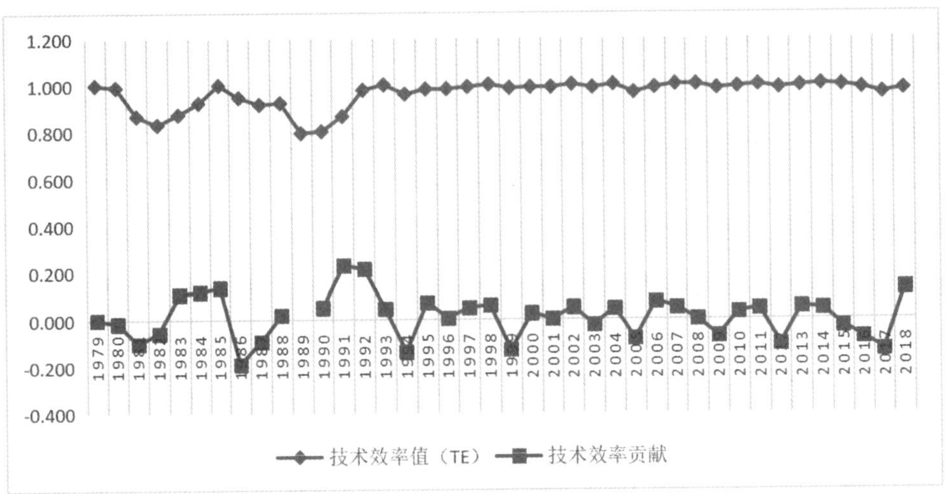

图6-6　技术效率值与技术效率贡献的变化趋势

（3）规模经济效应对经济增长起到微弱的负推动作用且保持较为平稳的变化。

1979—2018 年要素产出弹性、RTS 与规模经济效应贡献如图 4-7 所示。第一，资本产出弹性与劳动产出弹性呈现相反的变化趋势，资本产出弹性保持总体上涨的趋势，而劳动产出弹性则总体保持下降趋势；第二，2003—2018 年要素投入趋于规模报酬不变，这一阶段 RTS 在 0.95—1.12 的范围内波动变化；第三，规模经济效应对经济增长主要起到微弱的负推动作用且保持较为平稳的变化，年均贡献率为 -4.6%。

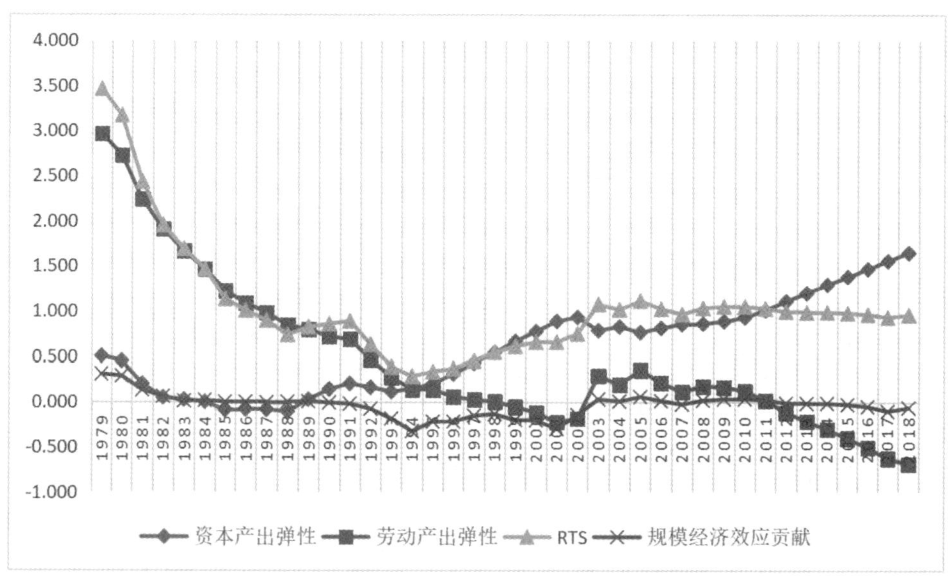

图6-7　要素产出弹性、RTS与规模经济效应的变化趋势

（4）2008 年以来资源配置效率对 TFP 增长率变动起到主要的正向拉动作用。

1979—2018 年要素产出弹性、RTS 与规模经济效应贡献如图 4–8 所示，其中资本产出弹性与成本份额的偏离度是由资本产出弹性占总弹性的比重与资本成本份额相减得到，同理可得到劳动产出弹性与劳动成本份额的偏离度。首先，资本产出弹性与成本份额的偏离度总体呈现上涨的趋势，说明 1994 年以前资本的产出弹性占比低于资本成本份额，而从 1995 年开始资本的产出弹性占比逐渐高于资本成本份额；其次，劳动产出弹性与成本份额的偏离度总体呈现下降的趋势，2011—2018 年劳动产出弹性占比与劳动成本份额差距逐渐扩大。最后，资源配置效率贡献总体呈现上涨趋势，自 2008 年以来资源配置效率贡献不断提高并于 2017 年达到峰值 100.6%。

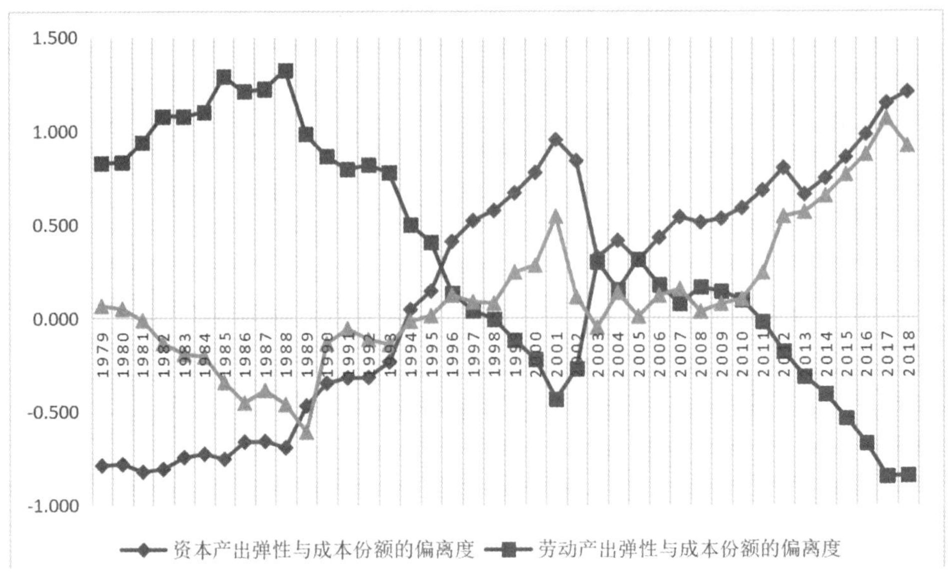

图6-8　要素产出弹性与成本份额的偏离度以及资源配置效率贡献的变化趋势

（四）小　结

本部分通过构建超越对数生产函数并运用SFA方式进行参数估计，后进一步对1979—2018年的佛山市供给侧经济增长动力的基本构成、转换规律以及TFP内在因素的变化趋势进行分析，结果如下：

第一，从佛山市供给侧经济增长动力构成来看，资本投入对佛山经济增长发挥着第一推动力作用，TFP和劳动投入分别起到第二、第三推动力作用且贡献水平较低；从历年来佛山市经济增长动力转换趋势来看，资本投入对经济增长的第一贡献地位较为稳固，而TFP和劳动投入交替转换第二、第三贡献位置。

第二，从“十二五”至“十三五”时期佛山市供给侧经济增长动力转换来看，该时期资本投资保持高增长和高贡献率，TFP贡献率较低且呈现下降趋势，劳动投入总体对经济增长起到微弱的负向推动作用。

第三，从影响TFP增长率变动的内在动因结构看，2008年以来技术进步对TFP增长率变动起到负向拉动作用，表明佛山市2008年以来技术方面并无多大进步，经济增长主要靠其他生产要素拉动；技术效率维持较高的状态且接近前沿面，并对经济增长的贡献率保持平稳的波动；2003 年以来，规模经济效应对经济增长起到微弱的负向推动作用并保持较为平稳的波动。其中佛山市要素投入的 RTS 在 0.95—1.12 的范围内波动变化，尤其是 2008 年以来都低于 1，说明自 2008 年以来佛山市的经济发展出现了规模报酬递减的趋势；2008 年以来资源配置效率对 TFP 增长率变动起到主要的正向拉动作用，这一阶段的年均贡献率高达 74.7%。2003 年以来资源配置效率贡献总体呈现上涨趋势，尤其是 2012 年以后资源配置效率对 TFP 增长率的贡献超过 50%，此后不断提高并于 2017 年达到峰值 100.6%，2018 年稍有下降，也达到 91.7%，在这一阶段资源配置效率中起主要作用的要素为资本，2003 年以来资本的年均增长率为 15.5%，资本产出弹性与资本成本份额的平均偏离度高达 0.618。

七、佛山经济发展动力转换供给侧角度分析：基于拓展的C-D生产函数要素分解模型

自索洛的现代经济增长理论以来，西方主流观点多数从资本、劳动、技术等要素角度入手来研究经济发展的动力源泉，进而将经济增长划分为粗放式（仅仅依靠要素规模投入推动）和集约式（主要依靠效率改进）两种基本模式。目前学界将中国的经济增长主要归因于生产要素投入、技术进步和制度创新，实证研究则多数通过对经典的道格拉斯生产函数进行拓展，运用多种数据和核算方法进行测度，探讨中国不同时期或不同区域的经济增长的动能，即主要依靠传统生产要素的投资驱动，还是技术和制度变革带来的效率驱动？本部分主要参考道格拉斯生产函数分析框架，采用朱子云（2017）[①]所拓展的要素分解模型，分析佛山市改革开放特别是21世纪以来经济增长的主要驱动力及其发展变化情况。

（一）实证方法与数据处理

1. 实证方法

本部分朱子云（2017）基于经典道格拉斯生产函数分析框架的经济增长动力各要素投入分解模型和增量分析法进行研究。具体测算思路是首先将经济增长的动力要素区分为资本要素、劳动要素和全要素生产率（TFP），其中

① 朱子云．中国经济增长的动力转换与政策选择．数量经济与技术经济研究[J].2017（03）

全要素生产率视为资本生产率和劳动生产率的叠加，用于分析技术和制度变革带来的效率改进，然后通过分解模型计算资本规模、劳动规模与全要素生产率的贡献率和拉动率，以反映各要素和全要素生产率的增量占佛山市 GDP 增量的份额以及贡献率占 GDP 增速的份额。

具体测算公式如下：

$$\frac{\frac{1}{2}\ln(1+g_K)}{\ln(1+g_Y)}+\frac{\frac{1}{2}\ln(1+g_L)}{\ln(1+g_Y)}+\frac{\frac{1}{2}\ln(1+g_k)}{\ln(1+g_Y)}+\frac{\frac{1}{2}\ln(1+g_l)}{\ln(1+g_Y)}=1$$

其中，g_K 为资本规模增长率，g_L 为劳动规模增长率，g_k 为资本生产率增长率，g_l 为劳动生产率增长率（以上增长率均为今年的增量 / 上一年的总值）。

其中，各部分贡献率对应的公式为：

①资本规模对 GDP 增长的贡献率 $=\frac{\frac{1}{2}\ln(1+g_K)}{\ln(1+g_Y)}$

②劳动力规模对 GDP 增长的贡献率 $=\frac{\frac{1}{2}\ln(1+g_L)}{\ln(1+g_Y)}$

③资本生产率对 GDP 增长的贡献率 $=\frac{\frac{1}{2}\ln(1+g_k)}{\ln(1+g_Y)}$

④劳动生产率对 GDP 增长的贡献率 $=\frac{\frac{1}{2}\ln(1+g_l)}{\ln(1+g_Y)}$

⑤全要素生产率（TFP）对 GDP 增长的贡献率为资本生产率与资本生产贡献率之和，即 $TFP=\frac{\frac{1}{2}\ln(1+g_k)}{\ln(1+g_Y)}+\frac{\frac{1}{2}\ln(1+g_l)}{\ln(1+g_Y)}$

最后，各部分要素对 GDP 增长拉动率的计算公式为：

该要素对*GDP*增长的拉动率＝该要素的贡献率•不变价的*GDP*增速

2. 数据来源与处理

本次研究考察经济总量增长中劳动力规模、资本规模、全要素生产率（TFP）对经济增长的贡献率以及对 GDP 的拉动率。变量说明及数据处理如下：

第一，GDP 总额数据。本书以 GDP 代表产出总量。数据源于佛山市统计年鉴 1978—2018 年按当年价计算的地区生产总值和以 1978 年以来的地区生产总值指数（较上年），因此测算出以 1978 年价格计算的 1978—2018 年佛山市不变价格的地区生产总值。

第二，资本规模数据。资本规模数据采用固定资本存量数据，利用佛山市统计局公布的 1978—2018 年固定资本形成总额数据以及国家统计局公布的 1990—2018 年的固定资产投资价格指数，年折旧率为 5%，采用永续盘存法测算佛山市基于 1978 年价格的 1979—2018 年的固定资本存量，具体的计算公式为：

$$K_t = \frac{k_t}{r_t} + (1-\delta)\ K_{t-1}$$

其中，Kt 表示第 t 年固定资本存量，kt 表示第 t 年的固定资产投资规模（数据来源于《佛山统计年鉴》），rt 表示第 t 年的固定资产投资价格指数，δ 表示年折旧率，Kt–1 表示第 t–1 年（即上一年）的固定资本存量规模。此外，关于第 0 期固定资本存量规模的确定：由于广东省、佛山市的统计年鉴没有公布固定资本存量规模数据以及缺乏 1978 年以前的固定资产投资数据。故此次第 0 期（1978 年）的固定资本存量规模采用 1978 年的固定资产投资规模数据。

第三，劳动力规模数据。劳动力规模数据采用劳动力自然人数作为劳动力规模变量，数据来源于佛山市统计局公布的 1978—2018 年的年末社会从业人口数量的数据。

第四，资本生产率数据。资本生产率的计算公式为：

$$\frac{\text{第}N\text{年佛山市地区生产总值}}{\text{第}N\text{年佛山市固定资本存量数据}}$$

其中，佛山市地区生产总值采用 1978—2018 年佛山市不变价格的地区生产总值。

第五，劳动生产率数据。劳动生产率的计算公式为：

$$\frac{\text{第}N\text{年佛山市的地区生产总值}}{\text{第}N\text{年佛山市年末社会从业人口数量}}$$

（二）佛山市资本、劳动力规模变化特征分析

1. 佛山市近年来资本规模变化情况

本部分的资本规模数据采用2002—2018年经永续盘存法计算的固定资本存量数据（年折旧率为5%）。佛山市的资本规模总量在2002年以来均保持快速的波动增长状态（除个别年份），资本规模保持较高的增长率，平均增长率达14.8%。佛山市的资本规模增长率变化趋势大致经历了三个阶段：第一阶段（2002—2007年）为资本规模高速增长阶段，增长率由2002年的0.16%直达2007年的33.66%，其中2006年增速最高为37%。第二阶段（2008—2011年）为资本规模增速快速下跌阶段，且在低谷徘徊。2008年资本规模增速快速下跌至1.51%，此后连续三年增速低于5%。第三阶段（2011—2018年）为平稳波动阶段，资本规模增长率保持在7%～20%的范围内上下波动。

表7-1　佛山市2002—2018年资本规模变化情况（亿元，%）

年份	2002	2006	2007	2008	2010	2011	2015	2016	2017	2018
资本规模	532.77	1421.61	1900	1928.82	2057.06	2468.95	3909.86	4188.91	4610.52	5167.98
增长率	0.16	36.82	33.66	1.51	2.47	20.02	18.03	7.14	10.06	12.09

数据来源：根据永续盘存法计算得到。

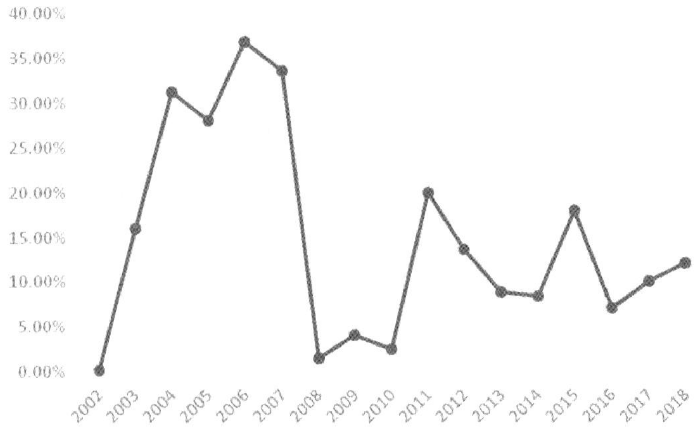

图7-1　佛山市2002—2018年资本规模增速变化情况

2. 佛山劳动力数量增长变化情况

佛山市就业劳动力数量在 21 世纪初期经历了一个较快的增长过程，到 2005 年劳动力规模增长的速度达到了峰值（18.80%），之后劳动力增长速度一直快速下降，至 2012 年劳动力绝对数量降为 437.25 万人。近年来基本保持稳定，2018 年就业劳动力为 440.91 万人，较 2017 年的劳动力人数而言，虽然上升了 1.24%，但还是低于 2010 的劳动力人数（见表 7–2）。这说明，佛山市在 2010 年前后就基本丧失了“劳动力红利”，其后的经济增长与劳动力数量没有显著联系。

图 7–2、图 7–3 显示，在 2001—2010 年期间，佛山市劳动力增长速度显著高于全国和广东的平均水平，但在 2012 年后，劳动力增长速度则接近或低于全国和广东的平均水平。而同期宁波、东莞劳动力数量的变化呈现出与佛山相近似的趋势，不过，2017 年佛山市劳动力数量的下降趋势则更为明显，2018 年略有回升。

表 7–2　2001—2018 年佛山市劳动力数量变化情况（万人，%）

年份	2002	2005	2010	2012	2014	2015	2016	2017	2018
劳动力	205.74	348.69	443.46	437.25	438.09	438.41	438.81	435.51	440.91
增长率	8.03	18.80	4.5	−1.77	0.18	0.07	0.09	−0.75	1.24

数据来源：佛山市统计年鉴

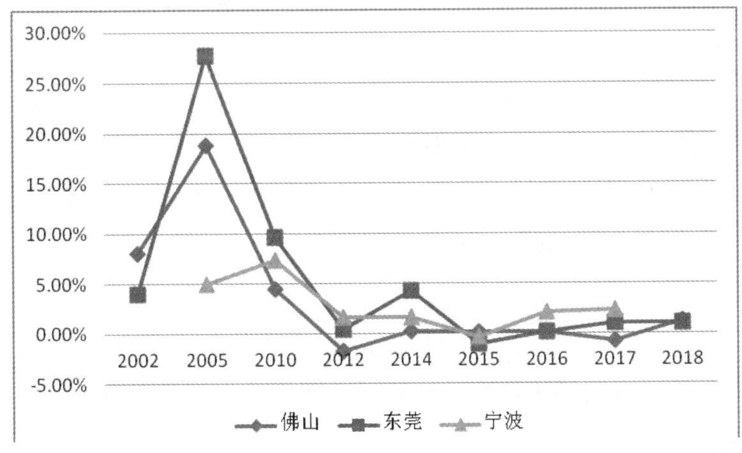

图7–2　佛山、广东和全国2002—2018年劳动力增长速度对比

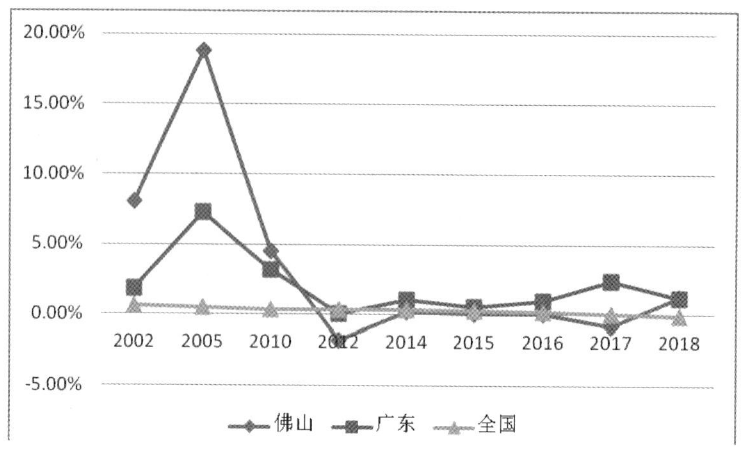

图7-3　佛山、东莞和宁波2002—2018年劳动力增长速度对比

（三）实证结果及讨论

佛山市从第五到第“十三五”时期（1979—2018 年）各个五年计划期间的资本规模、劳动规模、全要素生产率（TFP）对经济增长的平均贡献率、平均拉动率的具体测算结果和发展轨迹如表 7–3、表 7–4、图 7–4 以及图 7–5 所示。总体看来，具有以下几个鲜明特征：

1. 资本存量规模对佛山经济增长的贡献一直占主导地位。从第五个五年计划到“十三五”规划前半期（1979—2018），资本规模扩张对佛山经济增长的年均拉动率为 12.7%，年均贡献率为 84.7%，以显著优势发挥了第一拉动力作用。资本规模在经济增长中的贡献作用呈现以下两大特点：首先，第一贡献的地位非常稳固。在八个五年计划中有六个五年计划时期均起到了首要贡献的地位（1986—1990 和 2006—2010 期间除外）；其次，年均贡献率和拉动率均呈现较大的波动。贡献率和拉动率均在第七个五年计划到第八个五年计划期间的波动幅度最大。

2. 劳动力规模对佛山市经济增长总体贡献率和拉动率相对较小，仅个别时期的贡献超过全要素生产率。从第五个五年计划到“十三五”规划期间，劳动力规模扩张年均贡献率为 9.13%，年均拉动佛山经济增长 1.6%，劳动力规模在经济增长中的贡献作用呈现如下特点：劳动的贡献率和拉动率的变化趋势呈现两个阶段性特征：平稳上升阶段（1979—1995 年），劳动的贡献率从 4.2% 到 5.7%，拉动率从 0.6% 到 1.9%；剧烈波动阶段（1996—2018），劳动的年均贡献率和拉动率在 2001—2005 年期间达到峰值，该阶段贡献率和拉动率分别为 38%、6.4%，此后佛山劳动力规模增速下降，人口红利逐步丧失，劳动的贡献率和拉动率开始快速下降，“十二五”和“十三五”期间贡献率和拉动率均跌入负值。1991 年以来，只有 2001—2005 期间劳动规模对经济增长的贡献超过了全要素生产率的贡献。

3. 全要素生产率对佛山市经济增长贡献的波动很大，自 1986 年以来总体上保持对经济增长的第二拉动作用。从第五个五年计划到“十三五”前期，全要素生产率对佛山经济增长的贡献率波动很大。最低的贡献率阶段是 1979—1980 年，为 -163.2%，贡献度最高的年份是 1986—1990 年，达到 77%。除 2006—2010 年的贡献率超过 50% 成为经济增长贡献的第一要素外，绝大部分年份的贡献率和拉动率都低于资本对佛山经济增长的贡献。

4. 全要素生产率分解：资本生产率在第五个五年计划到“十三五”前期的大部分时期为负贡献率与负拉动率，而劳动生产率均保持较高的贡献率和拉动率，除却个别年份，劳动生产率的贡献率集中于 44% ~ 52%。1978 年的资本存量规模基数小，占 GDP 比重小，故资本生产率高，1978 年后固定资本存量规模开始一直保持着持续增长的趋势，直至 2018 年达到 5167.98 亿元的规模，在不变价 GDP 的占比中已超过 1/2。固定资本存量规模占 GDP 规模比重的提升导致了资本生产率的不断下降，故资本生产率在六个五年规划时期的平均贡献率和拉动率均为负值。与此同时，从 2010 年开始佛山市劳动力数量始终保持 435 万 ~ 444 万人之间，规模较为稳定，在 GDP 规模不断增长背景下，单位劳动力对 GDP 的增长的贡献率较高。

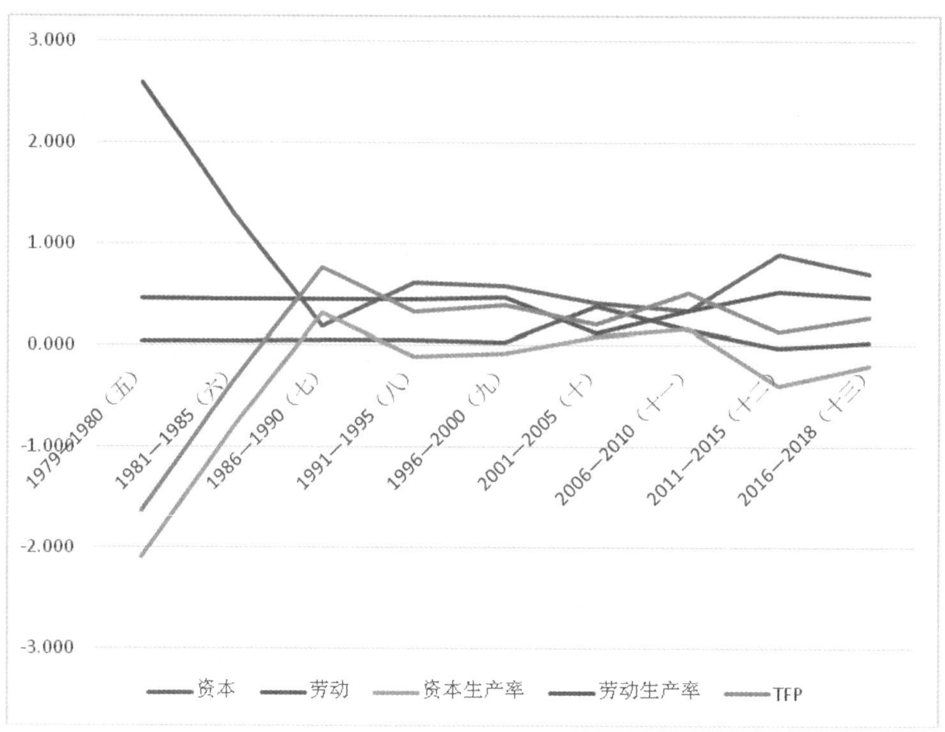

图7-4　资本、劳动、TFP对经济增长的贡献率

表 7-3　资本规模、劳动规模、TFP 对经济增长的贡献率

年份	资本贡献率	劳动贡献率	资本生产率	劳动生产率	TFP 贡献率
1979—1980	2.590	0.042	−2.090	0.458	−1.632
1981—1985	1.317	0.048	−0.817	0.452	−0.365
1986—1990	0.181	0.049	0.319	0.451	0.770
1991—1995	0.614	0.057	−0.114	0.443	0.329
1996—2000	0.581	0.027	−0.081	0.473	0.391
2001—2005	0.410	0.380	0.090	0.120	0.210
2006—2010	0.334	0.156	0.166	0.344	0.509
2011—2015	0.893	−0.020	−0.393	0.520	0.127
2016—2018	0.504	−0.017	−0.202	0.472	0.270

数据来源：根据历年《佛山统计年鉴》整理所得。

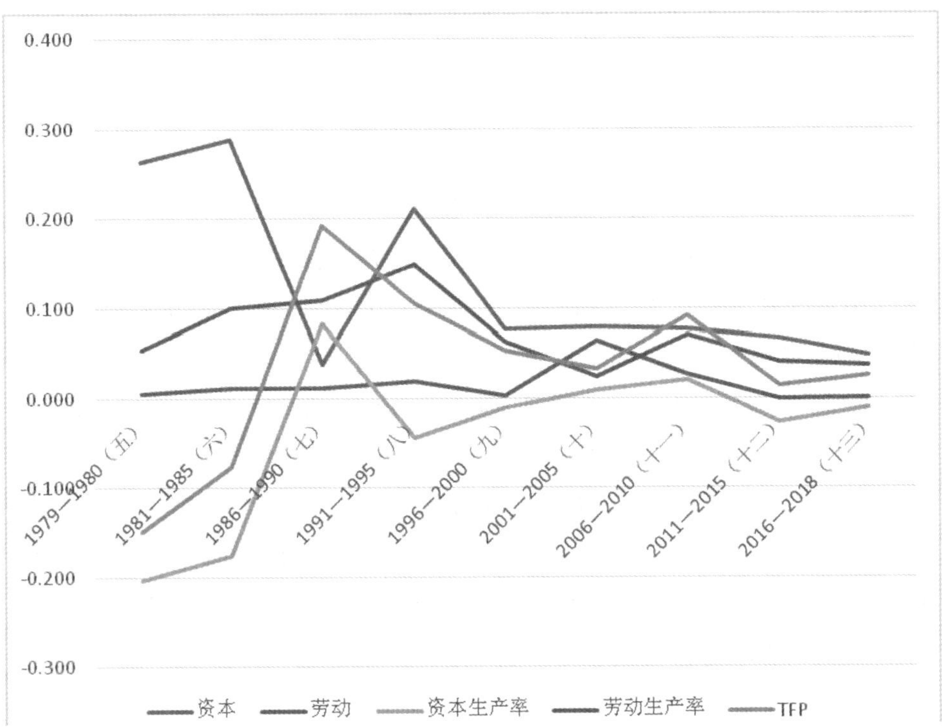

图7–5　资本、劳动、TFP对经济增长的拉动率

表 7–4　资本规模、劳动规模、TFP 对经济增长的拉动率

年份	资本对 GDP 增速的拉动率	劳动对 GDP 增速的拉动率	资本生产率对 GDP 增速的拉动率	劳动生产率对 GDP 增速的拉动率	TFP 对 GDP 增速的拉动率
1979—1980	0.263	0.006	−0.203	0.054	−0.149
1981—1985	0.288	0.011	−0.177	0.100	−0.077
1986—1990	0.038	0.011	0.083	0.109	0.192
1991—1995	0.211	0.019	−0.044	0.149	0.105
1996—2000	0.076	0.004	−0.010	0.063	0.052
2001—2005	0.079	0.064	0.009	0.024	0.033
2006—2010	0.076	0.026	0.021	0.071	0.091
2011—2015	0.067	−0.001	−0.027	0.041	0.014
2016—2018	0.043	−0.002	−0.011	0.036	0.025

数据来源：根据历年《佛山统计年鉴》整理所得。

5.“十三五”前半期经济增长基本动力变化分析

进入“十三五”前半期，从供给侧来看，佛山经济增长的动力出现以下几点变化：

第一，资本规模扩张仍然是佛山经济增长的首要动力，贡献率和拉动率都呈现上升趋势。2016 年和 2017 年，资本对佛山经济增长的贡献率分别为 48.6%、52.2%，2018 年快速上升到 109.8%，资本对佛山经济增长的拉动率也从 2016 的 3.6% 至 2018 年达到 5.9%。但是，在 2016 年和 2017 年资本的贡献率与全要素生产率的贡献率相差不大。

第二，劳动力规模的贡献率于 2017 年再次跌入负值，对 GDP 的拉动率也出现负效应，2018 年贡献率和拉动率分别回升至 11.9% 与 0.6%。

第三，全要素生产率（TFP）对佛山经济增长的贡献率在期初与资本的贡献率基本持平，尤其是 2016 年 TFP 的贡献率超过了资本的贡献率，达到 50.8%，但是 2018 年大幅度下降，跌至负值，贡献率仅仅为 –21.7%，拉动率也相应跌至 –1.2%。

第四，资本生产率的贡献率和拉动率在2016年至2018年呈现下降的趋势。“十三五”期间资本生产率对 TFP 的贡献只有 2016 年为正的数值，此后逐年下降，在 2018 年达到罕见的 –59.8% 的贡献。劳动生产率对 TFP 的贡献在 2016 年至 2017 年均保持 50% 以上的高贡献率，但于 2018 年跌至 38.1%。劳动生产率对 TFP 的拉动 2016—2018 三年期间分别为 3.6%、5.2% 和 2%，由此可见，全要素生产率对 GDP 的贡献和拉动率绝大部分依靠劳动生产率。这说明，佛山资本投资的效率在大幅度下降（详见表 7–5 和 7–6）。

表 7–5 “十三五”期间资本、劳动、TFP 对 GDP 贡献率

年份	资本贡献率	劳动贡献率	资本生产率	劳动生产率	TFP 贡献率
2016	0.486	0.006	0.014	0.494	0.508
2017	0.522	−0.041	−0.022	0.541	0.519
2018	1.098	0.119	−0.598	0.381	−0.217

表 7-6 “十三五”期间资本、劳动、TFP 对 GDP 拉动率

年份	资本对 GDP 增速的拉动率	劳动对 GDP 增速的拉动率	资本生产率对 GDP 增速的拉动率	劳动生产率对 GDP 增速的拉动率	TFP 对 GDP 增速的拉动率
2016	0.036	0.000	0.001	0.036	0.037
2017	0.050	−0.004	−0.002	0.052	0.050
2018	0.059	0.006	−0.032	0.020	−0.012

（四）小　结

本部分运用要素分解模型，从供给侧对佛山经济增长的动力进行定量分析，结果表明，从“十二五”到“十三五”前半期，从供给侧来看，佛山经济增长的动力出现以下几点变化：

第一，资本规模对佛山经济增长的贡献一直占主导地位。其中，资本存量规模对经济增长的贡献 2018 年快速上升到 109.8%。

第二，劳动力规模对佛山市经济增长总体贡献率和拉动率相对较小，个别时期的贡献超过全要素生产率。

第三，全要素生产率对佛山市经济增长的贡献率和拉动率自 1986 年以来波动幅度很大。总体上，保持对经济增长的第二拉动作用。

第四，全要生产率分解结果表明，资本生产率在第五个五年计划到“十三五”前期的大部分时期为负贡献率与负拉动率；劳动生产率则始终保持较高的贡献率和拉动率，除却个别年份，贡献率集中在 38% ~ 52% 这一区间。

第五，“十三五”前半期资本规模扩张仍然是佛山经济增长的首要动力，贡献率和拉动率都呈现上升趋势。劳动力规模对经济增长的贡献率较低，于 2017 年再次跌入负值，对 GDP 的拉动率也出现负效应。全要素生产率对佛山经济增长的贡献率在起初与资本的贡献率基本持平，但是 2018 年大幅度下降，跌至负值。进一步对 TFP 的贡献率和拉动率进行分解，结果表明，资本生产率的贡献率和拉动率在 2016 年至 2018 年均呈现下降的趋势，特别是 2018 年贡献率跌至 −59.8%，劳动生产率对 TFP 的贡献在 2016 年至 2017 年保持在

50% 左右，2018 年略有下降。上述分析结果表明，全要素生产率对佛山 GDP 增长的贡献率和拉动率绝大部分依靠劳动生产率，资本投资在规模上升的同时，伴随着投资效率大幅度下降得现象。

八、佛山市“十三五”期间经济发展新动能变化分析

为进一步分析佛山经济发展新动力的变动情况，本部分借鉴国家统计局统计科学研究所新动能指数统计指标体系的编制框架，并结合佛山市的具体特点和数据的可得性，从经济活力、创新驱动、产业转型升级、土地要素配置效率、知识能力、制度环境等六个层面分析“十三五”期间佛山市经济发展新动力变化情况。

（一）传统经济特色明显，外资结构持续优化，数字经济新动能渐显

1. 民营企业持续高质量发展、政策体系不断完善

民营经济是佛山的传统特色之一。从登记的市场主体来看，截至2018年底，佛山市共有市场主体72.03万户，其中民营市场主体69万户，占比96%；全市共有企业数量31万户，其中民营企业28万户，占比90%；民营经济增加值为6209.95亿元，占全市生产总值的比重为62.5%。对全市工业增长贡献率达80.1%。2019年，佛山拥有“广东500强企业”中的40家，仅次于深圳和广州，排在全省第3位。其中，美的、碧桂园跻身“世界企业500强”，7家佛山民营企业上榜“2019中国民营企业500强”，14家企业入选“广东省百强民营企业”。民营企业的蓬勃发展，使得佛山市生产企业呈现两个维度的发展趋势，一是规上企业行业地位不断加强，二是涌现了小型化、专业化的新兴制造业、服务业，能够灵活地为群众供给差异化产品和服务。

“十三五”以来，佛山出台了一系列政策措施，助推民营企业发展。2018

年12月12日，在佛山召开的全市民营企业家大会，促进民营经济高质量发展“1+3”政策措施体系文件得以公开发布实施。“1”是指作为总纲的《佛山市关于促进民营经济高质量发展的若干意见（送审稿）》（以下简称“民营经济40条”），“3”则指三个配套的具体政策措施，分别是《佛山市降低制造业企业成本支持实体经济发展若干政策措施（2018年修订）》（以下简称“降成本十条”）、《佛山市金融促进民营经济高质量发展若干政策措施》（以下简称“金融十条”）及《关于依法保护民营企业家人身和财产安全的若干意见》。上述民营企业发展政策体系具有鲜明的佛山特色：一是“降成本十条”围绕民企最为关注的税负、用地、社保、用能等成本环节，切实打造制造业成本洼地，是全省唯一提出补贴企业用能标准的政策；二是“金融十条”以问题为导向，着力缓解民企融资难、融资贵的困境。三是强调依法保护企业家人身和财产安全，营造重商、亲商、爱商、助商的社会环境，让企业家卸下思想包袱、安心创业。

2. 专业镇建设焕发乡镇经济新活力

乡镇经济发达是佛山经济的另一个特色。2019年，全国综合实力百强区排名中，佛山五个区均位列前50强，其中顺德区、南海区分别列第1位和第2位，禅城区列第16位，三水区列33位，高明区列40位。在全国综合实力千强镇排名中，狮山、北滘、里水等11个镇（街）上榜百强镇。在全市32个镇（街道）中，共有国家级特色产业基地26个、省级特色产业基地10个，中国产业名都、名镇41个，省级专业镇38个，形成了“一镇一品”的专业镇经济形态。形成了“一镇一主品”的专业镇经济形态。专业镇的蓬勃发展，有利于提供较为完善的产业配套，增强产业协作和集聚能力，目前各主要行业在本地的产业配套率高达90%以上。

3. 外资利用结构调整和企业“走出去”双管齐下

制造业是佛山经济的一大特色，并且制造业企业规模企业主要是本地企业，例如美的、格兰仕、万和、志高、海天、东鹏等著名企业，均崛起于佛山。佛山因此成为中国的家电王国、木工王国、陶瓷王国，建立了门类齐全，产业链相对完整的产业体系。“十三五”以来，在传统制造业面临较大经济压力的情况下，佛山市始终坚持重点发展本地制造业，并通过外资利用结构调整和企业“走出去”双管齐下，推动制造业转型升级。

（1）外资利用结构得到优化，外资利用总量企稳回升

2015 年商务部修订《外商投资产业指导目录》，并制定了相关的市场准入限制措施，2018 年和 2019 年连续两年颁布了《市场准入负面清单》。另一方面，又不断下发，关于取消外商投资壁垒，给予外资国民待遇，优化营商环境的制度文件。例如修订《外商投资企业设立及变更备案管理暂行办法》，对鼓励类外商投资企业进口设备减免税收，等等。“十三五”期间，佛山市以中央文件为指引，主动调整外资利用结构，2017 年制定了《佛山市促进加工贸易创新发展工作方案》，2019 年 1 月又公布《佛山市进一步扩大对外开放实现利用外资高质量发展若干政策措施》，等等。

在国家、省和市三级政策的影响下，佛山外资利用总额在 2015 年到 2018 年大幅下降，但外资利用质量逐步提高，并在 2019 年迎来了外资流入总额止跌回升的拐点。2015 年至 2018 年合同外资同比年均下降比例超过 20%；实际使用外资同比增长率呈现出较大波动性，但总体来看，2018 年实际利用外资仅仅相当于 2015 年的 1/3。不过，2019 年的合同外资和实际使用外资总额相比 2018 年均有所增长，预计未来还会保持增长态势。这说明，佛山市外资利用政策已经初见成效（见表 8–1）。

表 8–1 佛山市合同外资和实际使用外资情况

年份	2015	2016	2017	2018	2019
合同外资	180.56	147.99	106.95	86.75	114.89
同比增长（%）	−22.34	−23.13	−28.89	−18.89	32.45
实际使用外资（亿元）	148.05	97.77	109.58	45.73	51.13
同比增长（%）	−10.49	−38.09	10.32	−58.27	11.81

资料来源：《佛山统计年鉴》（2020），其中2015—2017年原始数据单位是美元，而2018—2019原始数据是人民币，因此由年度平均汇率计算将2015—2017年美元单位换算成人民币单位。

（2）本地企业对外直接投资增长迅速，“佛山 + 香港”实现双向流动。

佛山市企业“走出去”发展势头迅猛。据佛山市商务局数据，截至 2018

年底，全市新增对外直接投资（含机构）300家，中方协议投资总额88亿美元。其中，仅2018年，佛山市新增对外直接投资（含机构）49家，同比增长36%，新增中方协议投资额2.87亿美元，投资项目数创历史新高，同比增长40%。其中，超千万美元项目（企业）8家，比去年增加3家，投资目的地以“一带一路”沿线国家和地区为主。

其中尤为突出的是，自2017年“香港＋佛山”的概念首次提出后，佛山市商务局和香港贸发局陆续签订了《关于“香港＋佛山”面向全球携手打造粤港澳大湾区合作备忘录》和《合作备忘录补充协议》，佛山企业在香港投资力度不断加大。截至2018年底，佛山市共有7668个香港直接投资项目，615个澳门直接投资项目，呈现佛山企业对港澳投资和港澳企业对佛山投资双向增长趋势。

4. 数字经济激发实体经济新动能

第四次工业革命的核心是以数字化、网络化等技术手段再造生产流程。发展数字经济成为越来越多城市创新驱动发展的必然之举。佛山自2015年起就通过制定相应政策来推动数字经济的发展，例如2015年佛山印发《佛山市“互联网＋”行动计划》，推动移动互联网、云计算、大数据、物联网等与佛山制造业融合发展，支持企业信息化、智能化成果应用，改造企业生产工艺和业务流程，促进市场需求与生产供给精准对接，提升生产效率，实现佛山智造。2018年佛山市政府工作报告强调，加快建设制造强市。推动互联网、大数据、人工智能与制造业深度融合，发展壮大数字经济，积极培育网络化协同、个性化定制、在线增值服务、分享制造等“互联网＋制造业”新模式，促进制造业向数字化、网络化、智能化发展。佛山积极推动数字经济与实体经济融合发展，主要从以下几方面着手。

（1）网络基础设施日渐完善。佛山一直重视网络基础的建设，2018年佛山市固定互联网宽带接入数达到297户，比2015年增加53万户；移动互联网用户数达到1136万户，比2015年增加75万户；移动互联网接入流量达到44525万GB，比2015年增加了39068万GB，增长715.9%。网络基础建设的加速推进，为佛山市大力发展网络经济、数字经济提供了很好的支撑。近年来佛山市大力推动“互联网+智能制造”，企业在政府引领之下充分利用互联网、大数据、人工智能等改造提升传统产业，由企业主导的工业互联网平台、产业电商平台也不断涌现，助力传统企业数字化转型。据腾讯研究院发布的《中国“互联网+”指数报告（2018）》，佛山的“互联网+”总指数居于全国第11位，比2017年的15名上升4名。其中在数字经济分指数城市100强中，佛山位列第14位。在《数字中国指数报告（2019）》公布的2019数字中国总指数城市100强中，佛山位列第14。

表 8-2　佛山市网络经济发展状况

年份	固定互联网宽带接入数（单位：万户）	移动互联网用户数（单位：万户）	移动互联网接入流量（单位：万 GB）
2015	244	1061	5457
2016	235	935	10112
2017	268	1112	22180
2018	297	1136	44525

数据来源：《佛山统计年鉴》

（2）积极发展电子商务。目前电子商务已经成为佛山经济发展的重要支撑，2016年佛山市积极贯彻落实《国务院关于大力发展电子商务加快培育经济新动能》的文件精神，公布《佛山市人民政府关于进一步加快电子商务发展的实施意见》，加快推动实体经济转型升级。2017年佛山市电子商务市场交易规模突破6000亿元，达到6330亿元，同比增长25.35%；电商直接从业人员超11.6万人，间接从业人员超24万人。2018年以后佛山市跨境电商发展成为一大亮点。2018年佛山跨境电商进出口33.8亿元，猛增3.7倍。快递业务是电子商务的基础，被视为经济活跃的特征之一。自2015年以来，佛山市快递业务规模增长十分迅速，2018年达到47657.04万件，是2015年的2.34倍，在2015年和2016年保持46.01%和45.99%的增速后，2017年和2018年由于基数较大，同比增速有所下降，但2018年仍然达到22.15%，2019年增速更是达到45.03%（见表8-3）。反映了“十三五”以来，佛山市电子商务逐渐成熟，发展逐步加快，为宏观经济稳中向好注入了新的动力和活力。

表 8-3 佛山市快递业务及其增长率

年份	2015	2016	2017	2018	2019
快递量（万件）	20332.42	29683.15	39016.62	47657.04	69114.65
增长率	46.01%	45.99%	31.44%	22.15%	45.03%

资料来源：《2019年佛山市邮政行业发展统计公报》

（3）数字化转型再造传统制造业企业竞争力。传统企业的制造化转型已经成为企业转型升级的必然路径，佛山众多制造业企业积极利用数字化工具和手段，开展多种多样的转型之路。如维尚家具就以大数据为工具，积极推动智能化生产，改写了家具行业的商业模式，一跃成为国内全屋家具定制产能第一企业。以维尚家具为典型代表，一批传统制造企业在云计算、大数据等新一代信息技术应用引领下，企业的生产、销售、管理、服务全流程正发生巨变，实现加速转型。佛山制造业企业虽然有集聚优势，但也应看到各个企业发展基础仍参差不齐。像美的等大企业，在信息化和自动化建设上起步早、走得快，向外拓展接触信息化新手段的比较优势也非常明显。但佛山制造业大部分还是以中小型企业为主，不少企业长期处于微笑曲线的中低端，数字化转型对人才集聚、基础设施、通信网络的要求非常高，需要投入大量的资金投入，但是众多中小型企业并没有足够的资金实力支撑，这将制约佛山制造业数字化转型的整体进程。再加上佛山的制造业种类众多、行业齐全，有多个行业和产业集群，不同的行业特点决定了数字化转型路径的差异性，其难度也不能简单对比，这决定了佛山制造业的数字化转型不可能一蹴而就，需要政府营造好企业数字化转型的外部环境。

（4）布局工业互联网培育新动能。拥抱工业互联网，是传统制造业转型的一把关键钥匙。工业互联网平台建设，事关未来工业操作系统主导权之争，事关国家制造业竞争优势的确立、巩固和强化。佛山市于 2018 年公布《佛山市深化"互联网 + 先进制造"发展工业互联网实施方案 (2018—2020 年)》，围绕工业互联网推进基础设施建设，构建多层次平台体系，同时支持企业或企业联盟围绕装备制造、家电、纺织服装、汽车等产业培育打造一批垂直领域行业性平台。其目标是到 2020 年，佛山将率先成为广东省工业互联网网络基础设施和产业体系的核心组成部分。届时，佛山将初步建成低时延、高可靠、广覆盖的工业互联网网络基础设施，在优势行业形成一批成熟的创新应用解决方案和产品。此外，佛山还将培育形成两家具备较强实力、国内领先的工业互联网平台，10家技术和模式领先的工业互联网服务商；推动超过1000家工业企业运用工业互联网新技术、新模式实施数字化、网络化、智能化升级，带动2万家企业“上云上平台”。其实早在文件出台前，佛山各产业都在寻求主动转型，为传统制造业转型服务的产业电商平台越来越多。2016年以来，在陶瓷产业电商平台——众陶联的引领下，佛山涌现了众塑联、众铝联、众衣联等平台，服务于佛山的陶瓷、塑料、铝型材、纺织等优势行业企业。这些平台通过切入产业供应链条，为行业交易提升效率，为企业降低成本，成为佛山推动供给侧结构性改革的一大亮点。早期为钢铁行业提供电商交易平台的欧浦智网，从2017年起，将战略目标升级为“做中国领先的大宗商品智慧供应链服务商”，将云计算、大数据、区块链技术与专业的钢铁供应链管理经验相结合，全新打造钢铁智慧云平台，致力于成为钢铁智慧供应链的集成服务商。由企业主导的工业互联网平台和产业电商平台不断涌现，助力传统企业数字化转型，培育经济发展新动能。当下，数字经济已成为佛山引领经济高质量发展的重要引擎。

通过全面实施“互联网+”行动计划，引导制造业企业利用互联网技术加快产品、业态、模式和服务创新，数字经济已经成为佛山经济发展的新增长点。全面新增3家国家级、26家省级两化融合管理体系贯标试点企业。其中溢达纺织获批2018年工信部制造业与互联网融合发展试点示范项目，美的集团获批2018年制造业“双创”平台试点示范项目。一汽大众佛山分公司等6家企业项目入选广东省工业互联网产业联盟2018年广东省工业互联网应用标杆培育项目。

（二）创新政策和资金投入不断加大，政策的精准性和创新质量有待提高

1. 政策创新支持力度不断加大，科技企业孵化成果十分显著

近年来，佛山在创新方面给予了大力政策扶持。例如从2016年起，相继

出台了《佛山市人民政府办公室关于印发佛山市科技企业孵化器产权分割管理暂行办法的通知》《广东省促进科技成果转化条例》《佛山市人民政府办公室关于促进科技成果转移转化的实施意见》《佛山市科学技术局关于促进科技成果转移转化实施细则》《佛山市财政科技创新资金管理办法（试行）》和《佛山市科技创新项目管理办法（试行）》《佛山市人民政府关于印发佛山市全面建设国家创新型城市促进科技创新推动高质量发展若干政策措施的通知》，积极推动科技创新工作，推动科技和经济高质量发展，积极打造具有全球影响力的国际科技创新中心。此外，对特殊方面给予特殊的政策扶持，以孵化器政策扶持为例，科技企业孵化器是培育和扶植高新技术中小企业的服务机构，是加快科技成果转化、培养创新创业人才、培育创新型企业和产业的重要载体，也是创新体系的重要组成部分。2016 年 4 月 30 日，佛山市正式成立科技企业孵化协会，并在中央《国家科技企业孵化器“十三五”发展规划》和广东省科技厅《广东省科技孵化育成体系提质增效行动方案（2017—2020 年）》文件精神指引下，先后出台了《孵化链条倍增计划》《佛山市科技企业孵化器后补助试行办法》等规划方案，努力建设全市科技孵化链。此外，佛山市政府还积极引导孵化器的发展市场化，发布了《佛山市科技企业孵化器创业投资风险补偿资金实施细则》和《佛山市科技企业孵化器信贷风险补偿资金实施细则》。细则明确佛山市孵化器投资风险补偿资金规模为 4000 万元，信贷风险补偿资金规模为 2000 万元。虽然佛山市孵化器发展迅速，但同时也出现了同质化和“产能过剩”趋势，并且其中大部分仍然是强孵化器精细化服务的延伸，需要进一步提高质量，以改善科技产业孵化链。佛山市科技企业孵化器数量自 2013 年实现零的突破后，至 2015 年末达到 34 家，仅国家级孵化器已达到 10 家，涵盖产业领域涉及新媒体、工业设计、新光源、生物医药、装备机械、物联网、新材料等。截至 2018 年末，佛山市科技企业孵化器达到 95 家，是 2015 年的 2.35 倍，孵化器内累计毕业企业达到 1148 家。从技术市场成交额来看，2018 年达到 7.46 亿元，是 2016 年的 4.26 倍。

表 8-4　佛山市科技企业孵化器、企业数量与技术市场成交额

年份	科技企业孵化器数量（单位：个）	孵化器企业数量（单位：家）	孵化器内累计毕业企业数（单位：家）	技术市场成交额（单位：亿元）
2016	52	1831	208	1.75
2017	77	2606	260	2.67
2018	85	2935	324	7.46

资料来源：笔者根据调研资料整理而成

2. 规上企业研发经费占 GDP 的比重稳定，未来有待进一步提高

从佛山市规模以上企业 R&D 经费投入情况来看，自 2000 年以来，投入规模持续增长，2018 年研发经费投入达到了 235.17 亿元，是 2000 年（8.35 亿元）的 28.16 倍。研发投入占 GDP 的比重整体上也呈现出不断攀升的态势，在 2015 年以后基本维持在 2% 以上（图 8-1），自 2010 年后，这一指标一直高于全国和广东的平均水平，即使与东莞和宁波相比，佛山历年来规上企业研发投入占 GDP 的比重也较高。不过，2018 年，东莞规上企业研发投入占 GDP 的比重达到了 2.67%，历年来首次超过佛山（2.36%）（图 8-2）。

表 8-5　佛山市规上企业 R&D 经费

年份	规模以上企业 R&D 经费（单位：亿元）	规模以上企业 R&D 经费占 GDP 之比（%）	每万名 R&D 人员有效发明专利数（件）
2015	192.99	2.37	1268
2016	194.89	2.22	1660
2017	216.02	2.3	1923
2018	235.17	2.36	

资料来源：《广东统计年鉴》

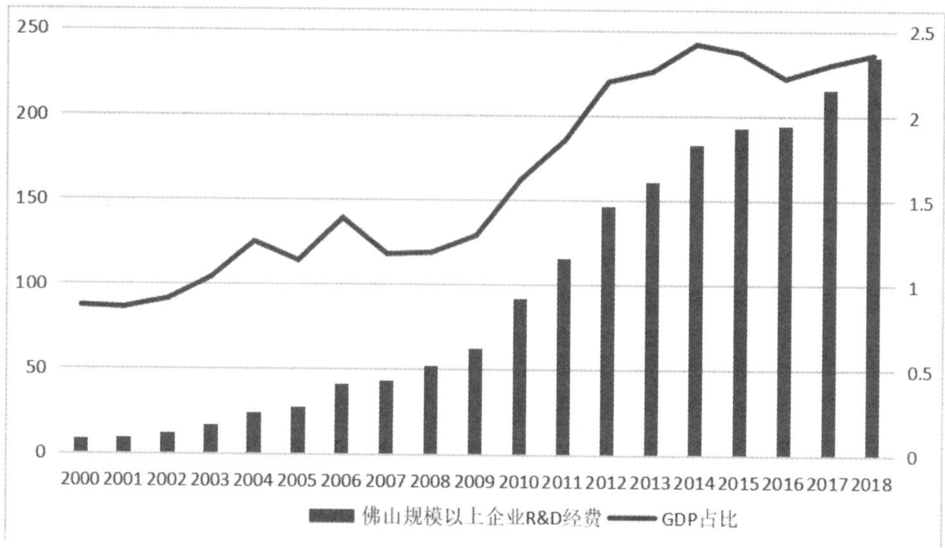

图8-1 佛山市规模以上企业R&D经费支出情况与GDP占比

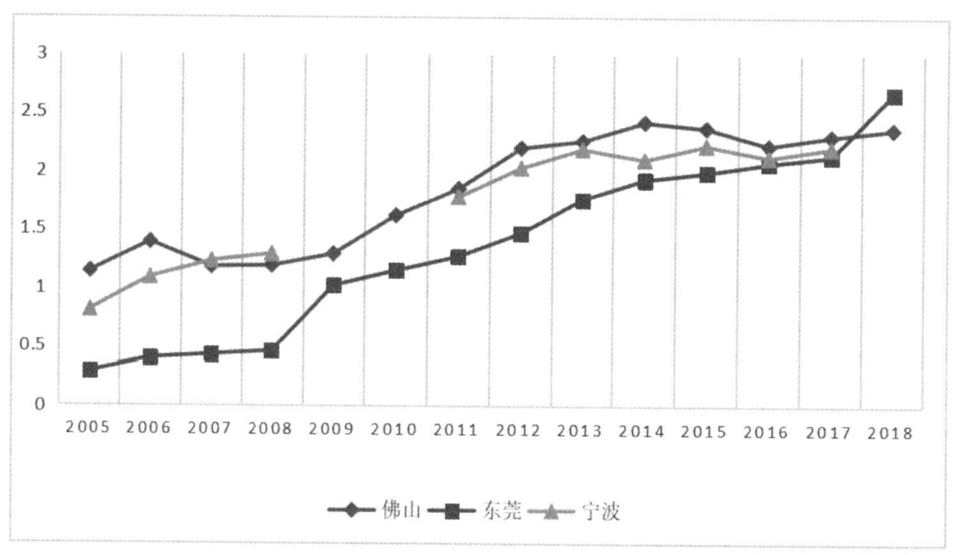

图8-2 佛山、东莞、宁波规模以上企业R&D经费支出占GDP的比重对比

数据来源：《佛山统计年鉴》《广东统计年鉴》《宁波统计年鉴》

3. 佛山专利申请与授权量逐年增加，但授权量明显低于宁波和东莞

2014—2018 年间佛山专利申请量和授权量都逐渐增加，这与东莞和宁波的趋势基本相同。但是从专利授权量占专利申请量的比重来看，佛山显著低于宁波和东莞。例如，佛山 2017 年和 2018 年专利授权量占专利申请量分别为 18.92% 和 17.025%；而宁波 2017 年和 2018 年这一比重分别为 29.3% 和 20.39%；东莞则分别达到 24.36% 和 27.22%（如图 8–3）。其中的深层次原因十分值得探究。

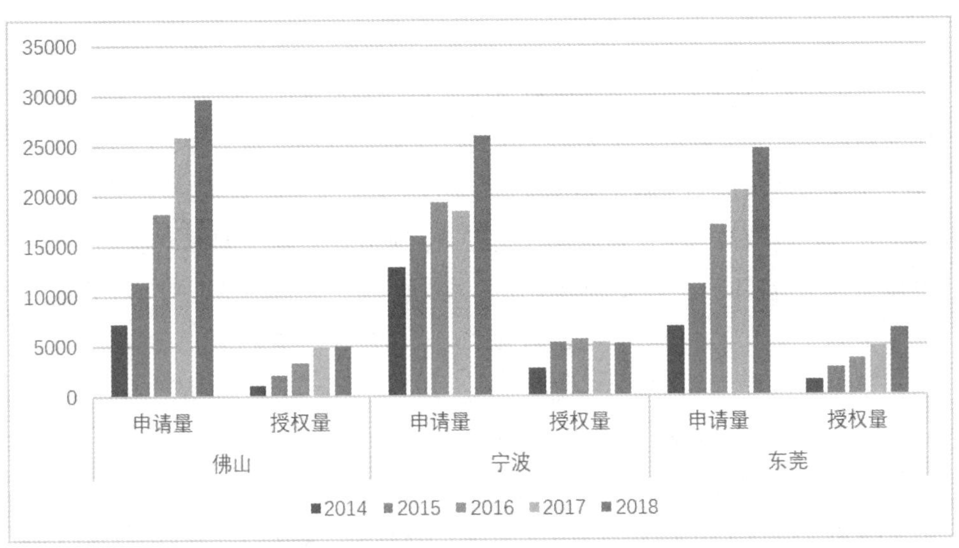

图8–3　2014—2018佛山宁波东莞的发明专利申请量与授权量

数据来源：佛山统计公报、宁波统计公报、东莞统计公报

（三）产业转型初见成效，但有待进一步优化

2019 年全市地区生产总值 10751.02 亿元，比上年增长 6.9%。其中第一产业增加值 156.92 亿元，增长 3.0%；第二产业增加值 6044.62 亿元，增长 6.3%；第三产业增加值 4549.48 亿元，增长 8.1%。在第三产业中，交通运输、仓储和邮政业增长 7.4%，批发和零售业增长 4.8%，住宿和餐饮业增长 1.8%，金融业增长 10.5%，房地产业增长 5.5%，其他服务业增长 10.5%。三次产业结

构为 1.5∶56.2∶42.3。现代服务业增加值 2734.64 亿元，增长 8.3%。民营经济增加值 6748.31 亿元，占全市生产总值的比重为 62.8%。三产中，第二产业仍处于支柱地位，占比超过第一、第三产业总值之和，且第二产业的增速也是处于较高的水平，这与佛山市是传统制造业大市的历史背景相符。近年来，佛山抓住“全国制造业转型升级综合改革试点城市”契机，积极推动传统制造业转型升级和战略性新兴产业的培育，转型升级取得了较好的效果。

1. 高技术制造业和先进制造业增长迅速，但占规上工业增加值比例还不高[①]

衡量产业转型成功的一个关键指标是传统制造业与战略性新兴产业的占比变动情况。先进制造业是相对于传统制造业而言的，指运用各种先进制造技术参与生产制造的流程，实现优质、高效、低耗、清洁、灵活的生产，取得良好的经济效益的制造业总称。先进制造业在制造业中的占比越大，代表着该地区制造业能力越强，活力越足，潜力越大。先进制造业对于佛山制造业立市的发展理念和发展智能制造的战略有着举足轻重的作用。如表 8-6 所示，2015 年以来，佛山规上工业增加值中，高技术制造业增加值一直保持 6% 以上的增长，但是先进制造业则保持 30% 以上的增长速度，增长迅速，且占比较大。如 2019 年先进制造业增加值总额为 2423.58 亿元，占规上工业增加值总额 4859.48 亿元的 49.9%，接近一半，说明经过多年的经济转型，佛山制造业转型取得了较好的成绩。但是与广东省和东莞市的制造业结构相比，佛山还有一定的差距，例如广东省和东莞市 2019 年先进制造业增加值已经占到规上工业增加值的 55% 以上，而佛山市 2019 年该指标仅为 49.9%。

① 高技术制造业包含医药制造业、电子及通信设备制造业、计算机及办公设备制造业、医疗仪器设备及仪器仪表制造业；先进制造业包含高端电子信息制造业、石油化工产业、先进轻纺制造业、新材料制造业、生物医药及高性能医疗器械。

表 8-6
佛山市规上工业增加值中高技术制造业增加值和先进制造业增加值占比情况

年份	规模以上工业增加值（亿元）	高技术制造业增加值（亿元）	高技术制造业增加值占比（%）	先进制造业增加值（亿元）	先进制造业增加值占比（%）
2015	4364.33	328	7.5	1451.23	33.3
2016	4671.33	361.39	7.70	1570.29	33.6
2017	4335.33	266.78	6.20	2033.04	46.9
2018	4590.05	276.49	6	2250.58	49
2019	4859.48	293.12	6	2423.58	49.9

资料来源：《广东统计年鉴》

2. 服务业在经济结构中的占比偏低，制造业与服务业的融合度还不够高

服务业和制造业互动发展，一方面，制造业的发展对生产性服务业产生大量需求，为服务业发展提供了坚实的市场基础，另一方面，生产性服务业的发展为制造业提供高质量、低成本服务，增强了制造业的竞争力，并促进其转型升级，制造业与服务业之间形成一个双向互动、高度关联的正反馈过程。高竞争力的制造业与高质量的服务业密不可分。但是，配第－克拉克定理和钱纳里模式等总结出了产业结构演进一般规律，也就是随着经济的发展第二产业将代替第一产业的主导地位，接着第三产业将代替第二产业的主导地位。也就是说第三产业将随着经济发展程度占比越来越大。东莞早在 2009 年服务业就超过第二产业成为第一大产业，2012 年后服务业占比更是长期大于 50%。苏州在 2013 年服务业占比就超越了第二产业里的工业占比，2015 年服务业占比更是超过了第二产业占比。宁波也在 2016 年服务业占 GDP 的比重超过了工业占比。佛山市的服务业占比在 2019 年刚超过 40%，工业产值的比重一直大于 50%，服务业占比虽然一直处于上升趋势，但总体来看远落后于其他对标城市。

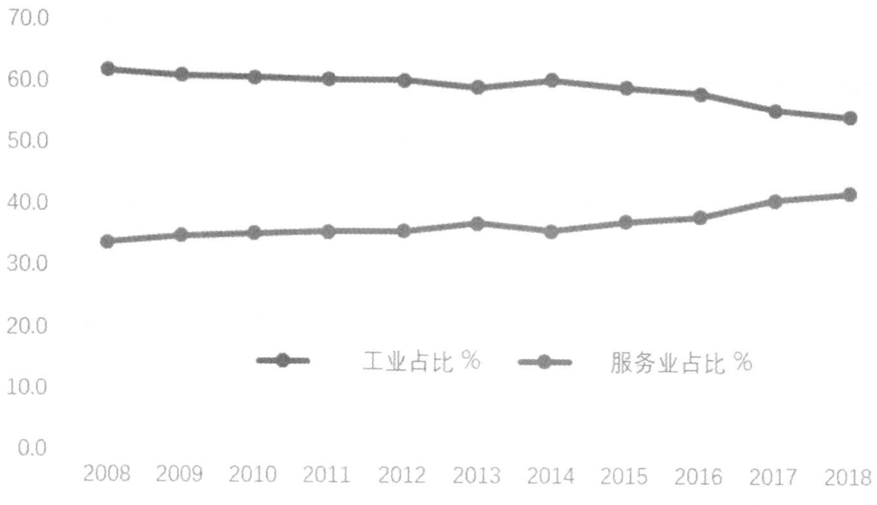

图8-4　工业与服务业在经济结构中的占比

数据来源：《佛山统计年鉴》

3. 单位 GDP 能耗逐年下降，绿色发展模式成效初显

自 2015 年以来，佛山市 GDP 能耗出现逐年下降走势，2015 年单位 GDP 能耗为 2099.52 吨，2018 年则降低为 1784.56 吨，年增长速度则保持在 5% 以上的降幅，2019 年更是降低为 1604.40 吨，年度降幅指标排在全省各城市的第一位，说明佛山绿色发展模式取得了一定成效。

表 8-7　佛山市单位 GDP 能耗走势

年份	能源消费（吨）	单位 GDP 能耗	单位 GDP 能耗增速
2015	17076783	2099.52	−9.27%
2016	17401173	1986.95	−6.63%
2017	17692216	1882.45	−5.13%
2018	17731192	1784.56	−5.20%
2019	17248947	1604.40	−4.90%

资料来源：《广东统计年鉴》

4. 高新技术企业数量增长快，但质量有待提高

2018 年，佛山市高新技术企业的数量达到 3949 家，是 2015 年的 5.5 倍，但工业企业新产品产值仅比 2015 年增长 61.79%，高新技术出口同比增速存在一定波动，但出口规模变化不大，2019 年高新技术产品出口 253.6 亿元，五年来仅比 2015 年增长 21.3%。这说明近年来佛山市高新技术企业发展的质量仍需进一步提高。

表 8-8　佛山市高技术发展及出口情况

年份	高新技术企业总数存量（家）	工业企业新产品产值（万元）	高新技术产品出口（亿元）	高新技术产品出口增速	高技术产品出口占 GDP 比重
2015	716	25330515	209.08	−8.5%	2.57%
2016	1388	30277451	228.95	9.5%	2.61%
2017	2547	36353427	242.58	6%	2.58%
2018	3949	40981933	224	−7.6%	2.25%
2019	—	—	253.6	13.2%	2.36%

资料来源：《广东统计年鉴》。其中：高技术产品出口来自佛山统计公报。

（四）土地开放强度大，土地要素配置效率急待提升

作为制造业大市的佛山，佛山市土地开发强度过大，按照国际惯例，一个地区土地开放强度的警戒线为 30%，而 2017 年佛山土地开发强度就已经达到 38%，其中强度最高的是禅城区达到 71%，南海和顺德的土地开发强度都已在 50% 左右。增量工业用地不足、存量工业用地配置效率低下已成为佛山经济高质量发展面临的重大难题。如何通过对占现存工业用地较大比例的村级工业园改造，挖掘用地潜力，就成为最为急迫的任务。

1. 佛山市村级工业园各区分布很不均匀①

佛山市村级工业园总占地面积 19577.35 公顷，各区村级工业园占地面积

① 数据来自《佛山市村级工业园整治提升实施方案（2018—2020 年）》，佛山市人民政府，2018 年 8 月 18 日。

很不均匀，其中南海区所占面积最大，达到 12008.92 公顷，顺德区所占面积排在第二位，为 4694.33 公顷，禅城区排在第三位，面积为 1728.11 公顷，三水和高明分别排在第四和第五位。从用地个数来看，佛山市村级工业用地总个数 1025 个，各区村级工业园个数分别为禅城区 125 个，南海区 612 个，顺德区 220 个，三水区 43 个，高明区 25 个（详见表 8-9）。

表 8-9　佛山五区村级工业园分布一览表

区域	村级工业园（个）	村级工业园用地（公顷）	零散用地（公顷）
禅城区	125	1728.11	93.69
南海区	612	12008.92	587.75
顺德区	220	4694.33	243.29
三水区	43	664.33	133.96
高明区	25	481.66	91
全市汇总	1025	19577.35	1149.69

注：根据2018年8月18日《佛山市村级工业园整治提升实施方案（2018—2020年）》中的附件1《佛山市村级工业园现状园区一览表》整理。

2. 村级工业园生产总值及占工业总产值的比例与所占用地面积极不相称，效率急待提升

佛山市各个区村级工业园现有数量庞大，占各区用地比例较大，然而村级工业园产值贡献率较低，在总产值中仅占小部分比例，土地利用效率低。以顺德为例，顺德区共有 382 个村级工业园，占地 13.5 万亩，拥有 1.9 万家企业，占用全区已投产工业用地面积的 70%，却只贡献 27% 的产值和 4.3% 的税收。南海区现有村级工业园 685 个，占佛山市村级工业园总数的 66.1%，占地面积约 14.2 万亩，占了全区集体建设用地的 78.1%，占全区建设用地面积的比重为 17.3%。占全区建设用地比重高达 17.3% 的村级工业园，工业产值却不到全区 10%，土地利用单位工业产值低下。对村级工业园改造提升成为佛山市经济发展资源配置优化最主要的动力。2018 年 8 月，佛山制定《佛山市村级工业园整治提升方案（2018—2020）》，确立了佛山市村级工业园改造的指导思想、工作目标、工作原则、工作机制和保障机制，全力推动乡村

工业园的改造升级，成为推动佛山经济发展的又一新动能。与此同时，佛山市制定了《中共佛山市委、佛山市人民政府关于推进乡村振兴战略的实施意见》和7个具体行动方案，提出了佛山乡村振兴工作的“时间表”与“路线图”。村级工业园综合提升与农村基层治理、乡村生态提升、乡村规划建设提升、绿色优质农业发展、农村集体经济转型发展以及乡风文明建设等一起成为乡村振兴的七大工程，如何通过这7大工程的协调推进，探索高度城市化地区农村再发展、农民再致富的特色乡村振兴之路，是佛山“十四五”期间经济发展的新动能。

（五）知识能力日渐增强，但高端人才总量仍有较大提升空间

近年来，佛山加强对高层次人才的培育和引进，研究与发展人员数量、新增博士和硕士数、博士后工作站和博士后在站人数都呈现逐年增加，以研究与发展人员数量为例，2018年R&D人员数量达到93256人，比2015年增加了25058人，博士后工作站2018年达到了61个。但是与经济发展对人才的需求相比，高端人才的总量有待提高（详见表8-10）。

表8-10 佛山市高层次人才发展状况

年份	R&D人员数量（人）	新增博士数量（人）	新增硕士数量（人）	博士后工作站数量（人）	博士后在站人数（人）
2016	74427	133	1621		
2017	96072	143	1775	59	48
2018	93256	323	2206	61	93

（六）积极推动商事制度改革，营商环境持续向好，但仍需进一步提升

营商环境是指伴随企业活动整个过程的各种周围境况和条件的总和。制度环境是一系列用来建立生产、交换与分配基础的基本的政治、社会和法律基础规则，是国家与地区进步发展的强大动力。经济社会发展的动力，源于市场主体的活力和社会创造力，这很大程度上取决于营商环境。世界银行发

布的报告表明，良好的营商环境会使投资率增长0.3%，GDP增长率增加0.36%。

“十三五”以来，佛山市紧紧围绕深化商事制度改革，出台一系列的政策文件，大幅压缩企业开办时间，创新打造“3+5”商事制度改革“佛山模式”，持续推动便利营商环境走在全国前列。2017年2月出台《佛山市商事主体住所登记管理暂行办法》及其配套指导意见，规范利用居民住宅登记为企业住所的条件，进一步放宽住所登记限制，简化住所登记申请材料。分别于广发银行、中国银行深入合作，依托“银证通”服务将商事登记业务窗口直接开进佛山、香港、澳门对口银行网点，进一步简化港澳企业和前来佛山开办企业注册流程，提供一站式注册登记和银行金融服务。2018年出台了《佛山市进一步深化商事制度改革优化营商环境的若干意见》，创新开发佛山市商事主体一门式受理审批平台，整合商事登记、公安刻章、发票申领、银行开户等多个环节，实现涉及开办企业各审批流程的联审联办，使企业面对“一个窗口”或上“一张网”即可享受无部门界限的审批服务。目前佛山市企业开办商事登记、公章刻制、申领发票全流程只需要1.5天。此外，还不断深化24小时智能商事登记系统，积极构建四位一体（登记窗口、自助办照终端、手机微信端、PC端）的全方位、全天候、立体化智慧便民的商事登记服务体系，全力推动线上线下多渠道“企业开办全程网上办”。佛山的该改革模式于2018年11月入选第四届中国“互联网＋政务”优秀实践案例50强，佛山市被国家市场监管总局确定为开展“企业开办全程网上办”改革试点城市。

经过一系列的商事制度改革，佛山的营商环境持续向好。佛山市发改局曾委托第三方机构对全市2018年营商环境进行评估，综合评分71.23分，相当于全球190个经济体中位列60位。开办企业全流程办理时间压缩至0.57天，在佛山摸底调查的评分中，得分高的指标分别为开办企业、获得信贷、纳税；得分较低的指标分别为获得电力、执行合同、跨境贸易和办理建筑许可等。但是与兄弟城市相比，佛山的营商环境还有较大的改善空间，以政商关系为例，《中国城市政商关系排行榜》显示，2017年佛山排名全国第71名，相对靠后，而东莞排名第1，苏州第7，长沙第10，郑州第17，宁波第27，中山第40，无锡第43。在2019年10月发布的2018年榜单中，佛山排名第10，上升了61名，进步巨大。东莞则继续排名第1，中山第5，无锡第13，苏州第18，宁波第20，长沙第22，郑州第49。可以看出，佛山市的营商环境虽然持续向好，但与东莞相比还有很大差距，需要进一步提升。

为进一步改善营商环境，在2019年11月27日召开的全市优化营商环境大会上，佛山市政府提出了“1+7+N”工作体系，即“1”个顶层设计，即《佛山市深化营商环境综合改革实施方案》；“7”为7项政府关切和群众关注的重点改革举措，分别为深化商事制度改革、推进工程建设项目审批制度改革、不动产登记制度改革、推进政务服务“一网、一门、一次”改革、优化纳税营商环境、推进跨境贸易便利化、加强信用监管；“N”为围绕营商环境相关的“N”项优化措施，分别是获得用水用电用气便利度改革、公共资源交易制度改革、知识产权创造、保护与运用、获得信贷、劳动力市场监管、推进扶持政策标准化改革、企业管理法治化保障、包容普惠创新等方面。

（七）小　结

本部分从经济活力、创新驱动、产业转型升级、土地要素配置效率、知识能力、制度环境等六个层面分析了“十三五”期间佛山市经济发展新动能变化情况。结果表明：

一是佛山传统经济特色明显，外资结构逐步优化，数字经济新动能渐显。民营经济和乡镇经济活力强劲，持续保持高质量发展。外资利用结构调整和企业“走出去”双管齐下，外资利用总量开始企稳，同时本土企业对外直接投资增长迅速，尤其是“佛山 + 香港”实现双向流动，持续推动制造业转型升级。通过发展电子商务、推动制造业数字化转型和布局工业互联网，佛山数字经济与实体经济融合程度也在日益提高。

二是创新政策和资金投入不断加大，但政策的精准性和创新质量有待提高。通过出台一系列的政策措施，佛山市积极推动科技创新工作，以创新推动经济高质量发展，打造具有全球影响力的国际科技创新中心。规上企业研发经费占GDP的比重稳定，但与东莞相比，研发投入比例增长较慢，研发质量有待提高。

三是产业转型初见成效，但有待进一步优化。高技术制造业和先进制造业增长较为迅速，但是服务业在经济结构中的占比偏低，制造业与服务业的融合度还不够高。单位 GDP 能耗逐年下降，绿色发展模式成效初显，高新技术企业数量增长快，但质量有待提高。

四是土地要素配置效率不高，急待优化提升。随着经济的快速发展，佛山市土地基本上没有增量空间，需要进行存量优化，向存量土地要效益。目前佛山可用于发展的存量土地主要在各村级工业园内部，但村级工业园各区分布很不均匀，而且村级工业园对经济的贡献与所占用地面积极不相称，效率急待提升。

五是知识能力日渐增强，但高端人才总量仍有较大提升空间。经过出台一系列的引人政策，佛山市研发人员数、新增博士和硕士数、博士后工作站和博士后在站人数都呈现逐年增加态势，但与经济发展对人才的需求相比，高端人才的总量有待大幅度提高。

六是积极推动商事制度改革，营商环境持续向好，但仍需进一步改善。“十三五”以来，佛山市出台一系列的政策文件，大幅压缩企业开办时间，创新打造“3+5”商事制度改革“佛山模式”，持续推动便利营商环境走在全国前列，但与临近的东莞相比，还有很大差距，需要进一步改善。

九、佛山经济增长趋势的预测

（一）模型设定

时间序列预测的方法是指对已知的时间序列本身进行观察，研究序列的变化趋势。即通过历史数据揭示指标随时间变化的规律，将这种规律延续到未来，对预测该指标的变化。本部分对“十四五”时期佛山市 GDP 走势的预测采用学界通常引用的 ARMA 经典模型（自回归滑动平均模型）。

ARMA 模型是研究时间序列的重要方法，基本原理是将预测指标随时间推移而形成的数据序列视为一个随机序列，这组随机变量所具有的依存关系体现着原始数据在时间上的延续性。ARMA 模型由 AR 模型（自回归模型）与 MA 模型（移动平均模型）共同构成，分为以下三部分：

1.AR 模型（自回归模型）

如果时间序列 Y_t 满足：

$$Y_t = \beta_1 Y_{t-1} + \beta_2 Y_{t-2} + \ldots\ldots + \beta_p Y_{t-p} + \varepsilon_t$$

其中 ε_t 是独立同分布的随机变量序列，且满足：

$$Var(\varepsilon_t) = \sigma_\varepsilon^2 > 0$$

以及 $E(\varepsilon_t)=0$，则称时间序列 Y_t 为服从 p 阶的自回归模型。

2.MA 模型（移动平均模型）

如果时间序列 Y_t 满足：

$$Y_t = \varepsilon_t + \alpha_1 \varepsilon_{t-1} + \alpha_2 \varepsilon_{t-2} + \ldots\ldots + \alpha_q \varepsilon_{t-q}$$

则称时间序列 Yt 为服从 q 阶移动平均模型。

3.ARMA 模型（自回归滑动平均模型）

如果时间序列 Yt 满足：

$$Y_t = \beta_0 + \beta_1 Y_{t-1} + \beta_2 Y_{t-2} + \ldots\ldots + \beta_p Y_{t-p} + \varepsilon_t + \alpha_1 \varepsilon_{t-1} + \alpha_2 \varepsilon_{t-2} + \ldots\ldots + \alpha_q \varepsilon_{t-q}$$

则称时间序列 Yt 为服从 (p，q) 阶自回归滑动平均混合模型。

（二）数据处理

1. 数据平稳性检验

本部分运用 1978—2018 年的 GDP 当年价数据预测佛山市 2019—2025 年的 GDP 规模，由于建立时间序列模型要求时间序列数据具有平稳性，否则可能出现伪回归，因此，首先对数据的平稳性进行检验（注：以下图表除表 9-1，其他结果均由 Eviews10 运行得出）。

表 9-1　佛山市 1978—2018 年当年价 GDP 数据

年份	当年价 GDP（万元）	年份	当年价 GDP（万元）	年份	当年价 GDP（万元）
1978	129600	1992	2533900	2006	29839022
1979	141000	1993	3533849	2007	36601821
1980	167700	1994	4453623	2008	44190366
1981	209600	1995	5637195	2009	48208972
1982	244100	1996	6663079	2010	56515223
1983	281500	1997	7661101	2011	62102348
1984	348400	1998	8365293	2012	65791838
1985	481900	1999	9046325	2013	70106822
1986	565700	2000	10503780	2014	74415994
1987	691200	2001	11891904	2015	80039186
1988	1009000	2002	13285468	2016	87577206
1989	1113300	2003	15784876	2017	93985162
1990	1367300	2004	19180422	2018	99358800

（续　表）

年份	当年价 GDP（万元）	年份	当年价 GDP（万元）	年份	当年价 GDP（万元）
1991	1781600	2005	24293794		

资料来源：《佛山统计年鉴》

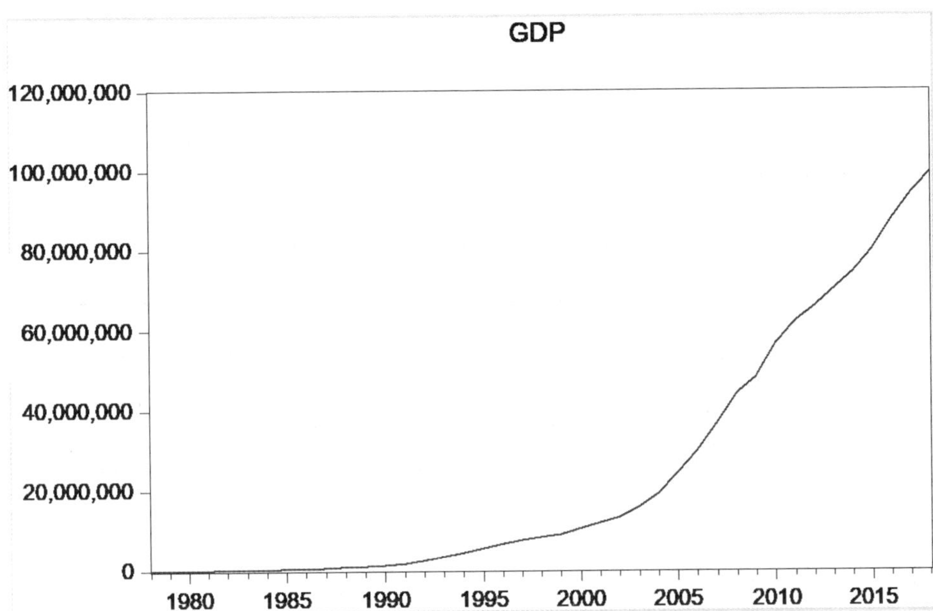

图9-1　1978—2018年佛山市GDP规模的时间序列图

表 9-2　1978—2018 年佛山市 GDP 规模 Y 的单位根检验结果

Null Hypothesis：Y has a unit root			
Exogenous：Constant			
Lag Length：1 (Automatic − based on SIC，maxlag=9)			
		t−Statistic	Prob.*
Augmented Dickey−Fuller test statistic		1.408118	0.9987
Test critical values：	1% level	−3.610453	
	5% level	−2.938987	
	10% level	−2.607932	

由图 9-1 可知，1978—2018 年的 GDP 规模时间序列图的趋势显示为指数趋势，可见该数据为不平稳的时间序列数据。且由表 9-2 的单位根检验结果显示，ADF 统计量的 T 检验值为 1.408 均大于 1%、5%、10% 三个水平下的 T 检验值，说明该时间序列数据不是平稳的时间序列数据。

2. 数据平稳化处理

根据以上结果，本部分对原始数据进行一阶差分处理，记为 DY。并对 DY 进行单位根检验，结果如下表 9-3 所示，ADF 统计量的 T 检验值为 -1.409 均大于 1%、5%、10% 三个水平下的 T 检验值，说明该时间序列数据不是平稳的时间序列数据。

表 9-3　一阶差分 DY 的单位根检验结果

Null Hypothesis：DY has a unit root
Exogenous：Constant
Lag Length：0 (Automatic - based on SIC，maxlag=9)

		t-Statistic	Prob.*
Augmented Dickey-Fuller test statistic		-1.409324	0.5679
Test critical values：	1% level	-3.610453	
	5% level	-2.938987	
	10% level	-2.607932	

故对 DY 进行差分处理，即对原始数据进行二阶差分处理，记为 DY2。DY2 进行单位根检验的结果如下表 9-4 所示，ADF 统计量的 T 检验值为 -8.66 均远小于 1%、5%、10% 三个水平下的 T 检验值，所以可以判定 DY2 已为平稳的时间序列数据。

表 9-4　二阶差分 DY2 的单位根检验结果

Null Hypothesis：DY2 has a unit root			
Exogenous：Constant			
Lag Length：0 (Automatic − based on SIC，maxlag=9)			
		t−Statistic	Prob.*
Augmented Dickey−Fuller test statistic		−8.660907	0
Test critical values：	1% level	−3.615588	
	5% level	−2.941145	
	10% level	−2.609066	

（三）时间序列模型建立

1. 模型建立

ARMA 模型由 AR 模型（自回归模型）与 MA 模型（移动平均模型）为基础共同构成，故预测模型的建立有三个模型可以进行选择，依据是 DY2 的自相关系数（ACF）和偏自相关系数，即根据 DY2 的自相关图中 ACF 值和 PACF 值的拖尾与截尾性初步判定可以建立哪种时间序列模型。

Date: 11/30/19　Time: 00:02
Sample: 1980 2025
Included observations: 39

Autocorrelation	Partial Correlation		AC	PAC	Q-Stat	Prob
		1	-0.355	-0.355	5.2948	0.021
		2	-0.001	-0.145	5.2948	0.071
		3	0.194	0.166	6.9582	0.073
		4	-0.302	-0.203	11.112	0.025
		5	0.079	-0.100	11.405	0.044
		6	0.048	0.000	11.514	0.074
		7	-0.155	-0.077	12.710	0.079
		8	-0.018	-0.194	12.728	0.122
		9	-0.000	-0.121	12.728	0.175
		10	0.074	0.103	13.032	0.222
		11	0.013	0.050	13.041	0.291
		12	-0.026	-0.085	13.082	0.363
		13	0.024	-0.053	13.117	0.439
		14	-0.058	-0.028	13.330	0.501
		15	0.034	-0.006	13.407	0.571
		16	-0.001	-0.061	13.407	0.643

图9-2　模型的自相关系数和偏自相关系数

图 6-2 所示，Autocorrelation 为自相关系数（ACF），Partial?correlation 为偏自相关系数（PACF）。可以看出 ACF 和 PACF 从第二阶开始落入二倍标准差内，说明 ACF 与 PACF 均呈现截尾性，即从第二阶开始突然骤减或接近于零。根据 ACF 与 PACF 在第二阶截尾性可以初步判定可以建立 AR(p)或者 MA(q)模型。

根据自相关图识别可以选择建立 AR（1）模型。AR（1）模型的运行结果如下表所示：Prob 值 0.0002<0.05，表明该模型是显著的。

表 9-5　AR（1）模型运行结果

Dependent Variable：DY2
Method：ARMA Maximum Likelihood (BFGS)
Date：11/30/19　Time：00：10
Sample：1980 2018
Included observations：39
Convergence achieved after 5 iterations
Coefficient covariance computed using outer product of gradients

Variable	Coefficient	Std. Error	t−Statistic	Prob.
C	146293.8	146971.9	0.995387	0.3262
AR(1)	−0.354428	0.0872	−4.064533	0.0002
SIGMASQ	1.29E+12	2.09E+11	6.206958	0
R−squared	0.128933	Mean dependent var	137493.3	
Adjusted R−squared	0.08054	S.D. dependent var	1234987	
S.E. of regression	1184210	Akaike info criterion	30.8843	
Sum squared resid	5.05E+13	Schwarz criterion	31.01226	
Log likelihood	−599.2438	Hannan−Quinn criter.	30.93021	
F−statistic	2.664309	Durbin−Watson stat	2.078327	
Prob(F−statistic)	0.083355			
Inverted AR Roots	−0.35			

2. 模型检验

本部分对所得模型的检验就是对模型的残差序列 e 进行平稳性和随机性检验。如果残差序列是白噪音，可以接受这个具体的拟合；如果不是，那么残差序列可能还存在有用信息没被提取，需要进一步改进模型。

Date: 11/30/19 Time: 00:17
Sample: 1980 2025
Included observations: 39
Q-statistic probabilities adjusted for 1 ARMA term

Autocorrelation	Partial Correlation		AC	PAC	Q-Stat	Prob
		1	-0.066	-0.066	0.1816	
		2	-0.073	-0.077	0.4096	0.522
		3	0.145	0.136	1.3411	0.511
		4	-0.270	-0.264	4.6630	0.198
		5	-0.001	-0.005	4.6631	0.324
		6	0.028	-0.035	4.7023	0.453
		7	-0.214	-0.159	6.9904	0.322
		8	-0.099	-0.205	7.4991	0.379
		9	0.045	-0.005	7.6064	0.473
		10	0.071	0.097	7.8855	0.546
		11	0.044	-0.016	7.9959	0.629
		12	-0.010	-0.098	8.0019	0.713
		13	0.003	-0.011	8.0024	0.785
		14	-0.036	-0.040	8.0862	0.838
		15	0.029	-0.019	8.1426	0.882
		16	0.009	-0.043	8.1482	0.918

图9-3　AR（1）模型检验结果

根据图 9-3 的结果，Prob 值看出均大于 0.05，说明残差序列 e 是白噪声序列，模型已经将有用的信息充分提取，接受序列相互独立的原假设，即不存在自相关，模型通过检验。

（四）模型预测结果分析

表 9-6 所给出的是根据佛山市 1978—2018 年的 GDP 数据预测出来的结果，限于篇幅，我们只给出 2010—2025 年佛山市的 GDP 规模预测数据。将 2010—2018 年的预测值与佛山市同期 GDP 的真实值进行比较，可以看出，2010 年的相对误差低于 6.6%，2016、2017、2018 年预测的相对误差分别为 0.957%、0.369% 和 0.349%。这说明，运用本书所建立的模型对于越近的时

间点进行预测，越具有良好的效果。模型预测得到2019至2025年的GDP规模分别为10453.6、11021.02、11603.46、12200.93、12813.42、13440.94、14083.49亿元（详见表9–6）。

表9–6　2010—2025年佛山GDP预测值与真实值对比

年份	预测值	当年价GDP（真实值）	相对误差
2010	60230318.5	56515223	0.06574
2011	64552127.9	62102348	0.03945
2012	69024198.5	65791837	0.04913
2013	73646530.4	70106822	0.05049
2014	78419123.5	74415994	0.05379
2015	83341977.8	80039186	0.04126
2016	88415093.4	87577206	0.00957
2017	93638470.1	93985162	−0.00369
2018	99012108.1	99358800	−0.00349
2019	104536007.3	——	——
2020	110210167.8	——	——
2021	116034589.5	---	——
2022	122009272.4	——	——
2023	128134216.5	——	——
2024	134409421.9	——	——
2025	140834888.5	——	——

采用同样的方法，我们用2008—2018的数据进行预测分析，且假定2019年佛山经济增长速度为7%，预测结果显示2019至2025年的GDP规模分别为10631.4、11287.36、12068.05、12893.82、13761.67、14672.62、15626.66亿元（详见表9–7）。

表 9-7 2013—2025 年佛山 GDP 预测值与真实值对比

年份	预测值	当年价 GDP（真实值）	相对误差
2013	70106822.000	70239172.42	−0.19%
2014	74415994.000	75015609.89	−0.81%
2015	80039186.000	80254623.3	−0.27%
2016	87577206.000	85914660.7	1.90%
2017	93985162.000	92008657.78	2.10%
2018	99358800.000	98532587.48	0.83%
2019	106313916.000	105487703.5	0.78%
2020	——	112873615.5	——
2021	——	120690445	——
2022	——	128938154.2	——
2023	——	137616754.9	——
2024	——	146726243.4	——
2025	——	156266620.8	——

（五）小　结

运用 ARMA 模型对佛山市 GDP 规模进行预测，结果显示，2019 年进入万亿俱乐部，2019 至 2025 年的 GDP 规模分别为 10453.6、11021.02、11603.46、12200.93、12813.42、13440.94、14083.49 亿元，若按照 2019 年以 7% 的速度增长来预测，佛山 2019 年至 2025 年的 GDP 规模将达到 10631.40、11287.36、12069.04、12893.82、13761.68、14672.62、15626.66 亿元。

十、国内外经济发展动力转换的经验分析

（一）国际经验

1. 日本：模仿创新既是经济增长的源泉也是经济长期衰退的根源

日本的经济发展始于明治维新，第一次世界大战以后发展速度进一步加快，至二战前，已经步入世界发达国家之列。1913—1941 年，日本经济实现了高速发展。事实上，在 1937 年侵华战争开始之时，日本的 GDP 在世界已经排到第 6 位。二战后日本的经济跨越了经济周期的四个阶段，即“复苏、繁荣、中速和衰退”。1946—1955 年为恢复时期，经济增长较快；1956—1973 年是高速增长期，经济增长多数年份维持在 8% 以上，最高时达到 12.88%，国内生产总值在 1973 年达到 4248.9 亿美元；1974—1990 年为日本经济增速见顶回落期，实际 GDP 增长率维持在 2% ~ 6% 之间；1990 年之后，经济衰退逐步呈现，GDP 增长率低于 2%，甚至多年出现负增长情况。如图 10–1。

图10–1　日本各年GDP增速

资料来源：世界银行

（1）日本各个时期经济增长的根本动力转换的经验和教训

①战后重建需求有力拉动经济。

1946—1955 年是日本战后的重建时期。在 1945 年到 1949 年，日本主要解决的是内需问题；而在 1949 年之后，内需已不能完全满足生产的需求了，“道奇计划”成为解决这一问题的针对性方案，即对外贸易是一个重要的方面，通过进口原材料，然后生产成制成品出口的方式解决资源和需求问题。1950 年开始的朝鲜战争造就了日本的“特需景气”，以至于日本在 1953 年就恢复到了战前的生产水平。到 1955 年，日本出口额已经位居世界第八，进口位居第九。

②提高国民收入和贸易立国战略带来高速增长。

1956—1973 年是高速增长时期，年均增长 9.1%。这一时期，个人消费在 GDP 中所占的比重从 1955 年开始一直处于下降趋势（如图 10–2）。这充分说明，这段时间国内需求下滑对于经济影响较大，根本原因是战后初期消费的增长更多来自一种“补充”需求，以生活必需品居多。由于居民收入并没有发生很大的变化，国民收入难以保证持续的消费需求，导致国内需求下降。外需在 1955 年以后，出口出现了锐减。

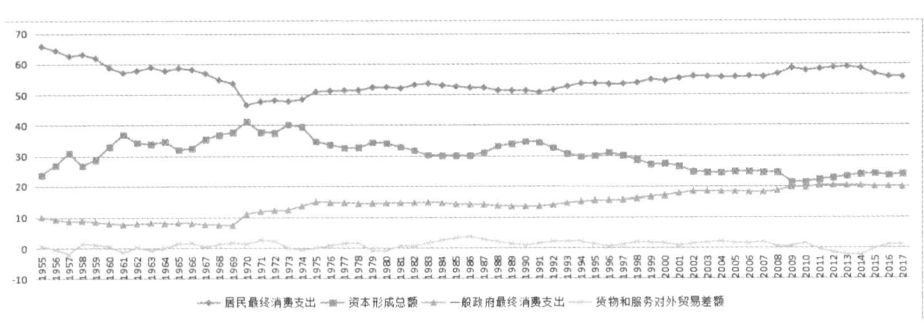

图10–2　日本GDP各部分占比（单位：%）

资料来源：世界银行

长期的可持续的内需需要依靠居民的消费，然而要实现消费的持续性，必须要解决居民收入问题。日本在这一阶段采取的措施是“国民收入倍增计划”。该计划的基本思路是通过加快发展，增加就业，并大幅度提高国民收入，同时缩小收入差距，以期全面提高生活水平，促进国民经济的均衡发展。

在具体的措施选择上，主要有以下几个方面：第一，加大基础设施建设。在战后的十几年中，日本的高速发展主要力量集中在恢复生产能力和解决有效需求方面，在基建方面的投入相对并不大。这也为此时的政策选择提供了空间。面对需求的萎缩，政府通过加大基础设施的投入不仅可以在短期内迅速扩大有效需求，而且可以改善不适应经济发展的基础设施，提高社会福利水平。第二，加大政府支出，用于鼓励创新和培训人才。这一计划同样在扩大有效需求的同时，为国家的长期可持续发展奠定了基础。第三，完善企业结构，扶持中小企业发展。当时，日本国内企业结构出现了两极分化，中间型企业缺乏，同时小企业发展也比较艰难。为改变这一状况，采取的措施包括通过立法保护中小企业的合法权益、帮助扶持中小企业更新设备和健全试验研究机构，等等，给予中小企业足够的政策支持。第四，通过政府主导的投资和收入分配政策，缩小收入差距。主要缩小农业与非农业之间、大企业与中小企业之间、地区之间以及收入阶层之间存在的在生活和收入上的差距；因为只有在国民经济和国民生活均衡发展的条件下，才能形成稳定的消费需求，引导经济进入良性发展轨道。不难看出，“国民收入倍增计划”致力解决的最核心问题，主要也就是上文所提到的居民收入以及出口的持续竞争力。这一政策的效果也是显著的：在收入方面，1960 到 1969 年，日本人均 GDP 平均增长率为 9.26%，如图 10–3 所示。居民收入得到了大幅提高也大大刺激了需求，且效应也是长期的，自 1970 年以后，居民消费支出占比均处于稳步上升区间。而上述一切，很大程度上都得益于“国民收入倍增计划”。

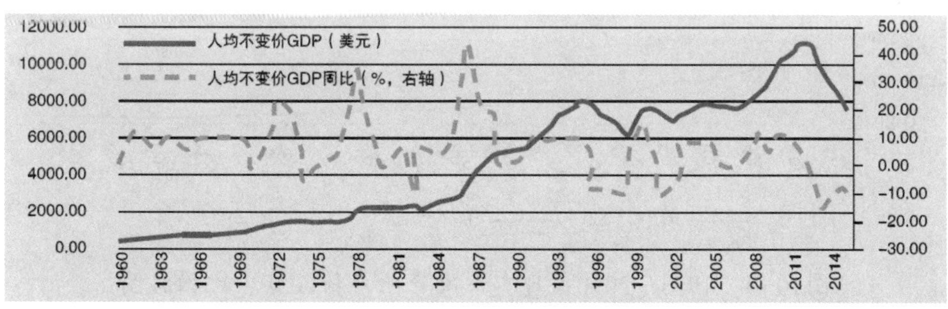

图10–3 日本人均GDP（1960—2015年）

外需主要靠出口，而出口的变化要受到较多因素的影响，包括世界经济状况、国际环境，等等。要想实现出口的可持续性，必须要解决的是出口结构的差异化问题，使得自身出口的产品不容易被替代。为此日本实施“贸易立国”的发展战略，引导产业结构向高级化发展，努力增强出口竞争能力，促进对外贸易和国际经济合作。这一方面最主要的就是在世界市场中致力于保持日本自身长久的竞争力。日本从 1956 年起，大力引进国外先进技术，建立起一大批出口导向的资本密集型、技术密集型企业，开始了国民经济的重化学工业化进程。同时，在 1956—1973 年这一阶段，也重视发展部分资本、技术密集型进口替代工业。

经过这一经济高速增长阶段，日本的产业结构发生了巨大变化。以制造业为中心的第二产业在整个国民经济中的地位得到加强（如图 10–4），并且重化学工业比重已远远超过轻工业（如表 10–1）。由于在这一阶段大力采用现代科技革命的新成果，进行了设备的大型化投资，从而，大批量的生产体系建立起来，同时为提高日本企业的国际竞争力，一系列大型企业开始合并。日本企业的生产规模、生产设备和经济效益均达到了同期世界最高水平，大大提高了劳动生产率，获得规模经济效益，从而在国际竞争中占据优势地位。

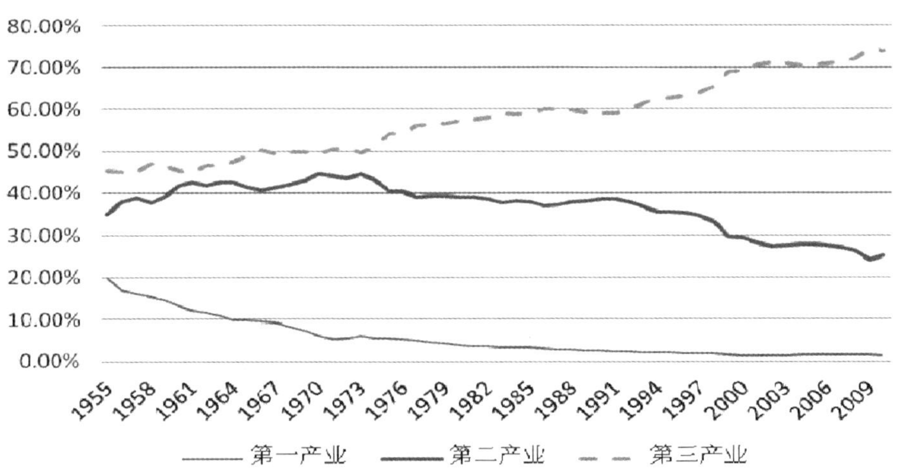

图10–4　1955—2010年日本三次产业产值GDP占比推移图

资料来源：根据日本经济企划厅编《国民收入统计年报》有关数据计算

表 10-1　日本经济高速增长时期中制造业的变动（%）

年份	制造业	重化学工业				轻工业			
		合计	化学	金属	机械	合计	食品	纺织	其他
1955	100	44.6	12.9	16.8	15.0	55.4	17.9	17.4	20.1
1960	100	56.4	11.8	18.8	25.8	43.6	12.4	12.3	18.9
1965	100	56.6	12.3	17.7	26.6	43.3	12.5	10.3	20.6
1970	100	62.3	10.6	19.3	32.3	37.7	10.4	7.7	19.6

资料来源：（日）小宫隆太郎等编《日本的产业政策》，东京大学出版社，1989年4月初版第7次印刷，第47页。

针对出口的政策也起到了较好的作用，从 1960 年开始，日本的出口开始持续向上，占 GDP 的比重也稳步上升，且政策的影响时间非常长，可以说完成了日本出口结构的蜕变，直到 1985 年汇率冲击以前，日本的出口在 GDP 中所起到的作用始终都在加强。如图 10-5。

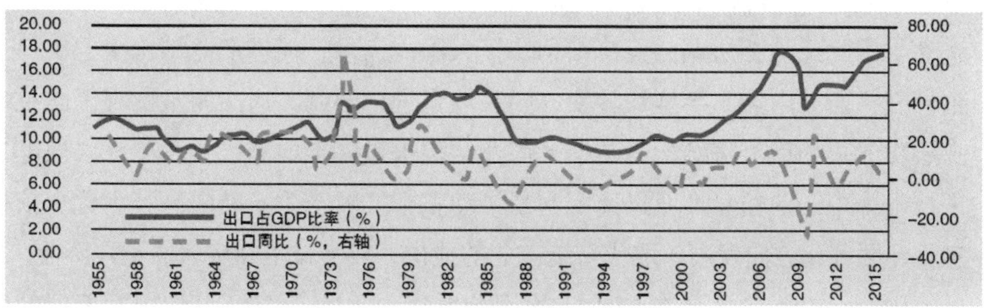

图10-5　日本出口变化情况

资料来源：（金融数据和分析工具服务商）

这一时期日本经济高速增长，最高时达到 12.88%，年均 9.1%，远高于同期全球 5% 的增速水平。长期的高速增长彻底改变了日本的面貌，1968 年日本国民生产总值超过当时的联邦德国，成为仅次于美国的世界第二经济大国（2010 年才被中国超越），日本相对于美国的 GDP 比率也从 1950 年的 3% 迅速提高到 19.8%。

③石油危机爆发后及时进行结构调整。

20 世纪 70 年代，两次石油危机的爆发使西方国家普遍陷入“滞胀”泥潭，日本经济也由60年代10.45%的高速增长转为70年代5.22%的中速增长阶段。但由于日本及时做出战略调整，推出新的产业调控政策，提出《产业结构长期设想》，确定日本的产业结构应转向以建立消耗资源或能源较少的知识、技术密集型产业结构为基本方向，即以知识、技术密集程度较高的产业为中心，同时对它赖以支撑的其他产业也相应提高其知识、技术密集程度，提高各产业部门的附加价值。重点扶植的产业转向计算机、电子、新材料、新能源等尖端技术产业，而对一些重化学工业部门则实行转产，或推进其产品、生产工艺等方面的知识、技术密集化。由于发展节能技术和石油替代技术，降低了GDP能耗水平，增强了整个经济的韧性，并成为第一个走出石油危机的发达国家。

80年代中期，日本政府在国内外双重压力下对其经济发展战略做出全面调整，具体内容包括三个方面：大力调整产业结构，克服资源小国的制约，实现“技术立国”，进一步推进产业结构高级化；主动放弃一些传统产业，积极输出资本，扩大对外投资，加速产业转移，变“贸易立国”为“投资立国”，建立与国际经济相协调的经济结构；扩大国内需求，促进产业结构由“出口主导型”向“内需主导型”转变，同时放宽进口限制。这次调整实现了向更高层次的集约型经济结构的转换，产业结构也进一步向高级化发展。以微电子技术为中心的信息产业迅速崛起，带动整个产业结构不断向高技术化、信息化和服务化方向发展，取代传统产业的地位，成为日本经济新的支柱产业。

1974—1985年，日本GDP年均增长率达到4.1%，GDP总量接近美国的60%，人均GDP超过3万美元，第三产业在产值结构和就业结构中的比重都超过了60%。日本经济无论从数量上还是质量上，都达到了鼎盛时期，“日本式经营”成为当时世界所推崇的模式。

④过于宽松的经济政策导致经济泡沫并最终破灭。

1986—1991年为泡沫经济的膨胀及破灭时期。廉价的资金成本、过度充裕的货币以及投资鼓励政策，推动日本经济迅速反弹，但不断升值的日元、大量涌入的热钱以及有利的杠杆投资机会，也带来了一场史无前例的资产泡沫。日经指数从1985年末的13083点上涨至1989年末的38915点，4年间上涨了近两倍，总市值由190万亿日元涨至611万亿日元，增长2.2倍，一跃成为全球市值最大的股票交易所。1986 至 1991 年，日本城市住宅土地价格上涨 148%，六大主要城市上涨 245%。泡沫鼎盛时期，日本土地面积仅为美国的四分之一，但土地资产总值却是美国的 4 倍。泡沫的扩大终于引起了日本政府的警惕。1989 年 5 月—1990 年 8 月，日本央行连续 5 次加息，将再贴现率由 2.5% 上调至 6%。大藏省要求所有金融机构控制不动产贷款规模。紧缩性政策收到了明显成效，日经指数自 1989 年 12 月的最高点下滑，1992 年中暴跌至 14300 点，跌幅超过 60%，地价也较最高点下降了一半多。与此同时，由于资本快速缩水，银行纷纷加快贷款回收，致使市场流动性骤然降低，企业资金状况急剧恶化，大量不良债权由此产生。据《大衰退》一书作者辜朝明估计，地产和股票价格的下跌给日本带来的财富损失约为 1500 万亿日元，相当于当时日本全国个人金融资产的总和。

⑤作为经济增长核心的技术进步变慢导致了日本经济的长期衰退。

进入 20 世纪 90 年代，随着泡沫经济的破灭，日本经济进入了漫长的调整时期。GDP 增长率在 2% 上下浮动，甚至多年出现负增长情况。有学者认为是货币政策的原因、房地产政策的原因、人口老龄化的原因等。但是深究发现，正是由于作为经济增长核心的技术进步变慢，因此导致了日本经济的长期衰退。至于通常所说的“广场协议”“房地产泡沫”“金融不良资产”等只不过加剧了经济的动荡，加速了日本经济衰退，但不能说是日本经济衰退的根本原因。

表 10-2　1970—2010 年日本经济增长要素分解

年份	1970—1975	1975—1980	1980—1985	1985—1990	1990—1995	1995—2000	2000—2005	2005—2010
GDP 增长率	3.83	5.28	4.39	5.49	0.78	0.66	1.44	−0.67
劳动投入的拉动	0.53	1.69	1.11	0.98	−0.05	−0.58	0.42	−0.39
资本投入的拉动	1.66	1.16	1.82	1.93	1.34	0.68	0.47	0.19
TFP 的拉动	1.64	2.43	1.45	2.58	−0.51	0.56	1.39	−0.47

资料来源：张季风.日本经济长期低迷原因新探.日本学刊，2015（4）

从表 10-2 可知，从 1970 年直至 1990 年，全要素生产率（TFP）一直对日本起着强有力的拉动作用。究其原因，在 1955 年后日本经济开始复苏并逐步进入了高速增长阶段，这一切都归功于日本政府当局意识到科技创新的重要性，出台了大量的方针政策来推进自身科技创新水平的提升。日本先后设立了科学技术厅、科学技术情报中心等科技机构，同时期颁布的“收入倍增计划”以及《经济社会发展规划》等一系列方针无一不将科技创新作为重中之重；与此同时，日本政府提供了大量资金购买引进欧美等发达国家的先进科技，鼓励企业进行应用及研究，私人企业也对自主创新表现出极高的重视，纷纷拿出资金进行科学技术的开发研究；另外，为了改变科技大量引进的现状，提高自身的自主创新能力，高水平、高素质科技人才的培养方案也提上了日本的改革历程，这种对教育的高度重视无疑为日本的科技创新带来了极大的助力。在十几年间，日本实现了科学技术由引进、消化吸收到模仿、再创新的转变，这必然促进了日本的经济高速发展。

但是90年代前半期，日本的全要素生产率反而是经济衰退的主要原因。在这一阶段，日本的经济处于低迷状态，在泡沫经济崩溃的冲击下，日本经济萧条、经济发展止步不前，和同时期的其他国家相比，经济发展一落千丈，经济发展平均增长率仅为1.26%，和20世纪六七十年代日本经济高速发展时期近乎10%的年均增长率简直不可同日而语。在这“失去的十年”间，日本经济发展一直不景气，各大企业也摒弃了耗资大、科研时间长的项目，将重点转移到已有技术的改良上，但终究低迷的经济无法再为技术创新提供坚实有力的经济基础，这也使得日本错失了信息科技发展的绝佳时机，在信息革命时代明显落伍，其科学技术发展始终无法超越欧美、站上技术创新的制高点。

进入21世纪，日本的经济开始复苏，与此同时日本的全要素生产率也开始缓慢回升。但是在信息革命中的滞后性，仍然为日本带来了不可忽视的影响，由于缺乏风险企业的发展，日本的技术创新无法转化为满足人们的需求的产品和服务，创新停留于技术领域，而并未为实用经济领域做出贡献。

长期以来，日本一直注重技术上的追赶与模仿，仅有的创新也更多地着眼于局部的改进。一般认为日本在应用研究方面强，而实际上日本在应用研究方面比美国强的只有生产、机械等领域，在原理发掘、技术重大突破方面弱，在改良、连续型方面较强，也就是说日本在创新方面，更多的是属于提高质量等级型内生技术增长，而缺乏罗默模型的扩大中间产品数的技术增长。自1985年以来日本的基础研究经费比例是日、美、法、德四国中最低的。2002年日本的研究与发展(R&D)支出中只有13.4%用于基础研究，低于美国的17.2%(2000年)、法国的23.6%(2000年)、德国的21.2%(1993)。日本通产省1998年的一份调查报告显示，在38项重大革新产品的“发明国”“商品化国”中，日本属于“发明国”的项目为零，而属于“商品化国”的项目则占了24项，而美国分别为29和6项，欧洲分别为11和2项。半导体产业很好地说明了日本科技的兴衰沉浮。1985年日本凭其在存储器领域的优势，在半导体市场占有率上超过美国，成为世界第一生产国，在1993年被美国重新夺魁。1993年韩国也超过日本成为世界最大动态存储器生产国。1986—1994年，日本在世界十大半导体企业中占据了六席，1995年减为五家，到了2000年只剩下三家，而且在1992年，美国英特尔公司一举超越了原居榜首的日本电气公司。日本在其增长过程中，一直以采用“模仿”战略为主，并在早期收到了巨大的“模仿收益”。但随着模仿难度的加大和模仿技术的减少，必然会出现“模仿陷阱”，正是由于作为经济增长核心的技术进步变慢，导致了日本经济的长期衰退。

（2）启　示

我国与日本同属儒家文化圈，都采取了政府主导和出口导向的经济发展模式，都曾经历了被称为“奇迹”的高速发展阶段，也面临着资产价格泡沫化、制度出现疲劳、人口老龄化等类似问题。因此，通过反思、借鉴日本的经验教训，对于我国避免重蹈覆辙有非常重要的现实意义。

启示一：要将科技创新上升至国家战略，并全面贯彻落实。早期日本的技术引进是与其“贸易立国”政策和引进外资结合在一起的。1949年日本通过《外贸及外汇管理法》，以及1950年制定《外资法》，迈出了战后技术引进的步伐。通过对外国专利技术和设备的引进、消化、改良与利用，日本经济迅速恢复，实现了产业的重化工化和经济的腾飞。20世纪70年代，日本提出“技术立国”战略，采取综合性措施，将重点从产业技术的引进模仿转变为强化自主基础性研究，并持续增大投入，使技术水平得以不断提高，并在半导体等领域走到了世界前列。20世纪90年代以来，随着“冷战”的结束，世界竞争格局发生了改变，欧美等国与日本的竞争和技术保护主义日益加剧，日本认识到基础研究才是形成长期技术与产业竞争力的源泉。1995 年是日本科学技术发展历史上的一个重要转折点。1995 年 11 月，日本国会通过了《科学技术基本法》，明确提出“科学技术创造立国”战略，从重技术转向了科学与技术并重，转向基础研究，各主要领域一起发力，齐头并进。我国已经制定了一系列鼓励和保护创新的法律和政策，如《专利法》《反不正当竞争法》《科学技术进步法》《促进科技成果转化法》和一些优惠政策规定。这些法律法规在保护知识产权和鼓励科技创新方面发挥了积极作用。但仍存在内容杂乱、缺乏体系化（尤其是基层）、缺乏对创新失败者的补偿制度、执行过程中出现扭曲等问题，这些问题不解决，鼓励创新的效果将大打折扣。

只依靠模仿创新会让本地始终处于产业链低端，依赖国外先进技术，被动地跟随国外技术的变化，无法把握科技发展趋势。真正的技术创新能力是内生的，只有通过自主研究与开发才能获得，真正的核心技术是引不进来的，不然即使引进技术，也会处处受制于人。因此，加大研发投入，提高自主创新能力才是实现技术赶超的关键。

启示二：制度上也应该创新以适应新形势新环境。泡沫经济的破灭引发了日本经济的长期萧条，但归根到底，它只是一种直接的、触发性或引致性因素，真正使日本经济陷于长期低迷而不能自拔的根源在于制度方面。“制度疲劳”和体制僵化是日本陷入“失落年代”的深层原因。首先，政府主导型的经济发展体制出现“制度疲劳”。战后以来，日本逐渐形成了政府主导型的经济发展体制，同欧美的自由市场经济体制以及西欧的社会经济体制相比，这种体制在模仿先进国家路径、促进后发国家发展方面甚至更具优势。但日本跻身先进国家行列而缺乏模仿对象之后，政府的作用面临巨大挑战。在“官产复合”的体制下，政府对经济的主导和干预，弱化了企业的竞争和应变能力。其次，传统的金融体制也出现“制度疲劳”。以银行为中心的体系还没有出现根本性的变化，直接金融的比例依然很小，缺乏风险投资机制；传统产业占用大量资金，而新兴产业、高科技企业和创业中的中小企业却得不到有效的资金支持，发展受到阻碍。资金、资源和风险不能得到更有效率的配置和转移，这是日本经济 20 世纪 90 年代以来全要素生产率增幅放缓、导致经济增长率下降的重要原因之一。再次，关系型的企业制度出现“制度疲劳”。日本在战后发展过程中逐渐形成了曾被誉为“日本式经营”的企业系统。这一企业系统的公司治理制度，建立在法人企业交叉持股及主银行制度基础之上，股东的话语权较为薄弱，经营者有较大的内控权。雇佣及人事制度实施的是长期雇佣、年功工资以及内部提拔。供销和交易制度往往以“系列”为基础，注重长期合作和交易。此外，企业内的工会制度也为员工与经营者提供了合作机制。这一整套制度充分体现了企业与企业间以及企业与员工间具有长期合作的特征。事实证明，这一整套在外需与内需都非常充足的大环境下能充分发挥各部门所长，缩短技术进步的进程。

但是自 20 世纪 90 年代以来，贸易保护主义重新抬头，而日本国内少子老龄化导致需求下滑。日本历届政府总试图通过实施需求侧的货币或财政政策刺激经济发展，而迟迟不对传统金融体系、官僚体系、企业制度作出变革，经济体制发展受官僚、银行、大企业“三角联盟”掣肘，变迁往往只能浮于表面，实施经济政策的工具和手段未发生变革，试图以政府主导的方式推动技术开发，并未发挥出市场机制对企业自主研发的基础性制度激励作用，带来的直接后果就是日本企业创新后继乏力。因此，我国的供给侧改革，必须由市场机制发挥主导作用，否则政策变迁可能只是“换汤不换药”。

启示三：要重视消费的驱动力。日本在战后重建经历了短暂的消费下滑，但自 1970 年后“国民收入倍增计划”使日本人民生活水平得以大大提升，一定程度上也推动了日本产业结构升级。在经济增长的三驾马车中，我国经济增长主要依靠投资，从“一大二公”的社会主义建立开始，工业的建设，五年计划的完成等都需要大规模的投资，政府主导的投资带动了产业的发展，促进了经济的增长。但在经济发展模式从粗放型向集约型转型的过程中，依靠高投资拉动经济快速增长的发展模型将难以持续，还导致了资源的严重浪费和产能过剩。就出口而言，目前全球经济发展存在着较大的不确定性，贸易保护主义有所抬头，导致外需有所萎缩，对经济增长的推动作用受到较大限制。在此背景下，消费将承载起推动经济增长的主要任务。要提高养老金、提高最低工资标准、减税降费等，切实提高居民的消费能力；要完善养老服务、降低医疗、教育、住房等生活成本、净化市场环境等消除居民消费的后顾之忧；

要进一步推进供给侧结构性改革，促使制造业增品种提品质，对接消费升级新需求。

2. 韩国：持续的技术创新带来长久的经济增长

韩国是从 20 世纪 50 年代的最贫穷国家发展成高收入国家的罕见案例。从相对收入水平衡量方法的角度，韩国在 1950 年时大约占美国人均收入水平的 10%，而经过 50 多年的持续高速增长，韩国的追赶指数已经超过了 60%，不断拉近与日本的距离（日本为 73%）。1987 年韩国人均 GDP 突破 3000 美元，1995 年达到了 11496 美元，仅用了 8 年时间。无论是从绝对收入标准，还是相对收入标准衡量，韩国已经成功地从低收入水平跨过“中等收入陷阱”，成功进入高收入国家行列，成了亚洲乃至全球的成功典范，被誉为“汉江奇迹”。

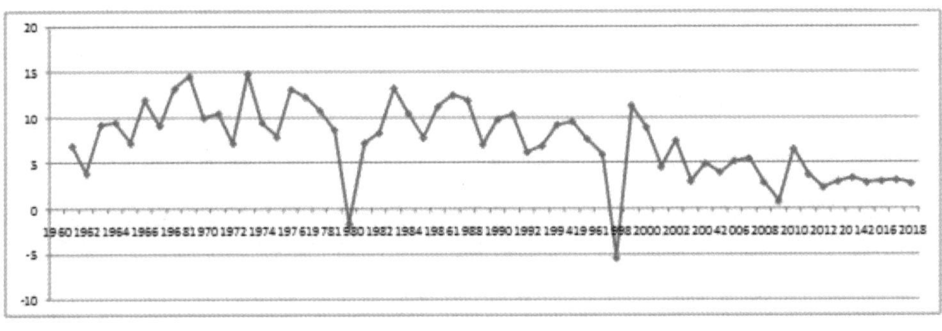

图10-6　1961—2018年韩国各年GDP增速（单位：%）

资料来源：世界银行

如图 10-6 所示，韩国遭受了 3 次较大的经济冲击：20 世纪 70 年代末的石油危机，1997 年的亚洲金融风暴和 2008 年美国次贷危机，期间经济下滑非常迅速，但是韩国总是能很快从危机中走出来。

（1）韩国经济增长动力转换的经验

①需求端的主要动力是较高的消费拉动和稳定的投资及出口需求。

首先，韩国居民的消费需求是生产的主要诱因，消费占 GDP 的比重一直保持较高水平。从 70 年代开始，消费需求占韩国 GDP 的比重一直保持在 50% ~ 60%的高水平上。尽管 90 年代由于外贸逆差转为顺差，韩国居民消费占 GDP 的比重有所下降，但消费需求总量并未减少，居民消费占 GDP 的比重仍稳定地保持在 50%以上的水平（如图 10–7）。

其次，韩国经济中投资占 GDP 的比例一直保持稳定。大规模的投资动员是政府主导型国家发展经济的一个重要手段，韩国也不例外。在有着政府主导型宏观调控模式的韩国，经济发展过程中投资占 GDP 的比重由 20 世纪 60 年代初以来的 12%增长至 20 世纪 80 年代的 35%左右，并一直保持在这一水平。

最后，韩国在出口比例保持稳定的前提下，一直不断优化出口结构。韩国是典型的外向型经济国家，其外向型经济经历了殖民地经济—外资依赖型经济—单向外向型经济—开放外向型经济的发展轨迹，呈现出以进口替代为辅、出口导向为主的特征。韩国出口占 GDP 的比重自工业化伊始便持续上升，20 世纪 90 年代中期时保持在 30%左右。从 1961 年的 82 美元迅速提高至 1980 年的 1592 美元，出口增长率创下年均 41% 的增速。

同时，韩国的进出口商品结构也有了很大的改善。韩国的进口商品主要集中在原材料、中间产品和资本物资方面，出口则随着产业结构的调整不断变化。机电产品、运输设备和贱金属及其制品是韩国主要出口商品，2015 年分别占韩国出口总额的 38.1%、20.9%和 8.4%。

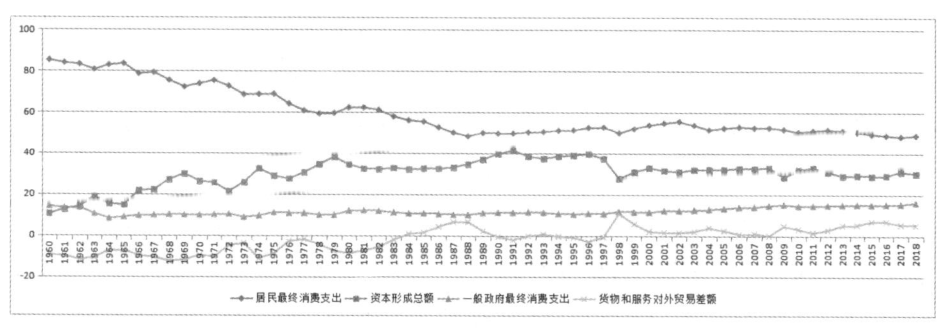

图10–7　韩国GDP各部分占比（单位：%）

资料来源：世界银行

②供给端的动力由资本和劳动转换为技术进步。

韩国在跨越“中等收入陷阱”的过程中，资本、劳动力和全要素生产率在不同发展阶段均发生了较大的变化。期间，资本和劳动力对经济增长的贡献率大幅下降，分别降低 14.8 和 19.2 个百分点（见表 10–3）；得益于技术进步和对教育的高投入，全要素生产率实现了大幅上升，对经济增长的贡献率提高了 34 个百分点。

首先，资本积累对经济增长的贡献率随人均 GDP 的提高由升转降。20 世纪 60 年代，韩国资本投入占 GDP 的比重大约为 12%。但在中等收入阶段(1972—1997 年)，资本积累成为韩国经济增长最重要的拉动因素，投资率连续上升，平均贡献率高达 61.2%。随着资本深化的不断推进，尤其是 20 世纪 90 年代末进入上中等收入国家之后，韩国资本回报率出现自然回落，投资增速显著放缓，对经济增长的拉动作用逐渐变小。其中，1998—2011 年间，资本积累的平均贡献率下降至 46.4%，降低了高达 14.8 个百分点，而全要素生产率逐步取代资本投入成为经济增长的第一驱动力。这也表明了韩国进入高收入阶段后，经济增长伴随劳动生产率的提升，而不是再靠大规模的资本投入。

其次，劳动年龄人口增速减缓成为抑制经济增长的主要原因。韩国人口抚养比从 20 世纪 70、80 年代的快速下降转变为 90 年代的缓慢下降。据相关数据显示，1972—1997 年，韩国人口抚养比年均增长 2.7 个百分点，而在 1998—2011 年，人口抚养比年均下降 0.2 个百分点。同时，人口抚养比由 1970 年代的 4.2% 快速下降到 1980 年代的 2.5%，1990 年代这一占比为 1.6%。人口抚养比下降速度的趋缓也表明了劳动年龄人口增加速度相对减慢，在很大程度上影响了劳动力供给。显然，劳动力数量增速随人口抚养比下降出现放缓，在高收入阶段成为抑制经济增长的主要因素之一。

再次，全要素生产率的快速提高成为跨越“中等收入陷阱”的主要助力因素。20 世纪 70 年代，韩国全要素生产率 (TFP) 对经济增长的贡献率较低，仅有 6.2%，明显低于资本和劳动力的 67.8% 和 26.0%；20 世纪 80 年代，全要素生产率对经济增长的贡献率上升至 26.7%，逐渐成为经济增长的推动力；1998—2011 年间，全要素生产率的贡献率上升至 53.9%，取代了资本和劳动力成了经济增长贡献度最大的要素，而资本和劳动力的贡献率分别为 46.4% 和 –0.3%。

表 10-3　1972—2011 年间韩国经济增长的要素分解

增长率及其要素贡献		1972—1997				1998—2011
			其中：1972—1978	1979—1989	1991—1997	
平均增长率（%）	GDP	8.2	9.5	8.1	7.2	4.1
	资本	12.8	14.4	12.5	12.0	5.7
	劳动	2.7	4.2	2.5	1.6	−0.2
	TPF	1.5	1.0	1.7	1.8	2.0
平均贡献率（%）	资本	61.2	67.8	54.6	63.7	46.4
	劳动	18.9	26.0	18.7	12.9	−0.3
	TFP	19.9	6.2	26.7	23.4	53.9

资料来源：亚洲生产力组织（APO）数据库

显然，全要素生产率的快速提高是韩国跨越“中等收入陷阱”的主要因素。其中，技术进步是全要素生产率增长的源泉。韩国的技术进步表现为不断升级的工业结构和出口增速及结构。1980 年代韩国经济结构进入重要调整期，低油价、低利率和美元的低汇率等三低因素为韩国产业结构调整提供有利环境。1980 年代后期，韩国推动尖端技术产业的发展，IT 产业成为新出现的产业部门。2000 年以来，韩国重点发展具有强大生命力的新兴产业，LCD、无线通信仪器、电子零部件等产业部门成了韩国经济新的经济增长领域。韩国出口占 GDP 的比重自工业化伊始便持续上升，20 世纪 90 年代中期时保持在 30%左右。2008 年后升至 50% 左右，出口增长率创下年均 41% 的增速。出口则随着产业结构的调整不断变化，机电产品、运输设备和贱金属及其制品是韩国主要出口商品，2015 年分别占韩国出口总额的 38.1%、20.9%和 8.4%。

③高素质的人力资源是技术进步强有力的支撑。

在人口供给不断下降的同时，高素质的人力资源支撑了韩国顺利跨越“中等收入陷阱”。韩国政府高度重视人力资源开发，因为人力资源开发为韩国经济提供了高素质的劳动力供给，保障经济持续稳定的高增长。其中，通过教育发展提升人力资本的素质是主要的渠道。具体做法是：

一是提高国民人均受教育年限。1970年韩国平均受教育年限仅为5.7年，1975年提高到6.6年，1980年为7.6年，1985年进一步提高至8.6年，1990年达到了9.5年[①]。进入90年代以后，韩国平均受教育年限跟随提高，到2000年韩国25 ~ 64岁人口人均受教育年限高达12.3年，接近1975年间的2倍；20岁以上人口达到10.6年，较1990年的全国平均受教育年限还要高；其中25岁以上人口中，受过高等教育的人口比例为24.4%，高于国际上大部分国家，处于领先地位。

二是普及义务教育和职业教育。1970年韩国高中教育的入学率为66.2%，1975年达到了77.2%，1980年骤升至95.8%，1990年基本实现全面普及，比例进一步升至99.8%，此后始终保持在99.8%以上。而且，职业高中教育的发展大大改善了韩国劳动力人口结构，20世纪七八十年代职业高中占高中入学总人口的比例较高。20世纪50年代，在总劳动力人口中，专业劳动人口和技术型劳动人口约各占20%，非技术型劳动人口占60%左右。20世纪90年代，技术型劳动人口从1950年代的20%大幅提高到60%，非技术型劳动力人口从60%下降到20%。

三是高度重视高技术人才培养和增加科技研发投入。一方面，韩国重视研究生等人才的培养，把硕士、博士等研究生教育视为“科技立国”的重要支柱，每千人注册研究生数量从1965年的0.15人增加到2005年的5.84人，注册人数年均增速为8.94%；另一方面，增加科技研发投入，1995年韩国人均R&D经费已高达80420美元，2000年为88678美元，2006年上升至120370美元。同时，韩国R&D投入GDP的比例较高，2007年这一占比达到了3.5%。

④自主研发和购买国外先进技术造就了韩国的技术进步。

韩国技术进步主要来源于自主研发(R&D)和购买国外先进技术等两个方面。首先，民营经济自主研发(R&D)投入带动了国家研发投入的快速增长。1980年以前，韩国民营企业的R&D支出占GDP的比重约为0.3%—0.5%之间。但到了1980年后，韩国民营企业的R&D支出快速增长，占GDP的比重迅速增长到2006年的2.5%，大约增长了6倍。70年代韩国的研发支出占销

① 金华林、张汉泽.韩国成功跨越“中等收入陷阱”的经验.发展研究[J],2017(9)

售额的比重普遍低于0.5%。到2000年以后，这一比重上升至2%以上。其次，从海外进口的资本品占韩国外贸进口额的比重从23.1%大幅增长至36.9%。尤其是从发达国家进口机械产品等高技术含量的资本品，为韩国技术创造提供了便利条件。同时，韩国企业不断购买国外先进技术支撑国内技术改造，1980年购买海外专利授权支出占GDP的比重仅为0.21%，1990年增加到0.52%。可以看出，韩国通过扩大企业R&D支出、购买国外资本品和技术等手段实现了技术进步，进而提升了全要素生产率。因此，即使在投资率停滞和人口供给下降的情况下，韩国仍凭借技术研发和创新推动了劳动生产率增长，为经济持续增长和跨越“中等收入陷阱”奠定了重要的基础。

⑤政策助力技术创新。

虽然韩国经济在20世纪七八十年代取得了较快的发展，但进入20世纪80年代后，以美国为首的发达国家开启了新一轮产业技术革命。韩国经济增长受到了外部的冲击，政府及时转变经济发展方式，从依靠出口的劳动密集型产业向依靠技术创新的技术密集型产业转变，提出以“科技立国”取代“贸易立国”战略，大力发展知识和技术密集型产业，试图通过先进技术改造传统产业。1985年，韩国政府出台了《产业发展法》，着重强调了市场在经济运行和产业发展中的重要作用，为产业转型升级奠定基础。80年代后期，还制定了《面向21世纪科学技术发展长期计划》和《提高产业技术5年计划(1989—1993年)》，提出企业将取代政府成为技术开发的主体，并推出为期十年的“G7工程”，目标是在21世纪初赶上西方七国的科学技术水平。进入90年代后，韩国政府摆脱此前的模仿创新，逐步向自主创新转变，并加大对国内高新技术产业的支持力度。1997年，韩国政府提出发展文化创意产业的战略，立足实现从制造型国家转向设计创新型国家的目标。韩国自80年代以来逐年加大研发(R & D)投入，2008年韩国研发支出占GDP比重超过美日德等发达国家，达到了3.3%。韩国研发人员数量也明显多于其他中等收入国家。1996年韩国每百万人之中研发人员数量达到2211名，远远高于中国的443名、马来西亚的89名以及墨西哥的207名。而且，韩国的研发人员数量也保持非常高的增长速度，2000年时人数达到每百万名2345名，2002年突破3000名，2013年已经达到6457名。相比之下，中国研发人员数量远远低于韩国。2007年中国的研发人数才突破 1000 名，而之后又出现下降趋势，2013 年也只有 1089 名。

⑥ 牢牢把握住了国际产业转移的契机，使产业梯度不断提升。

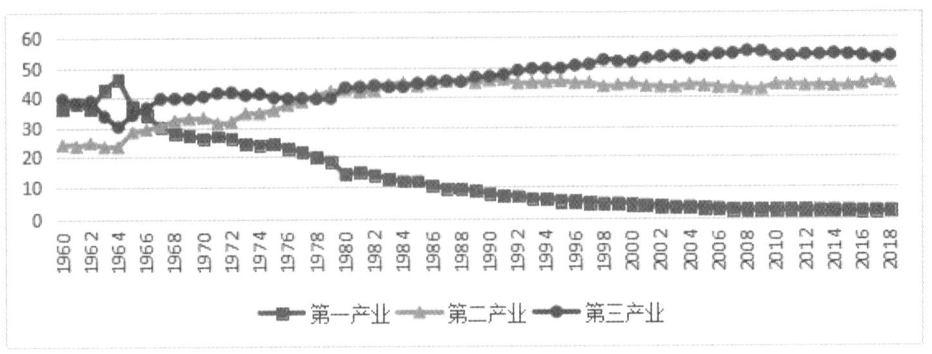

图10-8　韩国各年三次产业占GDP的份额（单位：%）

资料来源：世界银行

从韩国三次产业占 GDP 比重的变动情况，我们可以总结出韩国产业结构调整具有如下特点：

首先，第一产业在 GDP 中的比重持续下降，但减速趋缓。随着韩国经济的飞速发展，第一产业比重持续下降，韩国人口逐渐从农村转移到城市，农业人口数量不断下降，1980 年，农业的比重已经降到 15.9%，工业和服务业升至 35.4% 和 48.7%（如图 10–8）。在韩国政府的产业结构调整战略下，农业的产值比重逐年下降，工业和服务业比重也持续上升。2014 年韩国城镇人口比重达到 82.36%，农村的剩余劳动力基本上被转移。

其次，第二产业占 GDP 比重稳步上升并在 90 年代中期达到峰值后趋于稳定。随着 60 年代韩国经济开始起飞，工业化进程迅速加快，第二产业比重也在加速上升，成为韩国经济奇迹的重要推动力。同时，韩国第二产业内部结构也在不断调整，尤其是电气机械化及电子设备制造业迅速发展。

韩国的工业结构调整大致经历了四个阶段：50 年代中后期以内向型经济发展为主，重点扶持进口替代产业时，韩国发展较快的产业为制粉、制糖以及棉纺织等轻工业部门。60 年代初期开始以进口替代转为出口导向，主要发展劳动密集型产业。70 年代开始大力发展资本密集型产业，重点扶持重化工业，钢铁、造船、汽车、电子和石油化学等产业部门成了主导韩国经济的领域。

80年代韩国经济结构进入重要调整期，低油价、低利率和美元的低汇率等三低因素为韩国产业结构调整提供有利环境。重点发展技术密集型产业，推动尖端技术产业的发展，IT产业成为新出现的产业部门，引领韩国对外进出口贸易。2000年以来，韩国重点发展具有强大生命力的新兴产业，LCD、无线通信仪器、电子零部件等产业部门成了韩国经济新的经济增长领域。2015年，农业部门的产值已经下降到2.3%，工业和服务业上升至38.0%和59.7%。

最后，第三产业占GDP的比重有所增长，但保持基本稳定。韩国政府对第三产业比较重视，将社会投资额的60%用于发展第三产业。1985年、1990年和1995年，韩国第三产业的比例分别为28.7%、31.5%和32.9%，保持基本稳定，但到2000年这一比例迅速飙升至39%。

韩国能顺利实现产业梯度的提升，其经验就是牢牢把握住了几次国际产业转移，大力引进发达国家转移的主要产业，在此基础上进行吸收，并转化成出口，成功地为韩国经济发展开拓了多条道路。

第二次世界大战以来，全球共发生了四次大规模的产业结构调整与转移，每一次产业转移都极大地影响了世界经济的发展。第一次国际产业转移发生在20世纪50年代，美国凭借其科技和经济发展水平的全球领先地位，成为第一次国际性产业调整和转移浪潮中的推动者。战后，美国积极发展资本密集型重化工性，同时对日本、西德、加拿大等国进行海外投资和资本、技术输出。通过承接转移产业，日本和西欧国家大大加快了工业化进程，工业产业的竞争力迅速提高。第二次国际产业转移是在20世纪60年代，转移方向主要为美、日向亚洲“四小龙”、部分拉美国家转移。第三次则是在20世纪70年代，西方发达国家向亚洲新兴国家转移。而第四次就发生在20世纪80年代中期以后。

韩国对于国际产业的转移最早发生在20世纪60年代的第二次国际产业转移中，主要来源是美国以及产业快速升级完毕的日本。20世纪60年代以来，第三次科技革命在美国达到高潮，生产力的飞速提升为国家积蓄了大量资本，发展资本密集型产业如钢铁、化工，同时注重发展电子、航天等部分高附加值技术，资本密集型进口替代工业，将劳动密集型产业往发展中国家淘汰成为不可避免的趋势。处于抵抗社会主义苏联经济模式前沿的韩国则成为美国的首选，因此美国千方百计向韩国转移劳动密集型产业。而经济快速发展、产业升级不断提速的日本，由于积累了大量的资本，集中力量发展钢铁、化工、汽车和机械等出口导向型资本密集工业，向外转移劳动密集型产业同样成为趋势，而1965年韩日邦交正常化则为双方进行产业转移提供了契机。因此，韩国凭借其丰富且廉价的劳动力，抓住以美日为首的发达国家这一时期发展资本密集型产业、将劳动密集型产业向发展中国家转移的国际机遇，成为劳动密集型产业的重要承接地。韩国大量发展以纺织、服装等轻纺类为主的劳动密集型产业，将产成品向美日等国出口，使韩国的经济在短时期内快速成长。特别是轻工业产品的出口额大幅度增加，据统计，1970年，韩国轻工业产品出口额占到出口总额的69.6%，其中，纤维制品、胶合板、假发、矿产品、电子产品等十类出口商品出口额占总出口额的77.1%。[①]

同样，韩国牢牢把握住了第三次国际产业转移的契机。20世纪70年代，中东战争引起了石油危机，由此引起资本主义国家严重的经济危机，对于西方工业化国家高能耗的重化工业是一个沉重打击，迫使其加快产业结构调整的步伐，开始发展以微电子技术为主的消耗能源少的知识技术密集型产业。将钢铁、化工、造船等粗放型重化工业转移到亚洲“四小龙”为首的新兴工业化国家。从韩国的角度来说，经过20世纪60年代经济的腾飞，国民生活水平大幅度提升，加上泰国、马来西亚等一系列新兴国家的崛起，韩国在以出口为主的轻工业方面廉价的劳动力已不再占有优势。同时，伴随着经济危机而来的主要是资本主义国家贸易保护主义的盛行，韩国在轻工业出口方面面临着严重的关税堡垒，并且在20世纪70年代美国实施太平洋收缩战略的背景下，韩国自身的国防安全被提上日程，这时候承接发达国家的产业转移、大力发展重化工业势在必行。从“三五计划”起，重化工业成为韩国经济发展的中心，到1974年韩国的第二产业的比重已经开始超过了第一产业，其中重化工业在工业制造业中的比重在1981年达到49.5%。[②]韩国自“三五计划”起从轻工业向重化工业转移的过程中，日美两国的资金、技术及设备支持显

① 张仁宝等. 现代韩国经济[M]. 长春：吉林大学出版社，2000.

② 谢桂花，朱华进，二战后韩国经济起飞与国际机遇的利用[J]，哈尔滨学院学报，2016（2）:35-39

然起到了重要作用。据统计，1962—1979 年期间韩国对于外国技术引进方面，日本共有 781 项，占总数的 59.3%，美国为 302 项，占总数的 22.9%。[①] 韩国快速将引进的技术消化，转化为重化工业发展的支撑，为重化工业的发展做出了重要贡献，韩国的贸易规模由 1971 年的世界第 38 名上升到 1980 年的第 28 名，逐步成为一个世界贸易大国。

总之，韩国在主要资本主义国家的庇护下，充分利用了资本主义国家进行产业转移的契机，将发达国家淘汰的产业引进，第一次以轻工业为主，第二次则偏重为重化工业，并且特别注重先进技术的引进吸收，成功地促进了经济发展。

（2）启　示

启示一：要进一步提高全要素生产率贡献度。全要素生产率将成为发达国家以及崛起国之间的主要竞争领域，韩国跨越“中等收入陷阱”也主要来自全要素生产率的贡献，我国经济增长动力也应该转向依靠全要素生产率的提高。就劳动要素而言，我国已呈现人口出生率下降，劳动力供给总量趋于减少的现象。就资本要素而言，随着经济发展，生活成本上升，居民的消费习惯也在日益变化，储蓄率趋于下降，难以支撑较高的投资率。而劳动成本优势的丧失也会减少对外资的吸引力，导致资本流入减少，高投资的发展模式难以继续维持。这就要求进一步提高全要素生产率对经济增长的贡献，为经济增长提供持续的动力。

启示二：供给侧角度应注重人力资本积累。韩国全要素生产率的提升与其丰厚的人力资本积累分不开。从供给侧来看，在经济发展的高级阶段，全要素生产率是经济增长的关键动力。一般而言，全要素生产率来源于技术进步、组织创新、专业化和生产创新等。而这一切都建立在人力资本积累的基础上。随着刘易斯拐点的到来，劳动力供给将日益受到约束，提高劳动者素质将成为解决劳动力供给约束的有效途径。一方面，政府要加大教育投入，提高高等教育人才培养质量，另一方面，需要深化职业教育改革，优化人力资本结构，全面提高劳动者素质。人力资本的积累，有效提高了创新水平，促进技术进步。而技术进步又有效提高了人力资本投资的预期回报，从而形

① 韩忠富. 韩国出兵越南的前前后后 [J]. 世界史研究动态，1993，(12).

成人力资本积累和技术进步的良性互动，为经济增长提供持续动力。

启示三：需求侧方面应注重促进收入分配公平。韩国消费一直在GDP构成中占有较大比重。从需求侧来看，在经济发展的高级阶段，消费将是拉动经济增长的主要动力。而消费规模主要取决于收入水平。一般而言，低收入群体具有较高的边际消费倾向，而高收入群体具有较低的边际消费倾向。低收入群体受收入水平的限制，虽然有较高的消费需求，但消费潜力难以释放。而高收入群体由于消费需求比较容易获得满足，所以消费潜力有限。因此过大的贫富差距不利于社会平均消费水平的提高，极大地制约了经济发展。目前，中国已经成为全球贫富分化最严重的国家之一，需要促进收入分配改革，激发消费潜力。因此，首先，要完善职工工资增长机制，工资收入政策向劳动者倾斜，促进中低收入职工工资合理增长。其次，要缩小行业之间、城乡之间的收入差距，促进就业机会公平，提高农民家庭收入水平。最后，应加强税收的调节作用，个人所得税税率设计应尽量保护中低收入者、重点调节高收入者，努力缩小贫富差距，促进社会公平。

启示四：有序地进行产业转移。韩国紧紧抓住国际间产业转移的机遇实现了自身产业结构升级。根据梯度转移理论，发达地区应首先加快发展，然后通过产业和要素向较发达地区和欠发达地区转移，以带动整个经济的发展。在该理论的指导下，我国制定了“七五”“八五”计划，实行沿海地区率先开放战略，鼓励部分地区率先富起来，并通过先富带后富，最后达到共同富裕。由于该战略的成功实施，我国经济保持了20多年连续高速增长，被认为是世界经济发展史上的奇迹。“九五”后期，特别是“十五”期间，国家重视中西部地区发展，实施西部大开发战略。这实际上也是梯度推进理论的延伸应用。因此各地应根据自身的优势和特点，选准自己的主导产业，有序地转移或承接，逐步达到缩小地区差距、实现经济布局和发展相对均衡之目的。

3. 巴西：错误的发展模式使其落入“中等收入陷阱”

巴西在20世纪中期曾经出现国内生产总值年均增长超10%的“巴西奇迹”。世行数据显示，早在1975年巴西人均国民收入就达到1170美元，属于中等收入国家，但是直到2018年巴西仍没有成为高收入国家。2008年金融危机后，巴西经济陷入持续衰退，人均国民收入停滞不前，是拉美地区落入“中等收入陷阱”的典型代表。

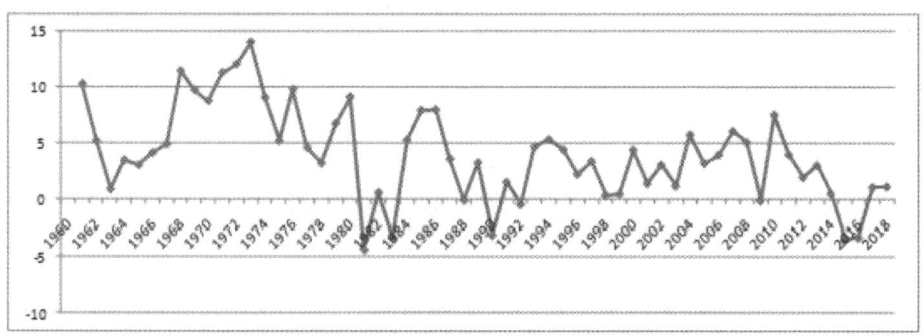

图10-9　巴西各年GDP增长率（单位：%）

资料来源：世界银行

巴西的经济增长可以分为 3 个阶段（如图 10–9）：

20 世纪 80 年代之前 (确切说是 1961 年到 1980 年间)，巴西经济保持高速增长，年均增长速度为 7.7%，其中 50、60、70 年代的平均增速分别为 7.5%、6.1% 和 8.7%。

然而，经济在经历高速增长之后，突然在 1981 年出现衰退，经济出现负增长，增速快速降至 –4.4%，而在 1986 年又迅速升至 8.0%，之后再次下降，1990 年又达到 –4.3%。虽然巴西在 80 年代里进入中等收入阶段，但这一时期的经济增长呈现不规律地大幅升降，既给经济带来严重破坏，也抑制经济持续稳定发展。

此后，巴西经济进入转型调整期，虽在 20 世纪 90 年代和 21 世纪前 10 年经济年均增速小幅回升至 2.6% 和 3.4%，但仍远低于之前的年均 7.7% 的高速增长水平，经济增速仍处于小幅波动中，这也表明了巴西经济发展存在的问题尚未解决，经济在进入中等收入阶段后表现出的下滑趋势并非单纯的周期性减速，与结构性因素导致长期增长潜力下降有很大关系。这在一定程度上也反映了巴西经济转型的失败。

（1）巴西经济增长动力转换失败的教训

①人口优势错配及人力资本投入不足降低了整体劳动生产率。

表 10-4　巴西经济增长分解

时间	资本积累	劳动力	全要素生产率	GDP
1931—1950	1.59	1.29	2.26	5.14
1951—1963	2.6	1.97	2.31	6.89
1964—1980	2.69	2.28	2.83	7.79
1981—1993	0.78	1.52	−0.66	1.64
1994—2000	0.69	−0.25	2.61	3.05

资料来源：Armando Castelar Pinheiro et al. Brazilian Economic Growth, 1900—2000: Lessons And Policy Implications.

第一，过多地依赖资本积累对经济增长的拉动作用。20 世纪六七十年代是巴西经济高速增长时期，GDP 年均增速高达 8% 以上。在这期间，资本积累和全要素生产率 (TFP) 是推动经济增长的主要推动力。其中，1951—1963 年，资本积累超过劳动力和全要素生产率的贡献度，对 GDP 的贡献达到了 37.8% 的较高水平（见表 10–4）；而劳动力的贡献率最低也达到了 28.6%。1964—1980 年，资本积累对经济增长的贡献度继续上升，由此前的 28.6% 提高至 34.5%。1981—1993 年，资本积累、劳动力以及全要素生产率年均增速均出现大幅下降，但资本积累对 GDP 的贡献率进一步上升至 47.6%。1994—2000 年，这一阶段也是巴西进入中上等收入的时期，资本积累对 GDP 的贡献虽有所下降但仍维持在较高水平，年均贡献度达到了 22.6%。

第二，未能在劳动力增长迅速时期发展劳动密集型产业。在巴西经济高速增长时期，劳动力年均增速出现小幅提高，但较资本积累和全要素生产率增速相比，仍处于最低水平。1951—1980 年，劳动力对经济增长的年均贡献度仅为 29.0%，低于资本积累和全要素生产率的贡献度，这也说明了劳动力在经济高速增长过程中的作用较弱。

20 世纪六七十年代是巴西劳动力增长最快的阶段，其中 15 ~ 64 岁劳动人口增速持续上升并在 1977 年左右达到 3.18% 的高峰水平。一般而言，劳动力从劳动生产率最低的第一产业转移到劳动生产率最高的第二产业，对经济增长的拉动作用最强。但可惜的是，巴西未能充分利用劳动力优势发展出口导向型产业，而是继续延续此前的进口替代战略，政策重点在于扶持资本和技术密集型产业。但由于这些行业主要集中在重化工业，吸收就业能力不如劳动密集型产业强，导致了城镇化过程中大量农村劳动力闲置或者涌入服务业等第三产业，产生了大量的社会矛盾和服务业过度发展的现象。这期间也是巴西劳动力对经济增长贡献度最低的阶段，不仅贡献度低于资本积累和全要素生产率，而且也成了 90 年代巴西经济发展的制约因素之一。显然，人口优势错配及人力资本投入不足降低了整体劳动生产率。

在 1981—1993 年，巴西 GDP 增速出现大幅急剧下降，此时劳动力增速远高于资本积累和全要素生产率，对 GDP 的贡献高达 92.7%，这说明了劳动力的提高难以提高经济增长。1994—2000 年，劳动力增速出现负增长，在很大程度上体现了劳动力随着人均收入水平的提高而出现下降，劳动力成本在此阶段已丧失优势。

第三，创新投入下降加速经济增速“断崖式”下降。除 1981—1993 年间外，巴西全要素生产率始终保持较为稳定的增长速度，这也反映了生产技术对经济增长的贡献较为平稳。1951—1963 年，全要素生产率增速出现小幅上升，达到了 2.31% 的平均水平，对经济增长的贡献为 33.6%，超过了劳动力的贡献。1964—1980 年，资本积累、劳动力和全要素生产率对经济的贡献较为平均，但全要素生产率的增速与贡献度均超过了其他两个因素，达到了 36.3%。显然，在巴西经济快速增长期间，全要素生产率的大幅提升成为经济增长的首要推动力，贡献率超过了 50%。1981—1993 年，巴西经济受第二次石油危机的重挫陷入低迷状态。这一时期，全要素生产率出现负增长，既表明了其仍是造成经济衰退的主要因素，也说明了巴西经济既受外部环境冲击，又因国内技术创新落后导致了产业结构调整缓慢，致使经济错失转型。

全要素生产率下滑的主要原因在于：

首先，对教育投入的不足难以提高人力资本质量，阻碍经济增长和技术创新速度。20 世纪 50 年代，巴西公共教育支出占 GDP 比重仅为 1.4%，这一比例在 70 年代经济快速增长阶段出现下降，从此前的 2.9% 降至 2.4%。世行数据显示，2013 年巴西劳动力中接受过高等教育的人口占比仅为 13.4%，2010 年每百万人中研发人员仅为 698 人。1996—2014 年间，巴西的研发支出占 GDP 的比重仅为 1.05%，不仅低于日本等创新性国家，也低于同为金砖国家的中国。科技发展缓慢成为巴西经济错失转型机遇、过度依赖资源出口的重要原因。

其次，以国家垄断经营为主导的工业化发展模式，在很大程度上阻碍了技术创新。1980 年，巴西国有企业垄断了交通运输、邮电、采矿等主要经济部门，国有资产总额约占国内全部企业(7500 多家企业)资产总额的 48%。但政府受困于经济危机的影响以及财政压力难以从海外引进先进的设备和技术，甚至国内主要的技术研究中心也处于停滞不前状态，致使巴西经济增长陷入十年的低迷。进入 90 年代，巴西推行新自由主义思潮，大幅削减公共支出，减少研发经费占比，国内大量科研机构闲置，部分技术强的企业被跨国公司兼并。在此背景下，政府无力培育和构建以新技术为核心的产业集群，企业技术创新意愿也进一步疲弱。官民创新意识下降在很大程度上阻碍了巴西科技进步与技术创新，且研究与发展投入始终维持在 1% 以下水平。而且，巴西法律在 2004 年前禁止政府直接资助企业创新行为，不仅抑制了企业创新水平的提高，还阻碍了创新成果应用于生产的过程。

②过早的“去工业化”导致服务业只能被困在较低水平。

一是农业基础薄弱。在现代化过程中，工业的发展没有农业的支持是不能持久的。巴西的重工轻农政策，到 60 年代日益显露出了弊端。由于对农业的投资少，农业资金短缺，造成了农业发展缓慢，农业生产起伏较大。1965—1970 年间，巴西工业的年平均增长率为 9.7%，而农业年增长率仅为 0.4%。再加上自然灾害的发生，农业在巴西国民经济中的地位下降，农业产量也出现了下滑的趋势。

二是工业增加值占 GDP 的比重下滑明显。根据世界银行的数据，工业增加值在巴西 GDP 中的比重在 1989—1990 年和 1994—1995 年分别出现一次超过 10% 的下降（如图 10-10），工业增加值占比从 1989 年的历史最高值（42.3%）降至 1995 年的 22.4%。此后，这一比重保持在 20% ~ 25% 之间。但是，2015 年，巴西工业增加值占 GDP 的比重首次降至 20% 以下，2017 年更是只有 18.5%，比历史最高值下降了 23.8 个百分点。

三是制造业萎缩更为严重。根据世界银行的数据，制造业增加值在巴西 GDP 中的比重变化趋势大致与工业相一致，但不同于工业占比在个别年份恢复增长，制造业占比自 2004 年以来一直在下降。2017 年，巴西制造业增加值占比（10.2%）比 1984 年的历史最高值（30.9%）下降了 20.7 个百分点。考虑到 21 世纪以来全球大宗商品的“超级周期”，巴西工业在个别年份能够恢复增长实际上得益于采矿业的扩张，而真正能够对其国内经济产生更为显著影响的制造业下滑则产生了更为严重的负向冲击。

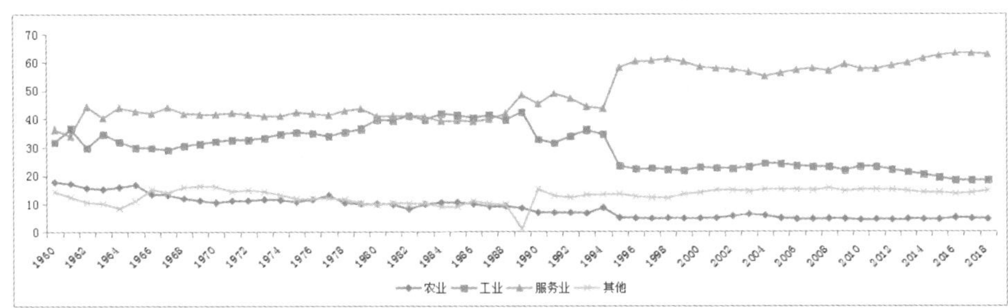

图10-10　巴西各年各产业占GDP的份额（单位：%）

资料来源：世界银行

四是服务业占比大幅上升，2017 年已经高达 72.8%，比日本（68.78%）、德国（68%）、韩国（52.84%）等一批公认的发达国家还要高。

看似高级的产业结构外表却隐藏着华而不实的内涵：尚未完全实现现代化，就开始“去工业化”，过早地去工业化导致服务业只能被困在较低水平。如前所述，巴西工业增加值占比从 1989 年的历史最高值（42.3%）降至 1995 年的 22.4%，到 2017 年更是只有 18.5%。考虑到 21 世纪以来全球大宗商品的“超级周期”，巴西工业在个别年份能够恢复增长实际上得益于采矿业的扩张，而真正能够提升国际竞争力的制造业下滑更为严重。与此同时，巴西“去工业化”导致工业衰落，带来的直接后果是把就业人口“赶到”了服务业，但没有高端制造业支撑下，巴西的服务业也只能被困在较低水平。也因为“去工业化”，导致巴西工业仍然集中在资源密集型领域，出口初级产品和中低端制成品，大量进口高技术制成品。

③宏观经济政策上的偏差埋下了增长停滞的隐患。

20 世纪初，由于农业资源的比较优势，巴西选择出口导向型发展模式，依靠单一的农产品出口发展经济。

1929 年，巴西因为全球经济危机被迫放弃这一模式，并在拉美发展主义思潮的影响下，开始了漫长的进口替代战略。进口替代战略是巴西在艰难的经济生存环境下做出的选择，希望通过强有力的国家干预实现对本国工业的保护。20 世纪 60—70 年代，巴西进一步实施“进口替代工业化”经济战略，经济发展主要面向国内市场。依靠进口替代战略，大举借债获得经济腾飞，巴西在 20 世纪 70 年代建立了较完整的工业体系，进入中等收入国家行列。1973 年石油危机爆发后，巴西政府通过外部融资的负债式发展扩大资本投入，对企业实行以“吸收贷款为主、引进外商直接投资为辅”的外资政策，以防止国内产业被跨国企业控制。显然，依靠外债发展和外资政策不仅增加了投资成本，还为 80 年代债务危机的爆发埋下隐患，外债存量占国民总收入 (GNI) 的比重从 70 年代初的 20.4% 猛增至 80 年代中期的 53%。此后劳动力等低成本优势随着经济不断发展逐步丧失，政府受困于经济危机的影响以及长期进口替代形成的债务负担，难以从海外引进先进的设备和技术，甚至国内主要的技术研究中心也处于停滞不前状态。巴西工业在国际上竞争力弱，农业发展滞后，国内消费水平低下，良性循环的规模经济不能达成，经济无法实现向更高水平的升级，更难以实现其国家经济向高收入行业的跨越，巴西经济增长陷入十年的低迷。

进入 90 年代，巴西工业模式由进口替代向出口导向转变，在以追求经济高速增长和对外开放的发展模式下，巴西经济再度获得高速增长。但是这种出口导向型发展模式带有浓厚的新自由主义色彩，因此埋下了很多隐患。首先，巴西政府的作用被极度削弱，大幅削减公共支出，减少研发经费占比，政府无力培育和构建以新技术为核心的产业集群，国内大量科研机构闲置，部分技术强的企业被跨国公司兼并。企业技术创新意愿也进一步疲弱。官民创新意识下降在很大程度上阻碍了巴西科技进步与技术创新，且研发投入始终维持在 1% 左右。而且，巴西法律在 2004 年前禁止政府直接资助企业创新行为，不仅抑制了企业创新水平的提高，还阻碍了创新成果应用于生产的过程。由于高技术领域的国际竞争力不强，巴西无法在复杂的国际市场中与发达国家竞争。其次，不符合国情的自由化，使巴西工业转向了依靠资源、单一产品生产为基础的低附加值领域；私有化造成社会财富分配严重不公平，贫富差距拉大，社会矛盾激化。从 20 世纪 90 年代开始，巴西出现通货膨胀、国际收支不平衡、人力资本不足、投资消费结构失衡、收入分配差距拉大、社会保障制度不健全、资源环境状况恶化等多种问题，经济长期停滞，有增长无发展，成为陷入“中等收入陷阱”的全球反面样板，使巴西很快就由举世瞩目的“经济奇迹”成为供人吸取教训的失败典型。

（2）启　示

中国是世界上最大的发展中国家，但也面临农业欠发达、工业亟待升级转型等问题。虽然根据世界银行的标准，2011 年中国已成为中上等收入国家，但“中等收入陷阱”的风险仍然存在，对未来我国经济的增长提出了挑战。

跨越“中等收入陷阱”，吸取巴西的教训，必须重视以下方面：第一，要重视农业的基础地位。现代化能否健康发展，农村的发展至关重要。全面深化农村改革，推进现代农业发展，增加农民收入，协调城乡经济社会发展，这是解决“三农”问题的战略方向。第二，要及时转变经济发展模式，提高资源配置效率。在中国当前发展阶段，一定要尽快完成产业结构升级调整，变以资源输出、低端产品为驱动的增长方式为创新驱动方式，培养具有国际竞争力、高附加值的支柱产业。第三，经济、社会要和谐发展，处理好增长和分配的关系，缩小贫富差距，实现社会公正。社会不平等，国家就可能面临社会矛盾激化、冲突增加的风险，从而阻碍经济正常发展。

“中等收入陷阱”问题是现代化的“发展病”，发展中国家在现代化进程中，缺乏科学的发展理论作指导，不可避免地会遇到各种问题和困难。可见，建立科学的发展理论和先进的发展模式，寻找适应我国未来发展的路径和方向是十分重要的。

（二）国内经验

1. 深圳：发挥体制优势与抢占高新技术产业先机持续保持优势地位

改革开放以来，深圳充分发挥了特区先行先试作用，展现敢为人先的特区精神，创造了在全国领先的一千多项改革创新举措，从一个渔村发展成为经济总量突破 2 万亿元的全球创新城市。深圳经济增长不仅保持着较快增长速度，而且还呈现明显阶段性特征。根据经济规模和增长速度的轨迹，深圳经济增长大致可划分为以下三个阶段（如图 10-11）：

第一个阶段（1980—1992 年）："总量基数小，增速波动巨大"。该阶段，深圳经济呈现高速增长，平均增长速度 48.8%[①]。但是，经济增长波动大是该阶段最突出的特点，最高增长速度 62.7%，最低增长速度仅为 2.7%。这种波动性既有由促进经济增长的各种活力得以释放带来的结果，也有因市场的盲目性、投机性等造成的结果。

第二个阶段（1992—2003 年）："规模逐步增大，增速高位下行"。从"南方讲话"后深圳初步确立社会主义市场经济体制，到提出科学发展观，深圳经济保持较高增长速度，平均增长速度达到 24.7%。虽然该阶段的经济增长仍然存在较大的波动，但波动幅度已经较前一个经济周期有所下降。

第三个阶段（2003 年至今）："规模显著攀升，增速平稳运行"。该阶段，深圳经济保持了快速增长，平均增长速度 12.3%，比同期广东省年均增速高 1.1 个百分点，比同期全国年均增速高 3.9 个百分点，但较前两个周期而言，深圳逐步进入经济平稳增长阶段。

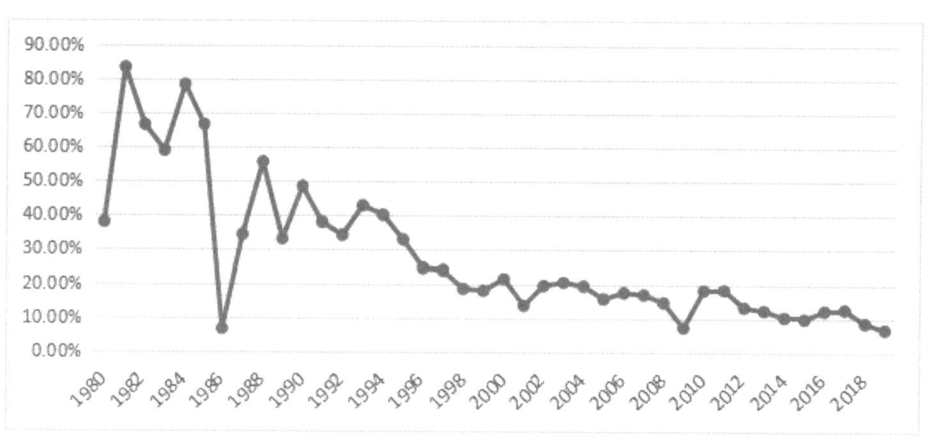

图10-11　深圳历年地区生产总值增速（1980—2019）

在 40 年间发展成为在亚洲乃至全球具有竞争力的城市，深圳的发展活力对我国现代化具有重要价值。

① 根据统计年鉴数据计算。其他国内数据除特别注明之外，均来自各地统计年鉴或根据统计年鉴数据计算。

（1）深圳经济增长动力转换的经验

①持续创新体制，释放经济活力。

毋庸讳言，深圳早期发展是建立在政策优势和区位优势之上的。但政策优势消失之后，深圳充分发挥了特区先行先试作用，展现敢为人先的特区精神，创造了在全国领先的一千多项改革创新举措。新鲜的市场经济制度对生产要素所有者产生足够激励，这种较短时间内产生的“突发”激励与计划体制下的激励严重不足形成强烈对比，表现为市场制度巨大的边际增长贡献。可以说高度市场化的体制优势是推动深圳经济发展的持续动力。

具体表现在：

第一是行政体制改革改变了政府与企业、与社会之间的关系，既激发了企业自主经营的积极性，又强化了政府在社会管理方面的责任。

40 年来，深圳经济特区根据国内外环境的不断变化和经济社会发展需要的持续更新，先后开展了十次大规模的行政管理体制改革。这些改革都在不同层次上提高了经济特区政府管理的科学化和法治化水平。具体而言：

首先，建立一个高效的行政管理体制。一方面是机构的精简，大大减少了原先各个部门职能交叉、政出多门的现象，降低了行政成本、提高了公共服务效率。例如深圳企业多为高新技术企业，之前在很多项目审批上，既牵扯到贸易工业局，又与科技和信息局有关，部门间容易扯皮推诿，整合后变成一个部门，大大简化了审批程序，提高了政府效率。另一方面是把政府行政的决策、执行职能分散到不同部门去，通过行政权力的再分工实现权力的科学配置，打破许多政府部门集决策、执行、监督三权于一身的局面，以实现行政权力的相互制约、相互协调，以解决某些方面权力过于集中且缺乏有效监督，防止公共权力异化，为实现社会公平正义提供制度保障。

其次，科学定位政府职能，正确处理政府与企业、政府与市场、政府与社会的相互关系。一是切断政府与企业的行政纽带，彻底实行政企分开。深圳市按照“小政府、大社会”的原则，结合机构改革和转变政府职能，较早地实现了政企分开。早在 80 年代中期，深圳市就将大部分行政主管局改为经济实体，与政府彻底脱钩。90 年代初，深圳市进一步取消国有企业的行政级别，对企业按资产规模、经济效益进行分类定级。1994 年深圳市实行企业无行政主管部门改革，取消了国有企业的行政隶属关系，党政机关与所办企业及挂靠企业一律脱钩，将企业划转到资产管理部门进行管理。二是切实减少政府的微观事务管理职能。凡是公民、法人和其他组织能自主解决，市场机制能够自行调节、行业组织能够自我管理的事项，政府坚决不干预，切实减少政府的微观事务管理职能，取消调整 284 项职责。政府逐步将管不了、管不好或者不应当去管的事情，让市场主体和市场的中介组织去做，深圳进行“大部制”改革后，深圳 17 个委局的 100 多项职能和事项将向社会转移或委托。三是从原来的“管制者”角色向“服务者”角色转变，强化政府的社会管理职能。将政府职能范围转向公共领域，在教育、医疗、环境、就业等与民生民计密切相关的领域，增加了直接涉及群众切身利益、关系民计民生的部门职责 70 多项。

再次，强化政府宏观管理职能。弱化微观管理职能的同时，不断加强宏观统筹职能。1984 年，将计划委员会改为社会经济发展委员会，负责制定特区社会经济发展规划，同时设立工业发展委员会，统管工业发展和企业管理工作。之后，逐步整合工业、贸易、招商引资等各项经济管理职能，促使政府部门由主要依靠行政手段管理企业转向主要依靠经济手段调节行业、服务企业，并通过政策引导、资金扶持、节能减排等手段，促进产业结构不断优化和升级。

第二是创新国有资产管理体制，实现了政企分开，并保障了国有资产的安全和增值。

1983 年深圳发行了新中国第一张股票。1986 年开始对国有企业进行股份制改革试点。1987 年深圳市率先成立了全国第一家国有资产管理和营运的专门机构——深圳市投资管理公司。1992 年成立了市国有资产管理委员会，并将市投资管理公司原来承担的行政管理职能逐步转移到市国资办。1996 年进一步对市级资产经营公司的规模、结构和运行机制进行了调整和完善，新成立了建设投资控股公司和商贸投资控股公司，初步形成了“市国有资产管理委员会(国资委)——市级国有资产经营公司——企业”三个层次的以产权为纽带的国有资产管理监督和营运体制。三个层次的国有资产管理体制，在上层实现了政府的社会经济管理职能与资产所有者职能的分开；在中层实现了国有资产管理与国有资产经营职能的分开；在下层实现了国家终极所有权与企业法人财产权的分开，明确了企业法人财产权，调整了政府与企业的关系，逐步实现了政企分开。通过授权和建立责任制度，解决了国有资产“责任主体缺位”问题，体现了在市场经济条件下，政府管好所有权放开经营权、行使宏观调控权的改革要求，保障了国有资产的安全和增值。

第三是股份制和现代企业制度的改革调动了各主体的积极性，大幅提高了经济效益。

在企业改革上深圳作了不懈的努力，经过了放权让利、利改税、承包制、股份制、转换企业经营机制，等等，取得了许多阶段性的成果。特别是股份制，深圳经济特区的探索和实践，证明了股份制经济有强大生命力。据统计，到1993 年底，比较规范的股份制企业就有 182 户，其中上市公司 30 户，总股本44.82 亿股，其中，由市和区持有国有股 20.27 亿股，占 45.22%。党的十四届三中全会（1993 年）以后，深圳初步建立起股东大会、董事会、经营班子、监事会等组成的较为合理、规范的现代企业组织领导体制，从而使企业的所有者、经营者和生产者通过权力机构、决策和管理机构、监督机构，形成各自独立、权责分明、相互制约的激励和约束机制相结合的体系。

股份制改造和现代企业制度的建立收到了比较明显的效果：转换了经营机制，强化了内部管理；促进了产业结构调整，增强了企业的竞争能力；筹集了资金，增强了企业发展能力；大幅度提高了经济效益，保障了国有资产的安全增值。据市属 15 家主要股份公司统计，1990 年至 1992 年总资产年平均增长率为 53.6%，净资产年平均增长率为 60.1%，总利润年平均增长率为62.6%。尤其是石化集团，在股份制改造前曾是一个国有亏损企业，实行股份制改造后 1990 年至 1992 年总资产年平均增长率为 43.7%，资产年平均增长率为 112.2%，总利润年平均增长率为 88.2%，1992 年底净资产达 56 亿元，是股份制改造前的 17.7 倍。①

第四是多种类多层次多功能开放型的特区金融新体系为经济增长提供了充裕的资金。

深圳特区建立后，1990 年建立深圳证券交易所，引进了新中国第一家外

① 王宇，深圳建立现代企业制度的探索和启示，特区理论与实践，1994（12）

资银行——南洋商业银行深圳分行；组建了全国第一家股份制保险公司——平安保险公司；成立了第一家法人持股的股份制商业银行——招商银行和第一家上市的股份制商业银行——深圳发展银行；先后组建了全国第一家外汇调剂中心、第一家合资保险公司、第一家中外合资财务公司、第一家中外合资银行、第一家证券公司、第一家金融信用评估公司、第一家证券交易所、证券登记公司、第一家外汇经纪中心、第一家金融电子结算中心等，基本形成了组织形式多样、经营门类齐全、适应特区社会主义市场经济要求的金融组织新体系。建立了直接融资与间接融资相结合，货币市场与资本市场相结合，本币融资与外汇融资相结合的金融市场体系。形成了立足国内，辐射海外的国际性股票和债券融资市场，并首发了 B 股，首发了可转换股票债券，首发了君安国库券受益凭证；在进行企业现汇管理，实行待结汇制改革的同时，广泛开展外汇调剂、外汇经纪、境内外同业拆借、银行间外汇交易、外币兑换等多项外汇市场业务；建立了开展同业拆借鉴证、票据贴现、转贴现等短期融资业务的货币市场，基本形成了与深圳市场经济发展相适应的特区金融市场体系。经过多年的发展，深圳已成为金融网点密度高、从业人员比例大、金融机构门类齐全，品种齐备、运作有序、调控有力的重要的区域性金融中心，为深圳的经济增长提供充足的资金。

第五是企业用工制度和分配制度的改革为经济增长吸引了源源不断的人才。

首先，改革企业用工制度，推行企业全员劳动合同制，取消干部与工人的界限，统称为企业员工。在企业用人方面，深圳较早地打破了“铁饭碗”式的固定工制度，打破“统包统配”的就业制度，引入竞争机制，实行竞争上岗。其次，深化分配制度改革，引入激励机制，彻底打破平均主义和“大锅饭”。从 1982 年开始，逐步实行了企业工资制度改革。企业工资制度与政府机关单位的工资制度脱钩，企业工资总额与经济效益挂钩。人均工资水平控制在政府规定的幅度范围内。1994 年，进一步改革了企业工资管理方式，在坚持“两个低于”的前提下，政府不再控制企业的工资总额，由企业自主决定分配方式和分配标准，按贡献和效益来确定收入分配。同时，大力推行员工持股，实行企业经营者年薪制，积极探索技术、管理等生产要素参与分配以及推行经营者持股、股份期权的改革，构筑新的企业利益共同体。建立和完善社会保障制度，打破“企业自保”的劳动保险制度。这些改革引进了竞争机制和市场机制，为劳动力的流动创造了必要的条件，促进了深圳初级、中级、高级等多层次的劳动力市场体系的形成，为深圳的经济增长提供源源不断的人才。据统计，深圳“六五”“七五”和“八五”时期年末常住人口分别年均增长21.5%、13.7%和21.8%。到2019年末，以1979年为基期年平均增长速度9.8%（见图10–12）。

图10–12　深圳历年人口变化（1980—2019）

②资本要素的投入是经济高速增长的主要力量，技术进步的力量正在加强

深圳经济在1980—2011年这三十多年间取得了高速增长，年均增长率超过20%。但经济增长的主要推动力量来自资本要素投入，对资本的依赖甚至达到一种畸形的地步，经济增长中资本贡献率超过了80%（见表10–6）。可以说，与全国经济增长方式类似，改革开放后的三十多年深圳经济高速增长主要依赖的仍然是“外延式增长”，这种外延式增长最主要的体现于资本投入，对资本生产力的释放是深圳经济高速增长的主要力量。随着时间的推移，资本和劳动等传统要素对经济增长的贡献率逐渐下降，随着全国其他地区经济逐渐赶超，流向深圳的资本和劳动增长率显著下降，反映了经济增长不能持续依赖于资本和劳动。

相比之下，劳动因素对经济增长的贡献率则要低很多，平均数值在13%

左右。全要素生产率的增长贡献更低，平均数值在 5.4% 左右。可见全要素生产率在改革开放后的前三十多年当中对深圳经济增长的作用并不高。

由表 10–5 可知，技术进步的贡献率和增长率又相对高于技术效率，表明深圳正从“资本为主的外延式增长”向“外生技术进步为主的外延式增长”转变。这体现了深圳创新驱动战略的实施。2010 年，深圳市提出“深圳质量”的发展理念，坚持有质量的稳定增长，可持续的全面发展，结构转型升级和发展方式转变加快，根本改变经济发展对资源要素的依赖，转向更多地依靠技术进步的内涵式增长、从主要依靠要素驱动向创新驱动转变的新阶段。2016 年中国社科院等发布的《2015 年城市竞争力蓝皮书：中国城市竞争力报告》，深圳综合经济竞争力位居内地城市第一，超越香港、上海和北京。可以说，深圳已经初步走上创新驱动的内涵式发展道路。

表 10–5　对深圳特区经济增长的解释

时期	经济产出	资本	劳动	全要素生产率	技术效率	技术进步
1981—2011	24.6	20.3 （81.2）	14.3 （13.4）	5.5 （5.4）	0.6 （2.5）	4.9 （2.9）
1981—1990	37.0	29.4 （106.6）	23.1 （22.3）	8.8 （−28.9）	1.7 （6.6）	7.1 （−35.5）
1991—2000	23.5	20.9 （72.7）	16.2 （12.6）	3.5 （14.7）	−1.0 （−3.0）	4.5 （17.7）
2001—2011	14.4	11.5 （65.8）	4.47 （6.1）	4.2 （28.2）	0.8 （4.1）	3.4 （24.1）

注：表格中数字为各要素年均增长率，括号中数字为各要素对经济增长率的百分比贡献

资料来源：袁易明、姬超．资源约束条件下的经济增长方式转型路径——以深圳经济特区为例，市场经济与增长质量——2013 年岭南经济论坛暨广东经济学会年会论文集。

③独特的产业结构演进过程。

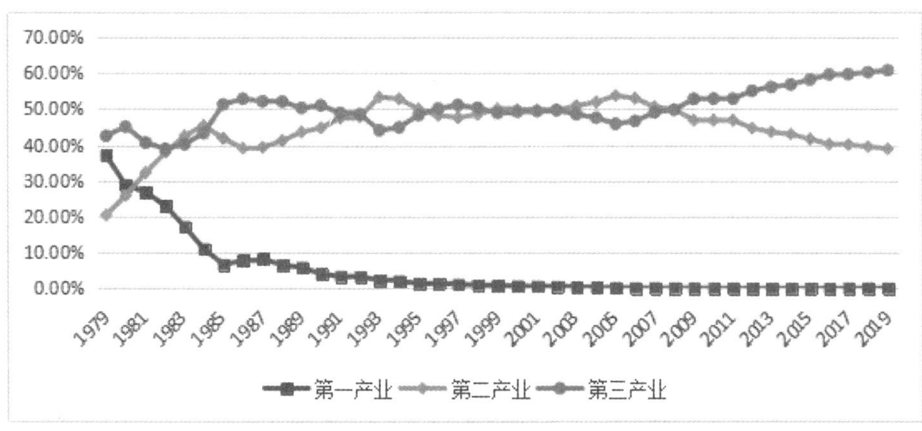

图10-13　深圳历年三次产业占地区生产总值的份额（1980—2019）

一是改革开放之初第三产业就作为支柱产业。按照库兹涅茨的理论，产业结构的演进是当第一产业比重下降到 20% 以下，并且二产的比重高于三产，这时进入了工业化中期阶段；当一产比重降低到 10% 左右，二产比重上升到最高水平，此后三产比重逐步高于二产比重，工业化进入后期阶段。但深圳与大部分后发地区不同，作为市场经济体制改革试点，承担着股份制改革等现代服务业发展探索的时代任务，因而其经济现代化发展之初就将第三产业作为支柱产业。由图 10-13 可知，深圳三产比重自改革开放始就高于 40%，且自 2005 年后稳步上升，到 2016 年已超过 60%。2019 年四大支柱产业中，金融业增加值 3667.63 亿元，比上年增长 9.1%；物流业增加值 2739.82 亿元，增长 7.5%；文化及相关产业（规模以上）增加值 1849.05 亿元，增长 18.5%；高新技术产业增加值 9230.85 亿元，增长 11.3%。前三个都属于服务业。

二是制造业是深圳经济的根基。从 1982 年至 2008 年间深圳的第二产业和第三产业的比重相互胶着。1992 年以来，快速发展的制造业成为深圳经济根基，尤其是 1986 年至 2012 年间的绝大多数年份里，第二产业对深圳经济贡献率都高于第三产业，是深圳改革开放以来经济腾飞的主要动力（见图 10-14）。

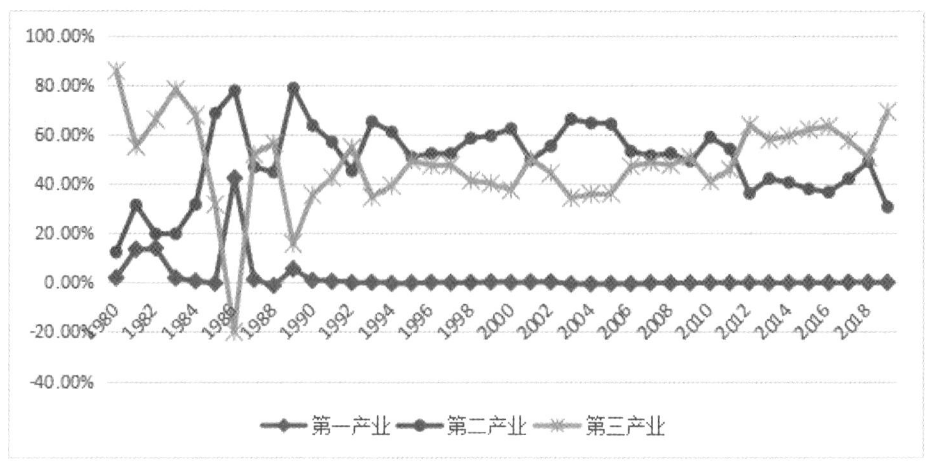

图10-14　深圳历年三次产业贡献率（1980—2019）

三是第二产业和第三产业内部高级化。2008年深圳第三产业增加值比重超越第二产业，这是深圳第三产业内部的结构高级化进程加速的结果，主要表现为高新技术服务业的快速平稳发展。信息传输、计算机服务、软件业、科学研究与技术服务业增加值比重则由2008年的5.7%增加至2018年的11.9%，10年间增加了一倍。

深圳第二产业贡献率于2018再次接近第三产业的背后，也是深圳第二产业结构高级化的结果。2009年以来，深圳开始布局战略性新兴产业，以制造业为主、新兴服务业为辅构建全新的产业结构。其中，新一代信息技术、文化创意、互联网、新材料、新能源、生物等新兴产业是这一次产业结构优化的支柱产业，成为全球经济危机以来深圳产业结构高级化加速的主要领域。以上行业增速大幅领先深圳生产总值增速，其增加值占比由2010年的29.4%快速上升至2017年的41.3%[①]，重塑了深圳产业集群特征。其中，新一代信息技术与互联网产业是深圳制造业产业结构调整的核心领域，帮助深圳在高科技信息技术领域获得了显著的产业集群优势。战略性新兴产业又与上述的信息传输、计算机服务、软件业、科学研究和技术服务等高技术类服务业共同组成完整的产业链生态，形成了创新经济、信息经济、科技经济的新产业发

① 从2018年起，发布战略性新兴产业新口径数据，因此2018年数据与2009—2017年数据不可比。

展形态。

④高新技术产业成为深圳经济的第一增长点。

得改革开放风气之先，深圳自从建市之初就走上了依托“三来一补”模式大力发展外向型经济的快车道，发展速度走在全国前列。到90年代，“三来一补”模式从深圳等沿海地区推广到中国腹地，改革开放的大潮也席卷全国。深圳在某些方面的优势，似乎不那么明显了。1997年骤然爆发的亚洲金融危机，给亚太地区带来沉重打击，也标志着旧的发展模式捉襟见肘。深圳经济发展的要素条件和动力基础正在发生根本性转变，资源要素供给的低成本优势逐渐消退，出口和投资拉动经济增长的动力减弱，依托消费拉动的动力不足，对环境破坏的容忍度趋近极限。1998年，深圳市委市政府作出重要的论断：高新技术产业是深圳的希望所在、后劲所在，深圳要在产业升级上走在全国的前面，就必须大力发展高新技术产业，使之成为深圳的特色经济和第一经济增长点。高新技术产业增加值对地区生产总值的贡献从2010年的30.58%上升到2019年的34.28%，2019年高新技术产业增加值占第二产业增加值的比重高达87.95%。高新技术产业成了深圳经济的第一增长点和第一大支柱产业。

表10-6　2010—2019年深圳高新技术产业增加值及占比（单位：亿元、%）

年份	高新技术产业增加值	比上年增长	地区生产总值	第二产业增加值	高新技术产业增加值占地区生产总值的比重	高新技术产业增加值占第二产业增加值的比重
2010	3058.85	17.1	10002.22	4737.98	30.58	64.56
2011	3738	22.2	11807.23	5612.86	31.66	66.60
2012	4135.24	23.2	13319.68	6055.91	31.05	68.28
2013	4652	12.4	14979.45	6657.99	31.06	69.87
2014	5173.49	11.2	16449.48	7224.25	31.45	71.61
2015	5847.91	13	18014.07	7678.1	32.46	76.16
2016	6560.02	12.2	20079.70	8310.65	32.67	78.94
2017	7359.69	12.2	22490.06	9318.1	32.72	78.98
2018	8296.63	12.7	24221.98	9961.95	34.25	83.28
2019	9230.85	11.3	26927.09	10495.84	34.28	87.95

注：根据各年统计年鉴和国民经济和社会发展统计公报数据计算

深圳高新技术产业已具备相当规模，形成了以电子信息产业为主导的高新技术产业集群，成为全国高新技术成果产业化的重要基地。具体的发展路径包括：

一是利用先发机遇建立高新产业优势。从最初想要解决科技成果产业化难题入手，直到最后建立一个区域创新体系，深圳在国内率先找到了科技与产业相结合的市场机制，并利用先发的优势，打了一个时间差，从而建立了高新技术产业的竞争优势。深圳在九十年代初中期开始将发展高新技术产业作为城市经济转型的战略方向，在 80 年代末 90 年代初，深圳政府就敏锐地看到了科研成果产业化的机遇，出台了一系列政策和法规，鼓励科技人员创办企业，吸引科技人员流入深圳企业从事研发工作，在全国最早形成了重视科技研发、让科技人员也能先富起来的城市文化氛围。这一系列发展科技产业的战略和计划，将经济发展的重心转向以科技引领的工业化浪潮之中，这足足比国内更多城市早了 10 年。正是这宝贵的 10 年，让深圳以其“经济特区”的软实力，吸引国内各个地区的科技人才竞相来深创业发展。等到全国各城市均认识到科技人才的重要性时，深圳已建立起一个成熟的高科技产业基础，进入一个良性循环的轨道了。

二是多渠道引入资本，高效配置资源。科技创新的最大难题或瓶颈就是：任何科技创新有潜在的高收益，但也存在高风险。风险投资通过专业的项目筛选团队，先最大限度地降低研发的投资风险，之后再通过众多项目的投资组合对冲掉一部分风险，是美国硅谷成功的关键要素之一。深圳早在 20 世纪 90 年代中期即引入创投制度。1997 年深圳市成立了科技风险投资领导小组及办公室，市长任组长，两位副市长任副组长，科技局局长任办公室主任。并在全国首个由政府发起设立创业投资公司和风投基金。除此之外，大量的本土创投云集深圳，使深圳成为国内创投业最为集中的城市之一，创投公司数量占全国 1/3，管理资金居全国首位。深圳也是国内私募基金包括本土 PE 最集中的城市；大部分外资 VC/PE 也都在深圳设有办公室。2004 年深交所推出中小板，2009 年推出创业板，刺激了 VC/PE 在深圳的聚集，它们与高交会等平台一起，为深圳及周边地区的科技创新企业提供了充足的投资，而通过上市融资，许多创新企业也获得了迅速做大做强的机会。许多深圳本土创业的民营科技企业（最典型的如腾讯）因此成长起来。

三是引进和培养创新人才双管齐下。创新离不开人才，深圳与清华大学、北京大学、香港科技大学等 40 多所著名高校和科研机构合作在深圳设立产学研基地。除了与中科院的战略合作，深圳市还鼓励民办的基础研究机构发展，典型的例子是光启高等理工研究院与华大基因研究院。通过战略合作，深圳与各个城市、大学、科研机构存在天然的联系，形成了一个辐射全国的科技资源配置网络、信息传输网络、人才流动网络和科研合作网络。

四是市场导向型的创新体制给技术创新带来源源不断的动力。政府的刺激政策只能在特定的经济时期发挥作用，不可能长久，企业只有经过市场的筛选，面对市场需求进行结构调整，才能在激烈的竞争中站稳脚跟。深圳市科技创新委员会作为全市的科技行政主管部门，只保留一项高科技企业资质认证权和一项高新区用地指标审批权，通过建设大数据平台，使企业完成审批所需要的流程在科创委的网络平台上办理，大大简化手续，提高办事效率，给企业创造了宽松良好的市场环境。

五是对创新创业失败的包容。无论是创新还是创业，都不会一蹴而就，难免会遭遇风险与失败，据数据统计，科研创新的成功率仅为 10%，中国创业企业的成功率也只有 20%，而成王败寇的传统文化阻挡了很多人创新探索的步伐。深圳充分利用移民城市的特点，在社会上营造了“鼓励创新、宽容失败”的文化氛围，充分激发了全社会的创新思维与活力，对于创业失败的宽容是深圳民营高科技企业发展的关键因素。

六是积极推动技术交易市场的建设。国内科技开发存在一大弱项：科学研究集中于大学和科研院所，脱离产业实际，研究成果的产业转化率十分低。转化率低的原因主要是缺乏科技投资体系的中介作用。为此深圳大力推进科技服务平台的建设如高交会、高交所以及市场化的中介体系如行业协会、技术联盟等。1999 年深圳停办已经举行了十年的深圳“荔枝节”，将其改为“深圳高新技术成果交易会”。一年一度的“高交会”集高新技术产品展示、高新技术成果交易、招商引资和信息交流于一体，有效推动了技术进出口贸易和科技成果的转化，进一步探索了技术市场、风险投资的运作机制和创新体制，促进了国内外的科技交流与合作。高交会举办的 20 年间，深圳高新技术产业一路狂飙，高新技术产品产值实现跨越式增长。统计数据显示，1999 年，深圳市高新技术产品产值仅为 819.15 亿元；2019 年，深圳高新技术产业增加值 9230.85 亿元，20 年间增加了数十倍。

七是自主创新。2000 年以来，深圳自主知识产权的高新技术产品占全部高新技术产品的比重达到 50% 以上（见表 10-7），说明深圳高新技术产业开始由引进技术加工制造为主转向自主开发为主，自主创新成为深圳高新技术产业乃至制造型工业的主导方式。

表 10-7　1999—2013 年深圳高新技术产品产值及占比（单位：亿元、%）

年份	高新技术产品产值	比上年增长	具有自主知识产权的高新技术产品产值	比上年增长	具有自主知识产权的占高新技术产品产值比重
1999	819.15		383.36		46.80
2000	1064.45	29.95	534.54	39.44	50.22
2001	1321.36	24.14	709.23	32.68	53.67
2002	1709.92	29.41	954.48	34.58	55.82
2003	2482.79	45.20	1386.64	45.28	55.85
2004	3266.52	31.57	1853.09	33.64	56.73
2005	4885.26	49.56	2824.17	52.40	57.81
2006	6306.38	29.09	3653.28	29.36	57.93
2007	7598.76	20.49	4454.39	21.93	58.62
2008	8710.95	14.64	5148.17	15.58	59.10
2009	8507.81	−2.33	5062.1	−1.67	59.50
2010	10176.19	19.61	6115.89	20.82	60.10
2011	11875.61	16.70	7220.36	18.06	60.80
2012	12931.82	8.89	7888.41	9.25	61.00
2013	14133	9.29	8649	9.64	61.20

资料来源：深圳市科技和信息局各年高新技术产业统计公报

八是专利申请保持领先地位。PCT 专利申请占全国年申请量近一半，连续多年蝉联全国第一，每万人年专利授权量及每万人年发明专利授权量，均居全国大中城市第一。

表 10-8　1991—2019 年深圳市专利申请授权概况统计（单位：件）

年份	申请总量		授权总量		PCT 国际专利申请量
		发明专利		发明专利	
1991	261	49	160	1	—
1992	507	73	174	5	—
1993	696	82	427	10	—
1994	1009	160	414	9	—
1995	1104	124	721	7	—
1996	1405	116	923	18	—
1997	1440	165	1260	13	—
1998	2093	233	1364	16	—
1999	3314	490	2116	31	—
2000	4431	669	2401	1	—
2001	6033	1033	3506	7	—
2002	7917	1846	4486	91	—
2003	12361	3526	4937	276	—
2004	14918	4751	7737	864	331
2005	20940	8327	8983	917	789
2006	29728	14576	11494	1361	1661
2007	35808	19198	15552	2257	2170
2008	36249	18757	18805	5409	2709
2009	42279	20520	25894	8132	3800
2010	49430	23956	34951	9615	5584
2011	63522	28823	39363	11826	7933
2012	73130	31075	48662	13068	8024
2013	80657	32208	49756	10987	10049
2014	82254	31077	53687	12040	11639
2015	105481	40028	72120	16957	13308
2016	145294	56336	75043	17666	19648
2017	177103	60258	94250	18926	20457
2018	228608	69969	140202	21309	18081
2019	261502	82852	166609	26051	17459

九是研发投入规模持续增长。高新技术产业以高新技术为基础，从事一种或多种高新技术及其产品的研究、开发、生产和技术服务的企业集合，这种产业所拥有的关键技术往往开发难度很大，但一旦开发成功，却具有高于一般的经济效益和社会效益，因而需要持久高额的投入。深圳政府、科研院所、高等院校、企业以及创投基金都投入了大量经费用于研发（见表 10-9），R&D 经费投入强度 (R&D 经费与 GDP 的比值) 超过美国、德国、日本等发达国家水平，接近韩国水平（见表 10-10）。

表 10-9　2009—2019 年深圳市 R&D 经费支出和人员情况

年份	R&D 经费支出（亿元）	R&D 经费占 GDP 比重（%）	R&D 人员（人）
2009	279.7112	3.29	145923
2010	333.3102	3.31	177756
2011	416.1363	3.49	176107
2012	488.3738	3.62	218090
2013	584.6115	3.84	213641
2014	640.0662	3.81	192600
2015	732.3851	3.97	206327
2016	842.9693	4.08	233927
2017	976.9377	4.20	281369
2018	1163.5386	4.61	340899
2019	1328.2829	4.93	377937

表 10-10　部分国家 R&D 经费投入强度（年份，%）

年份	2011	2012	2013	2014	2015	2016	2017
中国	1.78	1.91	2.00	2.03	2.07	2.12	2.15
美国	2.77	2.68	2.71	2.72	2.72	2.76	2.79
日本	3.24	3.21	3.31	3.40	3.28	3.16	3.21
德国	2.80	2.87	2.82	2.87	2.91	2.92	3.04
法国	2.19	2.23	2.24	2.28	2.27	2.22	2.19
英国	1.66	1.59	1.64	1.66	1.67	1.68	1.66
韩国	3.74	4.03	4.15	4.29	4.22	4.23	4.55

数据来源：OECD数据库

（2）启　示

启示一：厘清政府与市场、社会的边界，坚持充分发挥市场在资源配置中的决定性作用。土地、劳动力、资本和企业家才能等现代化生产的要素只有在合理制度浸润下才能优化组合进而发挥最佳作用。深圳经济发展的历史证明，凡是市场在配置资源方面的作用发挥得比较充分的地方，经济发展速度就快，经济效益就好，经济实力就强，只有让市场在资源配置中起决定作用，才能真正做到经济增长率高、经济效益好。

启示二：转变政府职能，着力建设公共服务型政府。从深圳经验可知，坚持更好地发挥政府作用，解决政府越位、缺位、错位问题，要使政府从具体的微观经济活动中解放出来，转到重在提供公共产品和社会管理上来。推动政府职能向创造良好发展环境、提供优质公共服务、维护社会公平正义转变，不断扩大城市公用事业、市政建设等公共服务领域市场化范围。例如，坚持放管结合、并重，将政府管理重心转向监管，简化审批流程，营造稳定公平透明、可预期的营商环境。

启示三：优惠政策只能营造一时的生长空间，对生产要素的聚集效应提供初始的推动动能，但毕竟是有限度的，而且是难以长效维系的。深圳及时从政策优势转变为体制优势，保障了经济长期的增长。因此经济开发区，乃至一个城市的发展也应该依靠良好的创新体制与机制，培育出产业集群，形成核心竞争力。

2. 苏州：积极利用外资，增长动力由投资拉动转变为结构优化

2011 年，深圳、天津、苏州、重庆一同杀入“万亿俱乐部”，成为我国第四批全年 GDP 达到万亿的城市，仅晚于上海、北京和广州。

（1）苏州经济增长动力转换的经验

①及时由“苏南模式”转变为外向型经济。

早期是乡镇企业打造“苏南模式”。早在 20 世纪 70 年代，苏南就形成了多业并举和以市场调节为主的农村商品经济发展新模式。党的十一届三中全会拉开了中国改革的大幕，苏州实行“包干到户”的家庭联产承包责任制后，有效地促进了农村经营方式的转变，解放了农村劳动力，乡镇（社队）工业

异军突起。利用国家尚处于短缺经济时期的机遇，苏州人从田地走进工厂，由农民变成工人，苏州经济迈上了工业化、城镇化之路，成为苏南模式的典范。苏州地区生产总值从1978年的31.95亿元增长到1991年的235.10亿元，第二产业占比从55.7%提升到62.6%，其中工业增加值占比从52.2%提升到57.2%。

90年代中期，我国基本结束了短缺经济时代（乡镇企业对此功不可没），经济的进一步发展已从供给约束转向了需求约束。在需求约束下，价值规律的作用受到强化，没有创新、没有效率、没有竞争力的企业，就没有生存的空间，意味着我国的工业发展已从数量扩张型转向了以提高经济效益为中心的质量提高型的轨道。在此大环境下，市场经济加速了企业的分化改组，中小企业应向“专、精、特、新”的方向发展。而大量的乡镇企业（中小企业的一类），产品既雷同又质量低、资源浪费大，还造成严重的环境污染。在短缺经济时代产生并发挥过巨大作用的苏南乡镇企业，从其所有制结构、分配结构，到产业结构、产品结构，都面临着巨大的挑战。

然后是大力引进外资。1985年，苏州被国务院列为沿海经济开放地区，提出了发展外向型经济的新战略。1988年以前，重点仍放在扩大出口创汇，争取了地方的自营出口权。1988年以后，根据国内外形势和国家扶持政策，苏州将吸引外商直接投资、大办三资企业，作为发展外向型经济的重点，并且形成外贸、外资、外经的“三外齐上”“三外联动”。1990年4月，中央宣布“开发浦东、开放浦东”，“以浦东开发、开放为龙头，带动长江流域经济发展”的战略，长江三角洲成为外商对华投资的新热点。苏州市领导审时度势，紧紧抓住改革开放和浦东开发的历史机遇，及时提出和组织实施外向型经济发展战略，积极利用外资、引进先进技术和管理经验，大力发展三资工业。在总结昆山经济技术开发区成功经验基础上，于1991年和1994年先后创办了苏州新区和中新苏州工业园区两个国家级开发区，由此开创了发展外向型经济的新局面，兴起了发展三资工业的新高潮。

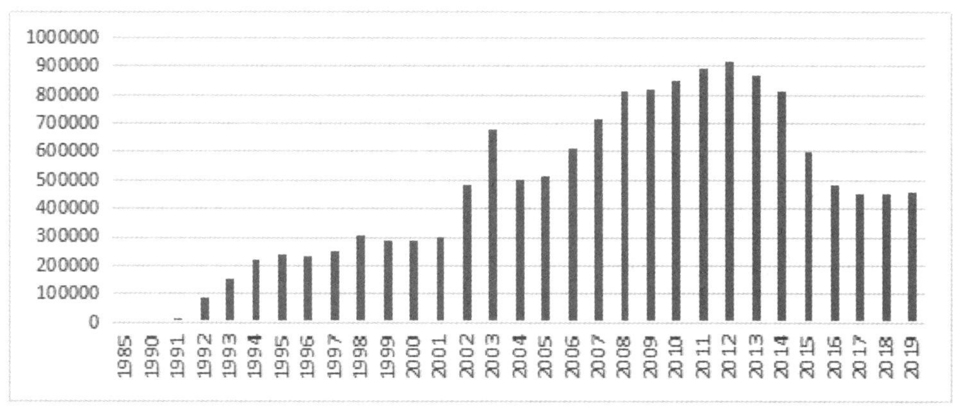

图10–15　苏州历年实际使用外资金额（单位：万美元）

从 1985 年起苏州实际使用外资金额持续攀升（2004 年除外），2012 年达到最高峰 91.65 亿美元，之后有所下降（如图 10–15），年均增长 19.53%。外贸依存度也稳步上升，尤其是 2001 年我国加入世贸组织之后的几年，最高达到 2006 年的 280.8%，但 2008 年次贷危机后逐渐回落至接近 110% 的水平（如图 10–16）。

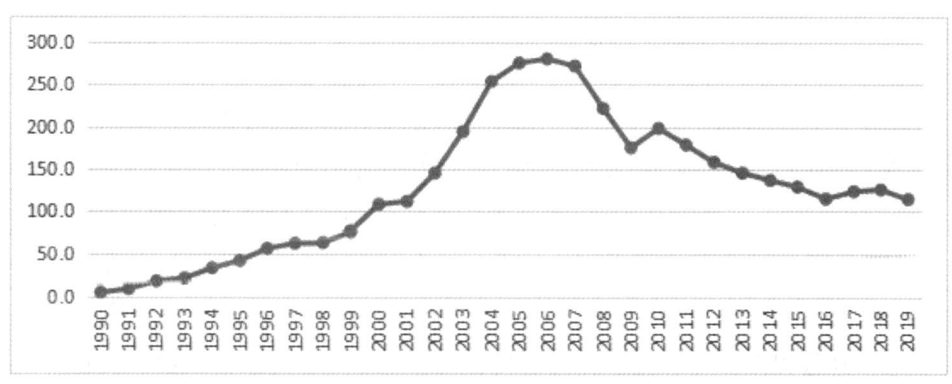

图10–16　苏州历年外贸依存度（%）

外资流入给苏州带来了资金、技术和管理经验等，为苏州的经济增长做出了巨大贡献。

第一，外商投资是苏州重要的投资来源之一。我们采用历年固定资产形成中按经济类型分的比例分析苏州的投资来源。苏州的投资在 1986 年以前还是以国有经济投资为主的。从 1986 年以后，集体经济开始超过国有经济，成为投资的主体。1986 年后开始有其他经济的投资了，但数量上仍然是以国有和集体为主的。在其他经济投资中外商实际投资的比例，按美元与人民币 8.1 : 1 的汇率计算，从 1999 年开始均在 70% 以上，虽然直接相比并没有直接意义（因为外商实际投资还包含非固定资产投资），但反映了外商投资是苏州重要的投资来源之一。2000—2008 年间固定资产投资完成额中接近或超过 30% 是由外资投资的（见图 10-17）。

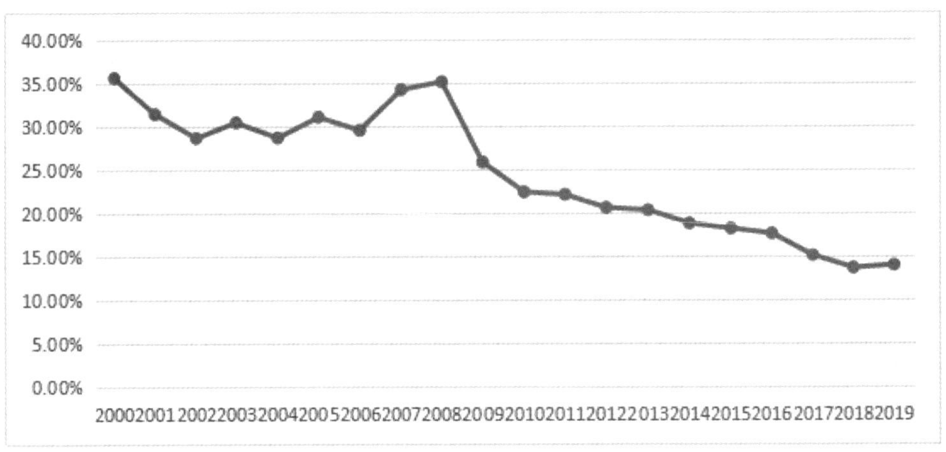

图10-17　2000—2019年苏州固定资产投资完成额中外资投资占比

第二，外资企业贡献了较大比重的工业产出。1985 年苏州全市只有 1 个三资工业企业，完成产值 281 万元，到 1991 年也只有 120 个（乡及乡以上口径），完成产值 15.19 亿元，仅占全市工业产值的 3.1%。而到 1999 年苏州规模以上三资工业企业已发展到 892 个，占全市工业生产单位数的比重上升到 29.7%，工业产值的比重上升到 43.9%。由图 10-18 可知，自 90 年代后半期开始，规模以上港澳台投资和外商投资企业工业总产值所占比重都大幅高于其他类型企业。

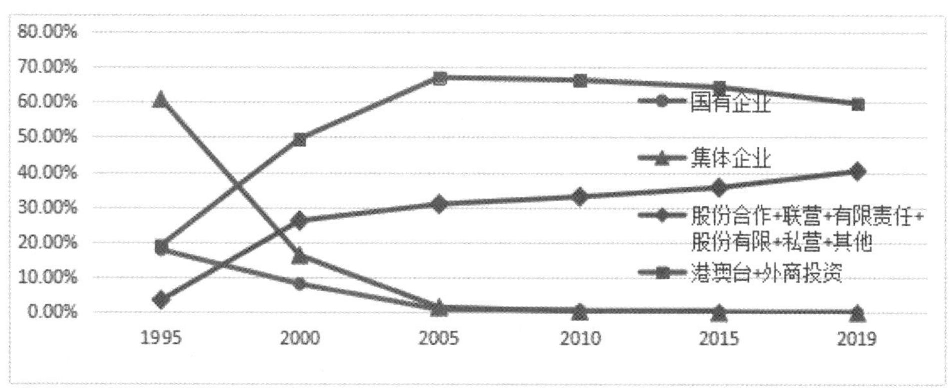

图10-18　苏州不同类型企业占规模以上工业总产值的份额

第三，外资促进了出口。1999 年，苏州 2000 多家外商投资企业中，出口额超千万美元的有 132 家，外商投资企业出口占全市出口总额的 78.71%。除少数年之外，苏州的出口额稳步上升（见图 10-19）。2019 年，苏州实现外贸进出口 21987.4 亿元，其中出口 13233 亿元，进口 8754.4 亿元。苏州市进出口总值占全国的比重为 7%、占全省的比重为 50.7%，外贸总值在全国大中城市中，苏州仅次于上海、深圳、北京，位列第四位。

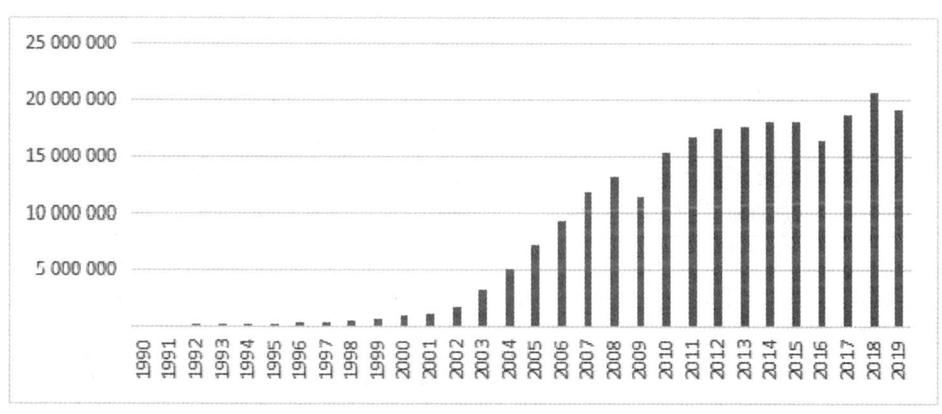

图10-19　苏州历年出口额（单位：万美元）

第四，外资带来高科技的产业聚集。20 世纪 90 年代中期，苏州抓住了国际产业资本加速向长三角地区转移的机遇，最初主要限于隐蔽和零星的中小企业，规模有限，形态单一，基本上属于劳动密集型加工产业，投资行为具有明显的短期性。随着大企业的投资相继从筹备设厂阶段进入企业生产阶段，投资的主导性角色从劳动密集型为主的中小企业，逐步让位于资本与技术密集型为主的大型企业和企业集团。投资主体也以单打独斗为主转向集体合作。从单纯的委托加工变为邀请卫星工厂共同参与，联合相关产业配套进行，形成了大、中、小企业并重发展，上、中、下游产业相互关联的格局。通过引进中国台湾地区、韩国、新加坡和欧美等高科技跨国公司资本，在高科技龙头企业“群聚效应”的影响下，大批中小相关企业也纷纷跟进，逐渐在大企业所处的地域建立起完整的产业供应链，在极短时间内树立起在高科技制造业领域举足轻重的地位。以电子信息、生物医药、机电一体化等高科技制造为主体的大规模产业集聚，使苏州高科技制造业在不长时间内形成一个良性循环的产业链，从而大大增强了苏州的制造业实力和外贸竞争力，开启了苏州经济高速增长的路径。到 1999 年底世界 500 强跨国公司中就有 81 家在苏州投资 188 个项目，有 30 多家还设立了研发机构（如表 10–11 所示）。

表 10–11　世界 500 强企业在苏州三个国家级开发区投资情况

开发区	已经进入的企业	产品或行业
苏州工业园区	三井、英荷皇家壳牌、BP 阿莫科、住友、西门子、日立、三星、道达尔、百特、百得、BOC 集团、ZF 公司、阿尔卡特、纳贝斯克、联合信号、阿克苏－诺贝尔、葛兰素威康、欧莱雅、华纳－兰伯特、礼来公司、久保田、霍尼韦尔、艾默生、美宝莲、狮王、德尔福、飞利浦、诺基亚、芬欧汇川、卡特拉－汉莫、索迪斯、欧尚、百安居、旭电等	汽车、建材、电子、石油、航空、医药等
昆山经济技术开发区	伊藤忠商、三菱、丸红、住友、日立、德士古、三得利、日绵、赫斯特、阿尔卡特、诺华、丰田通商	建材、机械、服装、日用品等
苏州高新区	日商岩井、住友、松下、富士通、杜邦、飞利浦、PPG 公司、普强制药、阿克苏－诺贝尔、欧莱雅、富士胶卷、迅达控股、爱普生、久保田、摩托罗拉、P&G（宝洁）、美宝莲、科德宝、阿尔斯通、索尼、三菱商事、伊奈、日本板硝子	金属原材料、电子、燃料、化学品、纺织品、食品等

资料来源：依据苏州经贸网资料整理得出，其中世界500强以1999年排名为主。

②经济增长动力及时转变为结构优化。

从产业结构来看，苏州的第一产业比重自 1978 年后呈总体下降趋势，自 2004 年开始已几乎接近 0。第三产业比重总体保持上升趋势。而第二产业长达 38 年始终保持最大比重（超过 50%），自 2004 年开始逐渐下降，直至 2016 年开始被第三产业超过（见图 10–20）。整个过程基本符合配第一克拉克定律及库兹涅茨产业结构演进理论。工业长久的积淀为服务业奠定了雄厚的基础，体现了苏州经济稳打稳扎、可持续发展的特性。

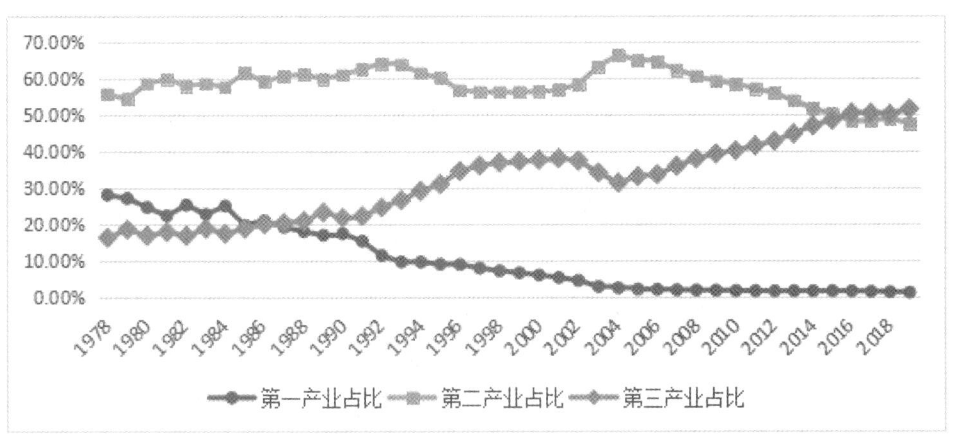

图10–20　苏州历年三次产业占地区生产总值的份额

具体而言，苏州市产业结构演进存在四个不同阶段：

第一阶段：1978—1992 年，第一产业占比下降较快，由 1978 年的 28.1% 下降到 1992 年的 11.3%；第二产业占比占据绝对优势且呈上升趋势，由 1978 年的 55.7% 上升到 1992 年的 64.2%；第三产业占比也呈逐渐上升趋势，由 1978 年的 16.2% 上升到 1992 年的 24.5%，第三产业占比超过第一产业，产业结构实现了由“二、一、三”向“二、三、一”的转变。

早在 20 世纪 50 年代的社会主义改造时期，苏州就利用靠近大城市上海的地理位置优势和国内商品短缺的机会，率先创办了社队工业，奠定了一定的工业基础，到 1978 年第二产业就已经占据了经济的较大比例。1978 年十一届三中全会顺利召开，会议中提出的《关于加快农业发展若干问题》鼓舞了社队企业的士气。苏州开始进入了以工业化为主导的发展阶段，依靠广大群众干部“四千四万”的精神，苏州形成了以中小型企业为主、从事加工工业和为大工业配套的工业群体。1983 年的中央 1 号文件和 1984 年的中央 1 号、4 号文件，都围绕大规模发展农村商品经济提出一系列重点部署，于是苏州大力兴办乡镇工业。乡镇工业的发展主要由乡镇政府驱动，利用少量的资本和较低层次的技术，将原从事农业生产的农民吸引到工业化的潮流中，农村劳动力逐渐向第二、第三产业转移，所以第一产业占比大幅度下降，以批发零售贸易为主的第三产业随工业化的发展也开始壮大。20 世纪 80 年代，苏州工业经济格局已基本形成，苏州乡镇工业的“异军突起”创造出领先全国而又久盛不衰的“苏南速度”，苏州一跃成为全国乡镇工业最发达、经济实力最强的地区之一。

第二阶段：1992—2001 年，第一产业占比逐年下降，下降速度较前一阶段有所减缓。第二产业占比和第三产业占比的变化分为两个阶段：1992—1996 年第二产业占比快速下降、第三产业占比快速上升；1996—2001 年两者变化趋于缓和。

90 年代初，乡镇企业发展弊端逐渐显现，随着改革开放的逐步推进、市场竞争逐渐形成，粗放发展的乡镇工业设备、产品和销售均出现劣势，再加上乡镇工业产权制度的缺陷，工业发展速率有所下降。1995 年苏州乡镇企业开始产权改革。1997 年亚洲金融危机，国家应对危机及时调整产业政策，全国整体存在第二产业比重下降，第三产业比重上升的现象。面对这样的形势，苏州一方面继续推进乡镇企业产权改革，降低工业经济中国有经济的比重，发展非国有制经济；另一方面响应国家进一步改革开放的政策，实施外向型经济发展战略，以苏州工业园区为代表的开发区建设为载体，推行积极主动的招商引资、对外经济合作，吸引了大量外资进入。这一阶段，苏州传统的纺织业和外资推动的电子及通信设备制造业成为支柱产业，并成为长三角地区发展的主力，2001 年苏州纺织业产值占长三角地区纺织业总产值的 23.13%，电子及通信设备制造业产值占比达 21.52%。

第三阶段：2001—2004 年，第一产业占比继续下降；第二产业占比迅速上升，在 2004 年达到区间最大值 66.4%；第三产业占比从 2001 年的 38% 下降至 2004 年的 32.1%。这一时期，最显著的特征就是第二、第三产业占比差距明显扩大，从 2001 年的 18.7% 扩大到 2004 年的 33.6%。按照国际经验，服务业增加值占地区生产总值比重应呈明显上升趋势，苏州这“逆常规”的产业结构发展状况是当时作为“世界工厂”的鲜明特征，苏州工业的长久积淀也为未来服务业的发展奠定了雄厚的基础。

随着我国进入 WTO，苏州外向型经济飞速发展，新增注册外资数和实际利用外资数均连续居国内大中城市首位，而外资主要投资于第二产业，这给第二产业带发展带来了充足的动力；另外，经过多年的发展，苏州民营企业不断壮大推动了本地工业经济的发展，且苏州的民营经济主要以工业经济为主，服务业领域相对薄弱，进而扩大了苏州第二产业和第三产业发展水平的差距。同时，在产业定位与政策导向上，苏州因紧邻上海，承担区域经济分工，与上海重点发展服务业形成错位互补，因而在产业发展过程中，更多地发展第二产业，对第三产业的投入相对不足。苏州所需的现代服务业，则由上海等城市的企业提供，苏州本地服务业发展规模小和整体层次不高。另外，在消费需求方面，居民可支配收入和消费率偏低影响了本地消费市场的培育，服务业的发展受到市场需求不足的限制。

第四阶段：2004 年至今，第一产业占比下降趋于平稳；第二产业占比快速下降，第三产业占比快速上升，这一趋势在 2017 年趋于缓和；在此期间，第三产业占比从 2016 年开始超过第二产业占比，产业结构演变为“三、二、一”。

经过“农转工”“内向外”的重要发展阶段，这一时期苏州进入了以“量转质”为特征的飞跃发展阶段。在世界经济风云诡谲、本地劳动力等要素成本持续攀升的大变局中，苏州出现了制造业外移的情况。从 2005 年开始，大量纺织服装、金属及制品加工、电子加工等不同产业的企业从苏州转移，在昆山已经形成具有“代工 + 配套”垂直整合的产业体系的计算机产业大规模撤离，倒逼苏州产业整体转型升级。2008 年金融危机后，国际市场开始萎缩，苏州外贸企业倍受冲击，纺织、服装等劳动密集型部门受重创。苏州积极应对挑战，大力发展新能源、新材料、生物技术和新医药、节能环保、智能电网和物联网、新型平板显示、高端装备制造等战略性新兴产业；注重制造业和服务业同步发展，随着苏州城市功能的不断完善，苏州由原来单一的工业城市向区域性生产、流通和服务中心发展，在生产功能提升的同时，金融、贸易、交通、房地产等服务业得到迅速发展。

③产业内部结构进一步优化。

厄恩斯特 (2001) 将产业升级分成了产业间升级和产业内升级，产业间升级是指在产业结构由第一产业主导向第二、第三产业主导的演变，产业内升级是指某一产业内部的生产率的提升、技术进步以及产品附加值的提升。苏州产业内部结构就呈现出产业内升级的现象。

第一，第一产业向现代化生产方向转变。

首先，第一产业以农业和渔业为主导产业。苏州第一产业内部结构趋于稳定，以农业和渔业为主导产业。农业占比 40% 左右，以水稻和小麦种植为主；渔业占比 30% 左右，形成了以河蟹、虾类、加州鲈鱼为主的优势特色产业，产业规模居全省前列，太湖、阳澄湖地区已经成为全省淡水养殖的主要区域之一。

其次，发展方式现代化。2016—2019 年，苏州新增高效设施农 (渔) 业面积 1 万亩，新增高标准农田 27.82 万亩，新增现代农业园区面积 24.78 万亩。苏州入选首批全国基本实现主要农作物生产全程机械化示范市，2019 年末全市农业机械化水平达 90.1%。信息技术与农业深度融合：2018 年苏州新增市级“智慧农业”示范基地 7 个，涵盖设施农业、畜禽养殖、水产养殖等行业，全市农业物联网技术应用面积达到 6.8 万亩。2018 年全市共拥有 9 个“淘宝镇”和 90 个“淘宝村”，农产品电子商务销售额达 33.4 亿元。同时，全市益农信息社共达到 776 个，依托益农信息社或平台，便民服务累计约 10 万人次。通过益农信息社对农民进行手机应用技能培训 1156 场、1.4 万人次。截至 2019 年，苏州农业信息化覆盖率达到 68%，位居江苏省前列；建成省级智慧农业示范基地 12 个。

再次，农业科技服务平台化。苏州以农业科技服务超市为依托平台，针对农户和农业企业的实际需要提供科技服务。截至 2018 年底，苏州农业科技服务超市达 24 家，省级及以上农业创星天地 24 家。农业产业链不断延伸，农产品加工产业不断发展。苏州实施创新产销对接模式，鼓励开展农超对接、直供专销、农产品进社区，建立了一批农产品专业销售网点和营销渠道。同时不断推动了农产品加工业集聚发展，培育稻米、蔬果生产加工品牌。2018

年底，苏州全市拥有 319 家县级以上农业龙头企业，实现年销售收入 1300 多亿元，带动农户 250 万户。形成了畜禽生产、加工、销售一体化的产业集群。农业与旅游、文化等服务业融合。坚持政府推动、农民参与，不断挖掘苏州农业文化价值，推动了农林渔业与旅游、文化、康养等产业的深度融合。截至 2017 年底，苏州已建成农业休闲观光基地 1065 家，开发乡村旅游精品线路 11 条，年接待游客超 1900 万人次，实现旅游收入 33.94 亿元。

第二，在工业领域内部结构更加优化。

自 2004 年起，苏州一直就是中国第二大工业城市，规模以上工业总产值仅次于上海。近年来苏州工业不断升级。

一是更加重型化。库兹涅茨认为在工业内部明显存在着由非耐用品向耐用消费品，由消费资料生产向生产资料生产的转移趋势。苏州也符合这一工业产业结构升级的规律。早在 2000 年，苏州市重工业产值就超过轻工业，并且此后重工业一直不断发展，产值占比不断提高。如图 10-21 所示，2009 年以来，苏州市重工业产值占比稳定在 70% 以上，并且仍然呈现逐年增高的趋势。说明苏州工业产业中，重工业的主导地位不断稳固。

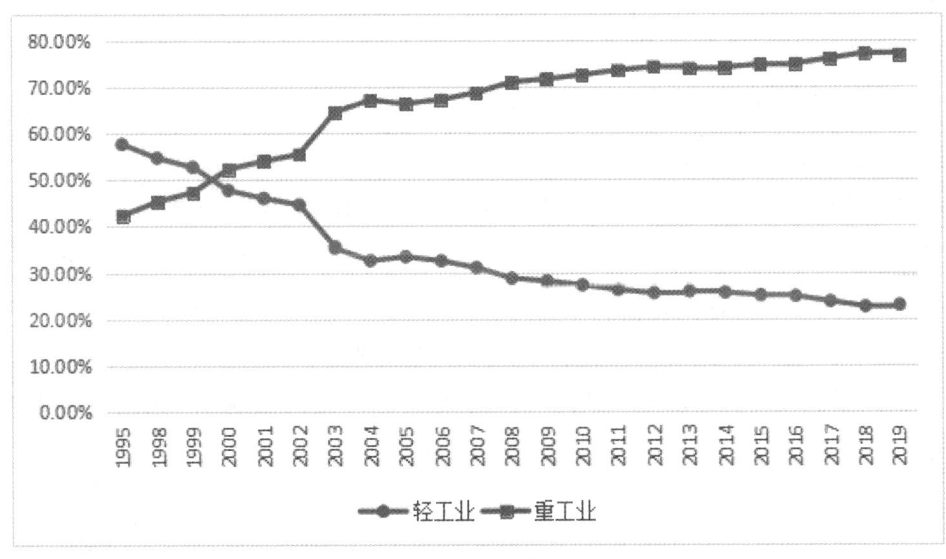

图10-21　苏州轻重工业发展趋势

表 10-12 苏州主要工业行业占规模以上工业总产值的份额（单位：%）

行业　年份	1995	2000	2005	2010	2015	2019
纺织业	23.18	12.64	9.97	6.96	4.50	3.97
服装及其他纤维制品制造业	6.19	5.18	3.15	2.40	2.42	1.32
化学原料及化学制品制造业	7.18	6.61	5.87	5.62	5.93	5.03
医药制造业	1.46	1.15	0.77	0.76	0.95	1.17
化学纤维制造业	3.01	2.27	2.04	3.36	3.40	3.11
非金属矿物制品业	4.82	4.28	1.79	1.70	1.63	2.17
黑色金属冶炼及压延加工业	4.90	6.00	8.52	8.72	8.22	6.88
普通机械制造业	4.40	4.56	4.19	5.15	6.57	8.34
专用设备制造业	4.49	2.75	2.29	3.13	3.18	4.62
交通运输设备制造业	2.70	3.13	2.22	3.28	4.37 (0.94)	5.53 (1.10)
电气机械及器材制造业	7.20	7.18	6.18	7.38	8.47	7.43
计算机、通信和其他电子设备制造业	4.10	16.68	33.17	33.85	32.85	30.08

注：自2015年起交通运输设备制造业分为汽车制造业（括号外）和铁路、船舶、航空航天和其他运输设备制造业（括号内）

二是主导产业高端化。2000 年以来，苏州市传统的主导产业发展出现良性分化。如表 10-12 所示，劳动密集型为主、高污染的纺织业及服装作为苏州原有的第一主导产业的地位下降，增速为负，在规模以上工业总产值中的占比由 1995 年的 29.37% 下降到 2019 年的 5.29%。而电子信息 2000 年占规模以上工业总产值的比例才 16.68%，到 2005 年就升至 33.17%，远高于其他行业，成为苏州工业的第一大主导产业，并保持至今。苏州市已成为全国主要的电子信息设备制造业基地之一，也是全国最大的电脑硬件和电子基础材料生产基地之一，电脑鼠标器产量已占世界总产量的 65%，小屏液晶显示器占 60%，压力传感器占 60%，电脑摄像头占 30%，电脑主板占 10%，这些电子产品主要集中于苏州工业园区与新区，形成了一定的规模。电子信息类产品的产值占苏州全部高新技术产品总产值 50% 以上。在苏州销售收入最高的 10 家高新技术企业中，有 8 家是电子信息企业。近几年，随着电子信息产业的低端环节不断向国内和国际的其他地区转移，增速不断放缓，占比下降到

2019年的30.08%。

代表先进制造业方向和整体实力的设备制造业（包括通用、专用和交通运输设备制造业）增速较快，占比由1995年的11.60%上升到2019年的19.59%，成为苏州第二大主导产业。

主导产业呈现高端产业不断占比增加、低端产业以及产业的低端成分不断降低的趋势，由于主导产业产值占工业总产值份额较大，可以说明苏州市工业产业内部结构在不断优化。

三是现代服务业占比不断提升。从第三产业内部结构看，传统服务业中，占服务业份额最大的批发零售业占比逐年下降，由2010年的30.96%下降到2019年的19.69%（见表10–13）；交通运输、仓储和邮政业占比由2010年的6.45%下降到2019年的5.01%；住宿和餐饮业占比下降幅度比较小。现代服务业中，金融业占比由2010年的12.27%上升到2019年的15.96%；信息传输、计算机服务和软件业以及科学研究、技术服务业占比增长较大，分别由2010年的4.53%和1.92%上升到2019年的5.08%和4.12%；随着城市功能的不断完善，居民服务和其他服务业、教育、卫生和社会工作的占比分别由2010年的1.15%、4.30%和2.34%上升到2019年的1.67%、5.26%和3.44%。

总体而言，传统服务业占比由2010年的44.44%下降到2019年的30.94%，而现代服务业占比由2010年的55.15%上升到2019年的68.7%，服务业内部结构不断优化。

表10–13　苏州各服务业占服务业总增加值的比重（单位：%）

行业　年份	2010	2012	2014	2016	2018	2019
批发和零售业	30.96	27.87	24.27	20.90	20.41	19.69
★房地产业	15.46	16.31	19.31	19.60	18.69	19.16
★金融业	12.27	14.87	14.72	15.87	15.44	15.96
★公共管理和社会组织	6.65	7.45	7.51	7.58	7.54	8.83
交通运输、仓储和邮政业	6.45	6.31	5.64	5.11	4.97	5.01
★租赁和商务服务业	6.44	6.54	5.67	6.17	7.09	6.30
住宿和餐饮业	4.92	4.38	3.95	3.65	3.62	3.57
★信息传输、软件和信息技术服务业	4.53	4.13	4.03	4.83	5.51	5.08
★教　育	4.30	4.21	4.95	5.49	5.23	5.26

续表

行业 \ 年份	2010	2012	2014	2016	2018	2019
★卫生和社会工作	2.34	2.28	2.72	2.95	3.20	3.44
★科学研究和技术服务业	1.92	2.43	3.57	4.06	4.10	4.12
★文化、体育和娱乐业	1.25	0.99	0.72	0.65	0.56	0.55
居民服务和其他服务业	1.15	1.02	1.57	1.90	2.24	1.67
水利、环境和公共设施管理业	0.96	0.85	0.92	0.84	1.00	1.00

注：带*的为现代服务业

④创新方式由技术引进向自主创新转变。

早期苏州招商引资瞄准大公司、大财团，主动出击，走高起点、高水平的合资合作之路，注重以引进技术含量高、投资规模大的项目为重点，加快推进技术进步。到1999年苏州市已引进投资总额超千万美元的项目961个，其中超亿美元的项目29个；名列世界500强的公司已有72家进入苏州，欧、美、日等发达国家和一些新兴工业化国家的投资比重超过65%。仅市区就有100多家合资、独资企业的技术达到90年代国际先进水平，形成了以罗技鼠标、明基彩显、精工爱普生水晶振子、液晶显示器、超微半导体和日立、三星半导体集成电路等20多个较大规模的高新技术生产基地，有些产品在国际市场上已占有较大份额。

到1999年苏州市共有高新技术企业288家，占江苏省全省的29.9%，高新技术产品1300多个，全年高新技术产品产值达450亿元，占工业总产值的23%。高新技术产业成为苏州市投资的重点，1999年全市工业技改投入181.9亿元，其中85%投向了高新技术产业项目。电子信息、机电一体化、生物医药、精细化工、新型家电、新材料等六大新兴产业，在全市工业销售总量中的比重已由90年代初不到10%上升到1999年的37.5%。苏州市高新技术产品出口达到25亿美元，占出口总额的36%，出口产品档次明显提高。

近年来苏州加快创新型城市建设，以建设苏南国家自主创新示范区核心区为契机，深入实施创新驱动战略，在科技创新研发体系、创新孵化培育体系、科技金融支撑体系和创新成果转化体系建设方面取得了长足的进步。

一是积极完善科技创新研发体系。持续加大创新资源平台引进力度，引进了以中科院苏州纳米技术与纳米仿生研究所为龙头的一大批研发机构，与中科院、江苏省、苏州市联合建设国家首个纳米领域“大科学装置”——纳米真空互联实验站。到 2019 年底省级以上工程研究中心（工程中心、实验室）累计达 107 家；省级以上企业技术中心累计达 632 家；省级以上工程技术研究中心累计达 852 家；年末省级以上科技公共技术服务平台 31 家，其中国家级 2 家。南京航空航天大学苏州研究院、赛迪研究院苏州分院、长三角先进材料研究院等一批研发机构相继设立。江苏省产业技术研究院新布局建设的专业研究所有 16 家落户苏州，数量居全省第一。基本形成包含科研院所、技术转移机构和企业研发机构在内的完整的创新研发体系。

二是积极完善创新孵化培育体系。从 2001 年开始持续加大投入，大力推进科技孵化体系建设，先后投资 100 亿元，投资建设了国际科技园、生物纳米园、中新生态科技城等创新孵化载体，总面积超 380 万平方米，共孵化入驻各类中小型创新企业近 3000 家，主要涵盖电子信息、生物医药、文化创意等产业。2019 年末拥有省级以上科技企业孵化器 118 家，孵化面积 397.92 万平方米。近年来，大力推进“大众创业、万众创新”，启动建设了金鸡湖创业长廊，引进了硅谷 PNP、百度创业中心、腾讯云基地、蒲公英等一批创新型孵化器。2019 年末省级以上众创空间达 264 家。各类众创空间孵育创新团队 4000 余个。

三是积极完善科技金融支撑体系。大力发展科技金融，在省内率先开展科技金融省、市、县三级联动机制，搭建科技金融服务平台，初步形成“一库、一池、一平台”的科技金融“苏州模式”，帮助科技企业解决“首贷、首保、首投”。东沙湖股权投资中心暨国家“千人计划”创投中心集聚股权投资机构超 500 家，管理资金规模 800 多亿元。苏州工业园区股权投资基金规模超 1200 亿元，为创新创业提供了有力的资本支持。一批科技支行、科技保险机构、小贷公司、科技金融超市、融资租赁公司等相继落户，为许多中小型科技企业提供了及时、有效的融资服务。苏州高新区联合招商局集团共同打造“苏州金融小镇”，集聚各类金融服务机构、基金投资机构 440 多家，集聚资本规模近 800 亿元，成功入选江苏省第一批科技服务业特色基地。

四是积极完善创新成果转化体系。依托独墅湖科教创新区科研院所集聚优势，采取校企联合共建实验室、组织创新企业与高校科研成果对接等方式，加快科研成果推广应用与产业化步伐，创新区院校平均每年与苏州工业园近千家企业开展产学研合作，有效促进了创新要素的互动，形成了产学研一体化的创新支撑体系，并加速推进跨国项目的转移与合作，苏州工业园区国际科技创新中心、牛津大学 ISIS 国际技术转移中心、洛加大苏州研究院 Xlab 创业孵化器等一系列国际技术转移机构陆续建立，成功打通了国际科研成果的产业化渠道，进一步提升了区域国际化的科研水平和产业化能力。

五是积极完善创新人才供给体系。2007 年以来，苏州市完善人才培育引进政策，面向全球加快集聚高层次人才和顶尖人才，加大重大创新团队的引进扶持力度，围绕产业创新布局大力引进一批拥有核心自主知识产权，掌握关键技术的高科技领军人才。实施“姑苏人才计划”“海鸥计划”以及科技创业天使计划等人才计划，创新人才在苏州的集聚效应凸显。2019 年苏州全市拥有国家“千人计划”人才 262 人、省“双创人才”985 人，分别为 2011 年的 3.2 倍、4.8 倍；同期，高层次人才、高技能人才、各类人才等总人数逐年快速增长，2019 年分别达到 26.98 万、64.8 万和 293.44 万，年均增长率分别达到 13.6%、10.3%、7.8%（见表 10-14）。高层次人才的集聚为苏州科技创新奠定了人才基础。

表 10-14　2011 年以来苏州高端人才情况

年份	2011	2012	2013	2014	2015	2016	2017	2018	2019
国家“千人计划人才数”（人）	81	105	125	157	187	219	237	250	
省“双创人才”人才数（人）	205	301	406	501	579	683	782	873	985
市“姑苏领军人才计划”人才数（人）	229	347	474	606	741	866	1012		
高层次人才数（万人）	9.7	11.4	13.37	15.53	17.8	20.05	22.29	24.49	26.98
高技能人才数（万人）	29.54	38.92	43.09	46.63	49.19	52.43	54.87	57.68	64.8
各类人才总量（万人）	161.21	178.37	195.56	212.04	228.13	244.21	260.01	276.48	293.44

数据来源：各年苏州国民经济和社会发展统计公报

表 10-15　2011 年以来苏州创新指标变化情况

年份	2011	2012	2013	2014	2015	2016	2017	2018	2019
发明专利授权量（件）	2492	4309	4413	5264	10488	13267	11618	10845	8339
占专利总授权量的比例（%）	2.9	4.4	5.4	9.6	16.8	24.8	21.8	14.3	10.27
年末万人有效发明专利授权量（件）	5.68	10.13	14.19	18.51	27.42	38.25	46.18	53.00	58.66
高新技术产业产值占工业共产值比重（%）	37.9	41.3	43.5	45.2	46.4	46.8	46.9	47.7	49.4
高技能人才数（万人）	29.54	38.92	43.09	46.63	49.19	52.43	54.87	57.68	64.8
各类人才总量（万人）	161.21	178.37	195.56	212.04	228.13	244.21	260.01	276.48	293.44

苏州市大中型工业企业和规模以上高新技术企业研发机构建有率达 94.6%、有效建有率达 90.87%，位居江苏省第一。2019 年苏州市新增 131 家省级工程技术研究中心，截至 2019 年底，苏州共有省级以上工程技术研究中心 863 家，继续位居江苏省第一。专利授权量总量和密度都得到大幅提升（见表 10-15）。

科技创新有效推动苏州新兴产业发展，并促进传统产业转型升级，为经济发展做出重要贡献。苏州的产业发展也见证了科技创新的力量，如 2019 年苏州市制造业新兴产业产值、高新技术产业产值占规模以上工业总产值的比重分别高达 53.6% 和 49.4%。新一代信息技术、生物医药、纳米技术、人工智能等四大先导产业产值占规模以上工业总产值的比重达 21.8%，数字经济规模突破 2000 亿元，同时带动经济发展的新技术、新业态、新模式不断涌现。

（2）启　示

启示一：要构建服务型政府，围绕产业链招商。苏州工业园的成功经验给其他地区提供的启示是，园区管委会积极构建“小政府、大社会”的管理体制，从管理职能向服务职能转变，提供高起点、高标准、高质量的园区基础设施，为外资提供了良好的体制环境，因此成了其他城市招商引资的典范。具体做法是：转变政府职能，积极构建服务型政府；围绕产业链招商，这些企业之间并不只是地理上的互相接近，更为关键的是互相之间密切联系，共同分享市场、技术、劳动力以及各种信息，因此能对外界的变化做出灵活的反应，增强竞争优势。

启示二：要以产业结构调整为目标，大力培育发展新兴产业。苏州的主导产业从传统的纺织业升级为电子及通信设备制造业等先进制造业，这些高附加值的行业为区域创造了更多财富。其他城市也要紧盯未来新兴市场的需求，准确把握新技术、新产业、新市场的发展脉搏，充分发挥产业基础优势，突破资源、环境、技术等方面的制约，遵循有所为有所不为的原则，培育一批具有爆发性增长潜力的新兴产业，形成新的经济增长点。

启示三：要以创新政策落实为抓手，优化完善自主创新环境。创新驱动只能通过创新机制的内在化，走原始创新之路实现。创新的本土化，并非排斥外资和外部创新资源，而是要优化创新环境，解决以往引进外资路径不能解决的高端创新资源集聚问题，提高这些资源参与本土创新过程的效率，从而增强本土企业内生的创新能力。因而要制定和完善激发企业技术创新能力提升的相关规划和政策，建立风险担保、技术鉴定、专利服务和产权交易等中介服务平台；完善有利于新兴产业发展、创新型企业成长的投融资环境；推动人力资本、知识资本、金融资本、实业资本的合资、合作；健全知识产权保护体系、科技成果转化支持体系、技术服务保障体系、技术产权交易体系等。

3. 宁波：数字经济与特色产业相结合促进经济增长

浙江省宁波市是计划单列市、首批沿海开放城市，也是全国重要的工业大市和先进制造业基地，是全国第一个信息化与工业化深入融合示范区，也是全国十大智慧城市之一。

自 1978 年以来，宁波经济总量实现了巨大突破。地区生产总值（GDP）从 1978 年的 20.2 亿元开始，1988 年突破 100 亿元，1999 年突破 1000 亿元，2010 年突破 5000 亿元，2015 年突破 8000 亿元，2017 年达 9846.9 亿元。按可比价计算，年均增长13.2%，比全国、全省年均增速分别高出3.7和1.1个百分点。宁波仅用全国0.1%的陆域面积创造了全国1.19%的GDP。人均地区生产总值（按户籍人口计算）从1978年的437元到2017年的165787元，按可比价计算，年均增长12.2%。2017年，按常住人口计算的人均生产总值为124017元，按年平均汇率折合18368美元，已达到世界银行最新国别收入分组标准高收入经济体（12736美元）的水平。与世界各经济体相比，宁波GDP总量接近新西兰，可以排在世界第54位，人均GDP接近希腊，可以排在世界第43位。而在2000年，宁波的人均GDP仅能排在世界第91位，GDP总量排在世界第78位。2018年，宁波以1.07万亿的地区生产总值进入“万亿俱乐部”。

（1）宁波经济增长动力转换的经验

①需求结构不断改善，内需强劲。

改革开放以来，是投资、消费、出口“三驾马车”协同拉动宁波经济发展的（见图10–23）。资本形成始终是拉动经济增长的最主要动力，直到2017年被最终消费超过。货物和服务净流出的贡献自1995年开始在6% ~ 20%之间波动，2018年突破20%。

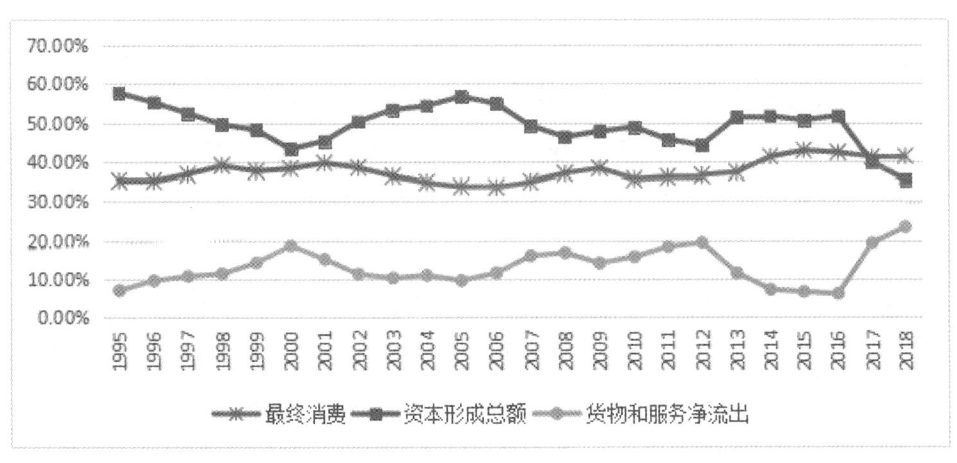

图10–22　宁波历年地区生产总值的构成（1995—2018）

首先，固定资产投资保持了较高的增长速度，由1978年的5亿元增加到2019年的5610.3亿元，增长1122倍，名义年均增长18.7%。2009—2019年，基础设施投资累计投资 12861.1 亿元，10 年来年均增长 11.7%。同期房地产投资从 374.5 亿元上升到 1703.4 亿元，年均增长 16.4%。2009—2019 年，以机器换人为重点的工业投资从 709.5 亿元上升到 1494.4 亿元，年均增长 7.7%。在地区生产总值构成中资本形成占比始终高于 30% 以上（见图 10–22）。

其次，社会消费品零售总额保持稳步上升的态势，由 1978 年的 7.1 亿元上升到 2019 年的 4268.6 亿元，增长 601 倍，名义年均增长 16.9%。商品销售额从 2000 年 1020.4 亿元增长到 2019 年的 25105.7 亿元，年均增长 18.4%。与住房和文化消费有关的商品销售额快速增长，传统消费增势平稳。从限额以上批发零售业商品销售额来看，2009—2019 年金属材料类、化工材料及制品类、家具类、电子出版物及音像制品类、汽车类、服装类、食品饮料烟酒类消费分别增长 13.7 倍、12.5 倍、12.0 倍、8.3 倍、5.3 倍、3.5 倍和 2.7 倍。

再次，宁波主动顺应经济全球化趋势，抢抓中国加入 WTO 机遇，发挥港口作为连接国内外两个市场的枢纽节点功能，不断扩大对外开放，积极参与国际竞争与合作。宁波作为古代海上丝绸之路“活化石”和我国首批沿海开放城市，参与“一带一路”建设走在前列，与64个沿线国家建立友好合作关系。

自营进出口总额从 1985 年的 1029 万美元增加到 2019 年的 1130.8 亿美元，增长 1.10 万倍，名义年均增长 31.5%。其中，出口总额从 1985 年的 389 万美元增加到 2019 年的 866.0 亿美元，增长 2.23 万倍，名义年均增长 34.2%。在地区生产总值构成中，货物和服务净流出占比 10% 左右，2018 年超出 20%。

自 1984 年起，国家先后批准宁波为沿海开放城市、计划单列市和“较大的市”，相继设立了宁波经济技术开发区、宁波保税区、大榭开发区、宁波杭州湾经济技术开发区、宁波高新技术产业开发区、宁波出口加工区、慈溪出口加工区、宁波石化经济技术开发区和梅山保税港区 9 个国家级开发区。自营进出口总额于 1988 年突破 1 亿美元，1993 年突破 10 亿美元，2002 年突破 100 亿美元，2013 年突破 1000 亿美元，成为浙江首个、长三角地区第三个外贸总额超千亿美元的城市。2019 年达到 1131 亿美元，在 15 个副省级城市中排名第三，占全国的份额为 2.73%。

②港口经济逐渐增强。

一是港口经济实现多次历史性跨越。

宁波自唐宋以来一直是“海上丝绸之路”上的一个重要港口，经济繁荣、文化兴盛。十一届三中全会以来，宁波依托得天独厚的港口优势，在建设现代化国际港口城市的进程中，砥砺奋进，不断前行，取得了飞速发展，确立了宁波作为世界第四大港口城市。宁波始终坚持立足港口谋发展，坚持实施“以港兴市，以市促港”战略，推进港口产业与城市开放联动发展，加快现代化国际港口城市建设。

1973 年，根据周恩来总理“3 年改变中国港口面貌”的指示精神，有着千年历史的宁波港开始建设镇海港区，实现了由内河港走向河口港的第一次历史性跨越。1979 年初，北仑港区的开发建设使宁波港走出甬江，完成了由河口港到海港的第二次跨越。

80 年代，面对长三角地区和华东地区能源原材料短缺局面，发挥港口优势，大力发展电力、能源进口中转、大宗商品交易等产业，积极建设华东地区重要的能源原材料基地，为国家生产力布局作出重大贡献。1989 年，随着被国家确定为中国大陆重点开发建设的四个国际深水中转港之一，宁波港进入了高速发展期。

90 年代，围绕上海国际航国际运中心建设，坚持“统筹规划、合理布局、优势互补、联合开发、共同发展”，推动宁波北仑深水港在上海国际航运中心建设中的战略部署，努力建设成为上海国际航运中心的重要组成部分，共同服务于国家开放大局。2000 年，宁波港货物吞吐量突破亿吨，成为中国大陆第三个亿吨港。2008 年 5 月，杭州湾跨海大桥的通车，使宁波逐步发展为长三角南翼的交通枢纽中心。

十八大以来，宁波发挥港口和开放优势，积极参与国家“一带一路”建设、长江经济带建设和长三角区域一体化发展战略，着力打造“一带一路”建设综试区和中国—中东欧“17+1”经贸合作示范区。2015 年 9 月，宁波舟山港集团有限公司正式成立，宁波舟山港实现以资产为纽带的实质性一体化。2019 年末宁波舟山港集装箱航线总数达 244 条，其中远洋干线 110 条，近洋支线 82 条，内支线 20 条，内贸线 32 条。全年完成海铁联运 80.9 万标箱，增长 34.5%。2019 年，宁波舟山港完成货物吞吐量 11.19 亿吨，连续十一年位居世界第一，年均增长 16.5%(见图 10–23)；完成集装箱吞吐量超 2753 万标准箱，保持全球第三位。宁波舟山港已从仅由 4 个千吨级破旧浮码头的区域性内河小港成长为现代化国际性港口。

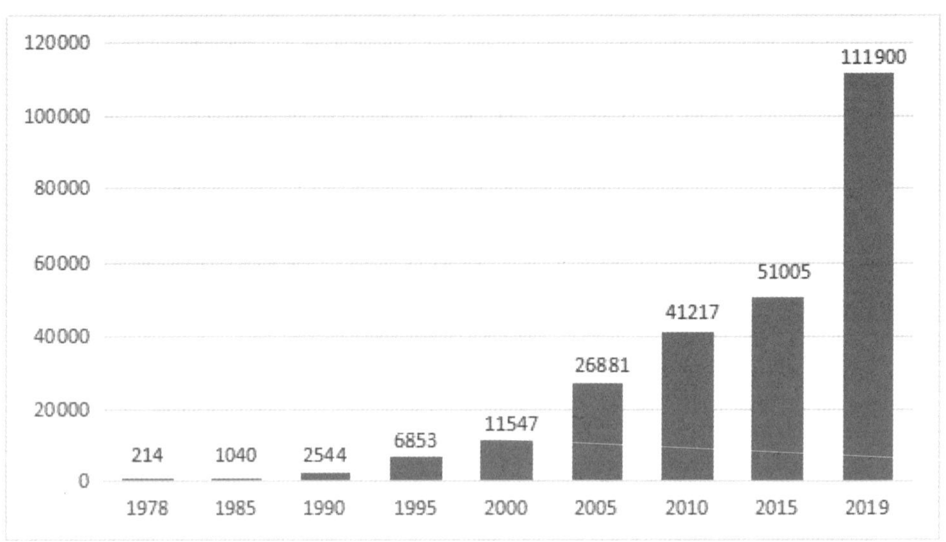

图10-23 宁波舟山港部分年货物吞吐量（单位：万吨）

宁波舟山港已经和世界上 100 多个国家（地区）的 600 多个港口实现通航，成为全国超大型船舶最大集散港，现共拥有集装箱航线 232 条，其中远洋干线 117 条，近洋支线 74 条，内支线 20 条，内贸线 32 条，月均航班 1650 余班。成功举办中国航海日论坛，规模效应创历史之最；推动 4 条“海上丝路”宁波指数（NCFI）登陆伦敦波罗的海交易所。海铁联运业务实现跨越式发展，从 2011 年的 4.7 万标箱到 2020 年的 100 万标箱，年均增长 40.5%，居全国 6 个示范通道首位。世界前三十位船公司均在宁波舟山港开展业务。宁波舟山港已发展成为我国大陆重要的集装箱远洋干线港，国内最大的铁矿石中转基地和原油转运基地，国内重要的液体化工储运基地和华东地区重要的煤炭、粮食储运基地，国家的主枢纽港之一。

二是借助数字经济，港口经济形成新的增长动力。

经过几十年的发展，依托港口宁波已经形成一条沿海临港工业带，在石化行业、能源行业、汽车行业、钢铁行业、造纸行业以及修造船行业等六个方面都呈现发展兴旺态势。进入“十三五”阶段后，原有的动力优势逐渐丧失，传统的优势产业发展缓慢甚至出现负增长，如海洋渔业与临港工业中的石化、钢铁等行业。而相对传统产业，新兴产业近年来增幅迅猛，初步形成海洋高技术装备、海洋生物育种及健康养殖、海洋生物医药及制品三大优势产业。此外，远洋渔业、滨海旅游业与海水利用业也逐渐成为海洋经济中的新的亮点。

与此同时宁波转换形成新的增长动力，与杭州协同发展数字经济。2019年完成口岸进出口总额17086.4亿元，比上年增长6.7%。全年完成外贸自营进出口总额9170.3亿元，增长6.9%。外贸出口占全国比重为3.46%，比上年提高0.08个百分点。

外贸进出口业务的大幅拓展，主要得益于宁波“数字工程”的支撑。以航运业为例，作为宁波中高端航运服务业的主要载体，宁波航运交易所早已将目光聚焦在航运大数据运营这一战略方向，无论是先后打造的航运订舱、航运经济监测分析、港口经济监测分析、船舶在线竞拍、诚信评估应用、海上丝路航运大数据中心等创新型平台，还是自主研发的海上丝路系列指数，都在以“数字经济时代的探路者”的身份向“成为港航物流与国际贸易领域的公共服务平台和专业服务机构”的定位目标前进。宁波航交所建设的众多平台在为企业提供交易服务的同时，不断积累了大量的交易数据、企业运营数据和诚信数据，加之其广泛的对外合作，数据资源集聚效应初步显现。海上丝路航运大数据中心集聚了国际贸易、国际航运、宏观经济、金融市场等领域的数据资源，是一个集数据集成交换、数据存储管理、数据挖掘分析、数据产品研究应用、数据服务展示为一体的航运物流领域的专业性行业大数据综合服务平台。2019年宁波市入选交通强国建设试点单位、首批港口型国家物流枢纽，获评国家综合运输服务示范城市，建成全国首批多式联运示范工程。

③经济结构不断调整优化，企业效益持续改善。

宁波三次产业比例由1978年的32.3∶48.0∶19.7发展到2019年的2.7∶48.2∶49.1（见图10–24）。其中，第一产业增加值从1978年的6.5亿元增加到2019年的322.3亿元，年均增长10.0%，比重降低29.6个百分点；第二产业增加值从1978年的9.7亿元增加到2019年的5782.9亿元，年均增长

16.7%，比重提高 0.2 个百分点；第三产业增加值从 1978 年的 4.0 亿元增加到 2019 年的 5879.9 亿元，年均增长 19.5%，比重提高 29.4 个百分点。总体上宁波经济结构已经形成了现代产业发展格局。

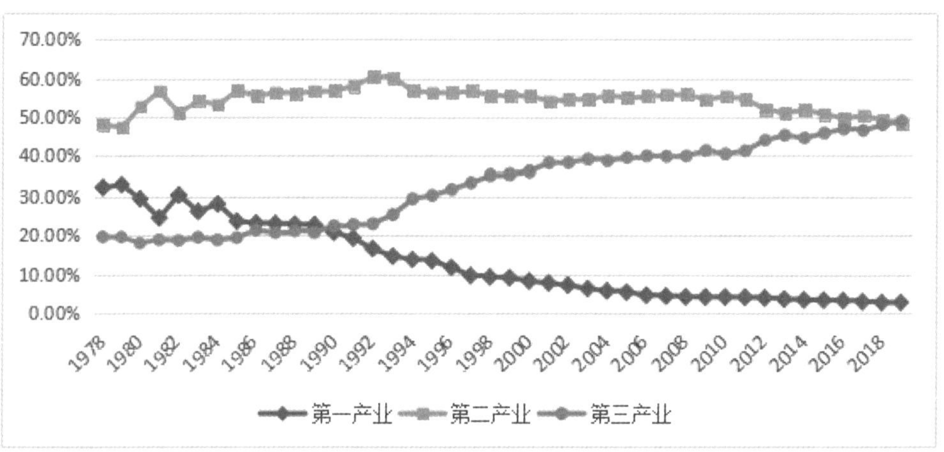

图10-24　宁波历年三次产业占地区生产总值的比重（2015—2019）

一是农业现代化水平提升。宁波以建设绿色都市农业强市为目标，大力推进农业园区建设，加快推进现代农业集约、集聚、集群发展。到 2019 年底建成省级现代农业园区累计 9 个、特色农业强镇累计 20 个，居全省第一。2019 年末，市级农业龙头企业有 294 家，其中农业产业化国家重点龙头企业为 10 家。以培育农业龙头企业为抓手，加快推进农产品初加工、精深加工、主食加工、副产物综合利用协调发展，农产品加工率达到 68.7%，居全省领先。大力推进农业机械化，主要农作物耕种收综合机械化率达 89.6%，居全省第一。加快推进数字乡村建设，益农信息社行政村覆盖率达 93.1%，农业科技进步贡献率达 65.0%，居全省领先。大力发展乡村旅游和休闲观光农业，2019 年全市休闲农业和民宿经济营业收入 75.6 亿元，同比增 21.8%，连续十二年保持 20% 以上的增速①。余姚市成为国家特色农产品优势区。2019 年，宁波实现农林牧渔业总产值 507.05 亿元，是 1978 年的 57.4 倍。其中，农业、林业、牧业和渔业总产值分别为 240.17 亿元、16.39 亿元、43.12 亿元和 188.19 亿元，

① 资料来源：2019 年宁波市农业农村局工作总结，宁波市农业农村局网页 http://nyncj.ningbo.gov.cn/art/2020/1/17/art_1229058307_1687769.html

分别是 1985 年的 15.6 倍、19.7 倍、12.2 倍和 88.4 倍。

二是工业经济持续高速增长，工业结构优化。2019 年，宁波全部工业增加值 5164.6 亿元，按可比价计算，比 1978 年年均增长 16.9%。规模以上工业企业利润总额达 1287.46 亿元，是 1978 年的 497.1 倍，年均增长 16.5%。

宁波发挥港口和区位优势，聚焦深耕实体经济，打造具有国际影响力的先进制造业基地，实现了从“三根半烟囱”到现代化产业体系，从工业小市到工业大市、工业强市的历史性跨越。在新的历史时期，宁波紧扣建设现代化经济体系要求，着力打造“246”万千亿级产业集群，建设中国制造业高质量发展示范区。目前全市各类制造业主体超过 12 万家，形成了汽车制造、绿色石化、新材料等 8 个超千亿级产业集群。在石化产业方面，宁波是全国最大的成品油加工基地和国内重要的化工新材料生产基地；在汽车制造业方面，宁波拥有上海大众和吉利汽车两大整车制造龙头企业，也是全国综合竞争力较强的先进汽车零部件产业基地。在电工电器产业方面，全国 1/3 的小家电由宁波制造，有 10 多个细分行业小家电产量长期保持全国第一，是全国四大家电生产区。在纺织服装方面，宁波是全球最重要的男装产地，衬衫的全国市场占有率超过 1/4，是全国三大服装产业基地之一。

宁波传统优势产业加速由块状经济向现代产业集群转型，工业产业结构持续向高层次演进。纺织及服装业由 2002 年的 15.17% 大幅降至 2019 年的 5.92%，金属制品由 4.86% 降至 3.55%；石油加工、普通机械、专用设备制造、电气机械及器材制造及电子及通信设备制造比重稍微下降；化学原料和化学制品由 2.84% 升至 9.96%；交通运输设备制造业由 4.96% 大幅升至 14.97%，其中汽车制造业跃升为宁波工业第一大行业，成功引进上海大众、中国南车等投资超百亿元的重大项目，从 2012 年至 2019 年短短 7 年间总产值就增长 3.3 倍（见表 10–16）。2018 年，宁波被国务院评为全国“实施‘中国制造 2025’、工业稳增长和转型升级成效明显市”。2019 年规模以上工业新产品产值增长 10.3%，新产品产值率达到 34.2%。规模以上工业中，战略性新兴产业、高新技术产业、装备制造业增加值分别增长 8.7%、7.4% 和 6.2%。年末全市“246”万千亿级产业集群拥有规上工业企业 5921 家，全年实现工业增加值 3170.7 亿元，增长 7.3%，高出全部规上工业增加值增速 0.9 个百分点。

表 10-16　宁波主要工业行业占规模以上工业总产值的份额（单位：%）

年份	2002	2005	2010	2015	2019
纺织业	6.92	7.62	6.53	2.64	2.08
服装及其他纤维制品制造业	8.25	3.57	2.85	4.87	3.84
石油加工及炼焦业	11.32	13.28	11.31	9.73	9.21
化学原料及化学制品制造业	2.84	4.25	6.86	10.57	9.96
黑色金属冶炼及压延加工业	1.61	3.26	4.19	3.21	2.10
有色金属冶炼及压延加工业	2.87	4.83	4.43	4.63	4.78
金属制品业	4.86	4.15	3.40	2.98	3.55
普通机械制造业	7.12	7.99	7.31	5.46	5.74
专用设备制造业	2.91	3.14	3.61	3.08	3.36
交通运输设备制造业	4.96	4.52	6.15	10.69 （1.29）	14.24 （0.73）
电气机械及器材制造业	12.10	10.75	11.76	11.57	11.95
计算机、通信及其他电子设备制造业	6.16	4.74	6.38	5.88	6.44

注：自2015年起交通运输设备制造业分为汽车制造业（括号外）和铁路、船舶、航空航天和其他运输设备制造业（括号内）

三是服务业对经济增长贡献显著提升。2019 年，宁波服务业增加值达 5879.93 亿元，按可比价计算，比 1978 年年均增长 19.5%，占地区生产总值的比重提高 29.4 个百分点，年均提高 0.72 个百分点。由表 10-17 可知，2004—2018 年间宁波服务业中占比大部分小幅下降，而与之相对的是金融业、科学研究和技术服务业、文化、体育和娱乐业和租赁和商务服务业占比上升，尤其是租赁和商务服务业比重上升了 4.66%。这得益于宁波广告业和会展业的蓬勃发展。2017 年，宁波广告产业园成为国家级广告产业园，人力资源服务机构数位居全省第一。2019 年全市举办各类会展项目 330 个，比 2007 年增长 60.2%。其中，展览项目 198 个，展览面积 213 万平方米，展览面积 2 万平方米以上的展会数量达 26 个。成功举办首届中国—中东欧国家博览会暨国际消费品博览会。全球云计算大会（宁波站）更名为全球云计算大会（中国站），宁波作为中国唯一举办地。继 2007 年荣获“中国十大最佳会展城市”称号后，2017 年宁波再获“中国十佳会展名城”“金五星优秀会展城市奖”等荣誉，

2019年度获“中国最具影响力会展城市”荣誉称号，在国内确立了会展名城的地位。

表 10–17　宁波各服务业占服务业总增加值的比重（单位：%）

年份	2004	2005	2009	2010	2014	2015	2018
批发和零售业	22.74	22.07	22.80	24.17	26.54	24.65	23.60
交通运输、仓储和邮政业	11.03	11.49	10.61	11.27	10.27	9.65	9.57
住宿和餐饮业	4.23	3.92	4.47	4.61	3.39	3.32	2.51
信息传输、软件和信息技术服务业	5.05	5.19	3.79	3.59	3.35	3.54	2.56
金融业	12.21	14.08	18.14	18.44	13.14	13.21	15.66
房地产业	15.33	12.81	13.86	11.10	11.41	11.53	13.42
租赁和商务服务业	5.23	5.00	3.64	4.09	7.94	8.87	9.89
科学研究和技术服务业	1.78	1.77	2.00	2.25	2.65	2.60	3.39
水利、环境和公共设施管理业	1.25	1.25	0.75	0.73	0.78	0.74	0.45
居民服务、修理和其他服务业	2.10	1.96	2.81	2.67	2.32	2.54	1.75
教育	6.12	6.73	5.31	5.48	5.16	5.20	5.11
卫生和社会工作	3.04	3.41	3.09	3.22	3.46	3.75	3.96
文化、体育和娱乐业	1.28	1.27	1.50	1.47	1.74	1.83	1.60
公共管理、社会保障和社会组织	8.61	9.04	7.22	6.90	7.56	8.33	6.19

④全面落实创业创新，科技投入不断加大。

一是科技投入不断加大。R&D（研究与开发）支出占GDP的比重从2010年的1.66%上升到2019年的2.70%。2015—2019年发明专利授权量累计26840件（见表10–19）。2012年，由宁波大学为主完成的“非线性应力波传播理论及应用”项目获得国家自然科学二等奖，成为全市首次获得的国家自然科学奖。2017年，宁波获批国家海洋经济创新发展示范城市，鄞州区和中科院宁波材料所成为国家级“双创”示范基地。

二是创新主体不断增加。2017年底，宁波共有省级企业研究院69家，市级企业研究院123家，省级高新技术企业研究开发中心390家，市级以上院士工作站112家，其中省级站25家、全国示范工作站6家。人才规模质量不断提升，2017年底，人才总量达219.6万人，是2010年的2.43倍。其中，海外人才总量达1.1万人，博士、博士后总量为5952人，高技能人才达37.5万人。

表10-18　宁波市级以上科技成果鉴定、获奖、专利权情况

年份	2015	2016	2017	2018	2019
科技成果登记	723	716	829	669	717
科学技术奖	120	122	121	119	136
#国家级		2	5	6	5
省级	30	40	36	21	39
市级	90	80	80	92	92
授权专利数	46088	40792	36993	44777	47220
#发明	5412	5669	5382	5302	5075
实用新型	23071	18193	16518	23428	24733
外观设计	17605	16930	15093	16047	17412

三是立足市场化资源配置机制及产业导向的协同创新机制。宁波率先形成产业导向、企业主体、“政产学研金介用”相结合的自主创新体系。2015年两化融合深入推进，先进控制技术在骨干企业的应用普及率达80%，关键工序数控化率达60%、数字化研发设计工具普及率达91%，成为全国第一个信息化与工业化深度融合示范区和十大智慧城市之一。2019年规模以上战略性新兴产业、高新技术产业增加值分别增长8.7%和7.4%，高出全部规上工业增加值增速1.3和1.0个百分点。

⑤品牌质量形成优势。

宁波是中国品牌之都，先后获得中国文具之都、中国模具之都、中国注塑机之都等9个全国唯一的产业品牌称号，培育了雅戈尔、方太、奥克斯、海天塑机等一大批知名企业品牌。全市200多种工业品产销量居全国同行业前三，其中伺服电机、注塑机等135种产品产销量居全国同行业首位。宁波还是全国首批“质量强市”示范城市。这些年通过加强质量基础管理能力、质量创新竞争能力和质量安全保障能力建设，形成了集知识产权、标准化、品牌和管理为一体的“质优宁波”体系，走出了一条以质取胜的发展路子。

⑥对外开放深化。

宁波是国内开放程度最高的城市之一。宁波已经成为全国对外投资最活跃的城市，优势民营企业开展了一系列跨国并购，通过收购国外的先进技术和优质项目，逐步打入国际制造业高端领域。全世界有 40 余万宁波人及其后裔分布在 103 个国家和地区，其中不少已经成为工商巨头和世界级的名流，成为宁波开展国际交流合作的良好桥梁和纽带。

（2）启　示

启示一：利用数字经济改造传统产业。宁波传统的港口经济借助数字经济形成了新的增长动力。数字经济与产业深度融合将是中国经济发展的大趋势，各行各业的数字化转型步伐将大大加快，特别是大数据、云计算、物联网、人工智能、5G 和区块链等数字技术的广泛应用，将进一步提升传统产业生产效率，激发传统产业发展活力，加快传统产业升级改造的步伐。后发地区应该统筹兼顾推进数字化转型，平衡好传统产业和新兴产业的发展步伐。由于传统产业中企业数字化转型成本较高，应从企业自身的资金实力、业务发展需求以及长期的发展规划出发，逐步推进转型进程。根据不同区域、不同行业的产业特点和数字化程度，因地制宜、分门别类地推进传统产业数字化进程，在推动传统产业提质增效的同时，推动区域经济协调发展。

启示二：聚焦优势领域，发展现代服务业。宁波现代服务业的发展使第三产业对经济增长贡献显著提升，尤其广告业和会展业表现尤为突出。发展现代服务业，既要发展与工业紧密相关的生产性服务业，也要发展与人民生活紧密相关的生活性服务业。生产性服务业在现代服务业中居于重要地位，具有专业性强、创新活跃度高、产业融合度高、带动作用显著等特点，其规模和效率直接影响整个经济发展的速度和水平。协同推进新型工业化、信息化、城镇化、农业现代化和绿色化，尤需生产性服务业发挥支撑作用，加快向其他产业融合渗透，助推产业结构优化升级。因此可大力发展文化创意、研发设计、第三方物流、融资租赁、信息技术服务、节能环保服务、电子商务、商务咨询、服务外包、品牌建设等生产性服务业加快发展。生活性服务业的发展水平关系到居民对城市生活的满意度，也关系到引进人才、留住人才的效果。加快发展生活性服务业，是推动经济增长动力转换的重要途径，实现经济提质增效升级的重要举措，保障和改善民生的重要手段。要遵循产城融合、产业融合和宜居宜业的发展要求，科学规划产业空间定位，合理布局网点，完善服务体系。

4. 无锡：科技金融助推高新技术产业和新兴产业发展

2007 年一场突如其来的蓝藻危机，造成无锡全城自来水受到污染，让无锡旧有的发展模式陷入了沉重的质疑声中。受此影响，无锡经济在数年中徘徊不前，新的投入不足、老的转型不够，并且外迁了 2000 多家企业。经济增速甚至在全江苏省 13 个设区市中垫底，2015 年无锡 GDP 增速仅为 3.91%。但是无锡人从太湖蓝藻事件“危”中寻“机”，在以本土、民营和实体为主的经济结构中，用创新和智能擦亮传统制造业底色，终于在 2017 年跻身国内 14 个万亿 GDP 城市行列，实现了历史性的跨越和突破。

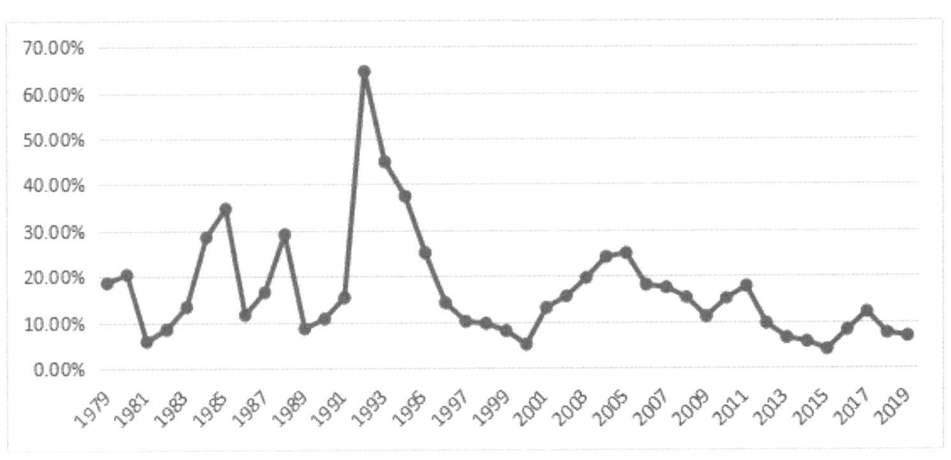

图10–25　无锡历年地区生产总值同比增速

改革开放以来，无锡地区生产总值经历高速增长后，转入了中高速增长的新常态。按波动周期，无锡经济增长可分为七个阶段（如图 10–25）：

第一个阶段是 1978—1981 年。这一阶段，无锡的增长动力来源于 1978 年的改革开放，使得市场经济活跃。可以看到这一阶段的波峰出现在 1980 年，峰值为 20.34%，波谷出现在 1981 年，生产总值增速为 5.78%，峰谷差值为 14.65%。

第二个阶段是 1982—1986 年。这一阶段，无锡的增长动力来源于家庭联产承包责任制的推行，同时，1984 年信贷体制的改革一起推动了无锡的经济增长。这一阶段的波峰出现在 1985 年，增速为 34.67%，波谷在 1986 年 8.47%，峰谷差值为 26.2%。这一阶段波动周期为五年，波动幅度远高于上一阶段。

第三个阶段是 1987—1989 年。这一阶段，“价格闯关”以及放开价格预期推动了无锡的经济增长，但由于后期实行严厉的“治理整顿”使得增速回落。这一阶段的波峰是在 1988 年，增速为 29.06%，波谷出现在 1989 年，增速为 8.47%，峰谷差值为 20.59%，波动幅度低于上一阶段，且周期为三年。

第四个阶段是 1990—2000 年。这一阶段，由于改革开放的深入推进，投资急剧增长推动经济增长。这一阶段波峰出现在 1992 年，增速为 64.52%，波谷出现在 2000 年，增速为 5%，峰谷差值为 59.52%。这一阶段周期为 10 年，波动幅度是所有阶段中最大的。

第五个阶段是 2001—2009 年，这一阶段，经济增长得益于无锡的对外开放，中国加入世界贸易组织以及无锡工业化和城市化的推进，但由于受到美国次贷危机的影响，后期经济增速开始回落。这一阶段，波峰出现在 2005 年，增速为 24.85%，波谷出现在 2009 年 10.99%，这一阶段经济增长较为稳定，波动幅度在以往阶段最小。

第六个阶段是 2010—2015 年。这一阶段，受国内外环境日趋复杂，外部需求持续疲软等要素制约的影响，经济增长迈入平稳发展期。这一阶段国家推行了一个“四万亿”计划以扩大内需的政策，使得 2011 年经济增长增速达到这一阶段的峰值，增速为 17.66%。2011 年以后经济增长速度下行，到 2015 年达到波谷，增速为 3.91%。这一阶段周期为 6 年，峰谷差值为 13.75%，波动幅度不大。

第七个阶段是 2016 年至今，这一阶段是由于习近平主席着重强调供给侧改革，推动经济结构性改革，这一阶段，经济增长又开始回升。

（1）无锡经济增长动力转换经验

①投资是经济增长的长期动力，消费的贡献在增强。

无锡地区经济增长的动力来源集中在“三驾马车”即消费、投资及货物和服务的净出口的拉动。其分别与无锡地区生产总值的占比如图 10–26 所示。

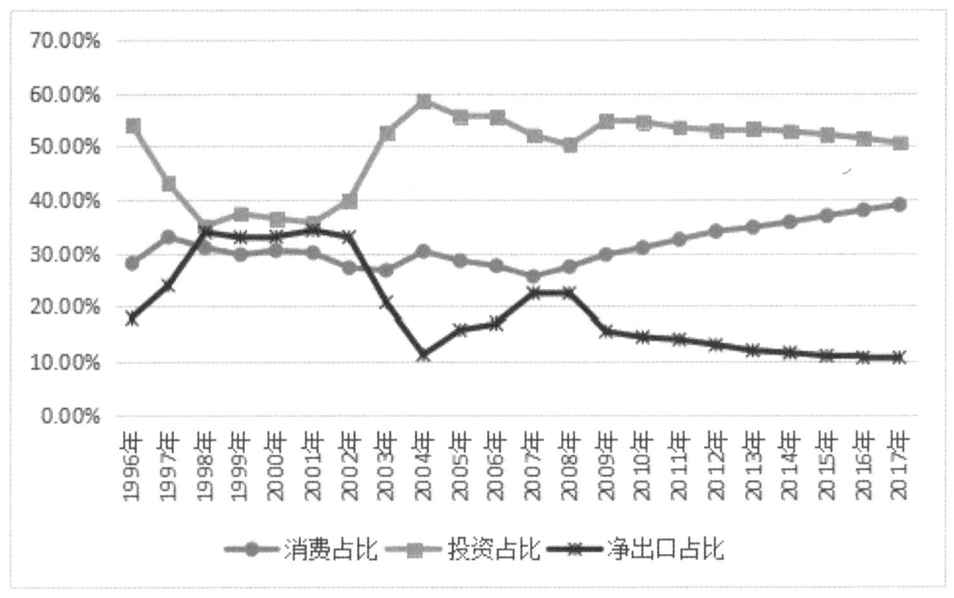

图10-26　无锡历年地区生产总值的组成

由图 10–26 可知，投资一直是无锡地区生产总值增长的主要动力来源，其占比在 50% 以上，消费占比自 2007 年开始直线上升，这或许是当时中央出台的“四万亿”经济刺激政策达到效果，但是货物和服务的净出口占比从 2009 年以后开始下降，这是由于 2009 年经历美国次贷危机以来，全球经济疲软，这两年中美贸易贸易摩擦使得国际环境更加复杂，而且，由于中国居民的消费水平开始上升，对国外的商品需求增加，进口增大。

②资本形成对经济增长的巨大作用在减弱，而全要素生产率的贡献在增强。

一是资本形成（资本投入）对经济成长作用巨大，但其增速总体下降，贡献率逐渐走低。2014 年全市资本形成总额达到 861 亿元，是 2000 年的 6.89 倍，是 1990 年的 23.3 倍。年均增长速度从 2000 年前的 21.51%，下降到 2000 年以来的 15.20%。对经济增长的拉动力，从 2000 年前年均拉动 14 个百分点下降到 2000 年以来的 5 个百分点，对经济增长的贡献率由 92.64% 下降为 36.47%。过去数十年，资本投入及形成对经济增长的推动作用十分明显，也是支撑无锡经济增长的主要因素之一。2010 年之后投资增速明显放缓，资本形成总额的增长速度也随之出现了下滑，成为近些年无锡市经济增长率下降的主要原因。

劳动力人口呈现总体增长态势，但具有持续性不够的阶段性特征；劳动力素质稳定提高，对经济增长的贡献呈加大态势。21 世纪以来全市从业人员年均增长 4.45%，劳动力投入明显高于 1979—2000 年的 0.45% 年均增长率。从阶段性来看，1990—2000 年间，全市劳动力人口基本持平甚至略有下降，"十二五" 以来，劳动力人口保持稳定，增长缓慢。劳动力综合素质明显提高，2014 年劳动力素质指数达到 2.06（2001 年初设为 1.0），劳动力对经济增长的贡献大幅提高，2001—2014 年劳动力对经济增长的贡献率达到 21.29%，远高于 1979—2000 年的 0.96%。

全要素生产率对经济增长的贡献率大幅提高。2001—2014 年全市全要素生产率对经济增长的年平均贡献率为 42.24%[①]，比 1979—2000 年平均水平大幅提高 35.84 个百分点，呈现出缓中有升的趋势。这表明随着技术进步，生产组织和管理水平提高，以及产业结构调整、资源配置效率提高等，经济增长过多依赖资本投入和劳动力数量投入的情况有明显改善。

③制造业是经济增长的长期动力源，服务业的作用在增强。

由于无锡工业化和城市化的推进，第一产业与地区生产总值的占比持续下降，其占比一直很低。同样，占比最高的第二产业，其占比也在逐渐下降，但是第三产业的占比在上升，2015 年开始超过了第二产业的占比（如图 10-27 所示）。2019 年全市三次产业结构为 1.0 ∶ 47.5 ∶ 51.5，产业结构明显改善。一是现代农业初具规模。无锡市是全国 14 个进入基本实现农业现代化阶段的示范区之一，是江苏省首个整体迈入实现农业现代化阶段的地级市。二是制造业结构不断优化。近年来，无锡大力推进制造业转型发展，新兴产业快速发展。三是现代服务业发展快速。服务业对经济增长的贡献度已连续多年超过 60%，成为推动经济增长的主导力量。

① 邢益新等，关于无锡潜在经济增长率的分析研究，江南论坛，2016（8）

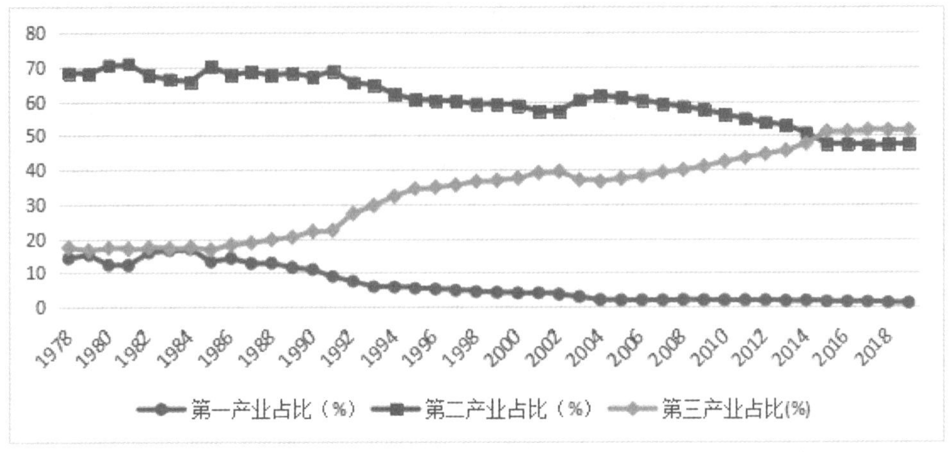

图10-27 无锡历年三次产业占地区生产总值的比重

④新兴的主导产业成为经济增长的重要动力机制。

非均衡增长理论主张发展一类或几类有带动作用的部门，通过这几类部门的发展带动其他部门的发展。并且该理论提出了连锁效应的概念，认为主导产业具有前向关联效应、后向关联效应和旁侧关联效应，主导产业通过这些效应的作用来拉动地区经济增长。

在制造业领域，为了提高国际国内竞争力，无锡市深入实施产业强市主导战略，积极对接“中国制造 2025”，以智能化、绿色化、服务化、高端化为引领，促进无锡制造业转型升级，支持企业向产业链、价值链、市场链的高端攀升，形成不同梯次的主导产业，实现制造业由大变强的根本性转变。

一是推进产业结构高端化。加大新兴产业引进和培育力度，重点培育壮大新一代信息技术、高端装备制造、节能环保、新能源和新能源机车等七大先进制造业。加快传统产业技术改造和升级换代，打造一批行业龙头骨干企业和中小企业隐形冠军。

二是推进产业链高端化。通过“强链、补链、建链”等措施，集聚资源加快推进优势产业、重点企业和重大项目，促进产业链向深度和广度延伸。

三是推进价值链高端化。实施产品质量标准提升行动计划，鼓励企业加大研发和标准引领力度，深化产品品牌培育，形成“无锡制造”的品质影响力，培育一批国际知名品牌，打造一批产业集群区域品牌。

四是推进市场链高端化。贯彻国家“一带一路”和长江经济带发展战略，秉持积极主动的开放姿态，拓展国内国际两个市场，融入全球产业分工，抢占国际市场价值链高端，不断提升跨国经营能力和国际竞争力。

产业结构调整使得新的主导产业逐渐形成，传统低端产业呈现较快下降趋势，纺织业和黑色金属冶炼及压延加工业比重大幅下滑，而交通运输设备制造业（尤其是汽车制造业）和电气机械及器材制造业比重大幅上升（见表10–19）。

表 10–19　无锡主要工业行业占规模以上工业总产值的份额（单位：%）

行业　年份	2005	2010	2015	2019
纺织业	10.75	5.78	5.52	4.42
化学原料及化学制品制造业	8.52	7.71	8.47	7.09
医药制造业	0.81	0.77	1.49	2.14
化学纤维制造业	5.45	3.32	3.34	3.53
橡胶制品业	0.63	0.58	2.12	3.48
黑色金属冶炼及压延加工业	19.41	15.05	9.23	7.89
有色金属冶炼及压延加工业	4.06	6.71	7.91	7.40
通用设备制造业	5.36	5.90	6.02	6.98
专用设备制造业	3.03	3.82	4.46	4.39
交通运输设备制造业	4.67	8.24	4.16 （2.15）	6.31 （1.76）
电气机械及器材制造业	7.56	13.73	14.73	13.84
通信设备、计算机及其他电子设备制造业	11.72	11.15	12.90	13.46

注：自2015年起交通运输设备制造业分为汽车制造业（括号外）和铁路、船舶、航空航天和其他运输设备制造业（括号内）

目前无锡主导产业中的成熟部门有机械及汽车配套、电子信息及光电、精细化工及生物制药、特色冶金及金属制品、高档织物及服装加工等五大支柱产业，它们是近些年无锡经济增长的主要动力。主导产业中的成长部门有物联网与云计算产业、高端装备制造和工业设计产业、生物技术和新医药产业以及软件和服务外包产业，这些新兴主导产业的成长逐渐成为无锡下一步经济增长的动力。高端装备制造业等新兴产业的前向关联效应和后向关联效应促使生产链上游、下游产业也得以增长。同时由于旁侧关联效应，新兴产业带来大量对服务的需求，这也促进了无锡服务业的发展。

无锡制造业发展焕发出生机活力，发展质量有所改善，扭转了多年徘徊不前的境况，制造业综合实力稳步提升。到2018年，69家企业入选2018中国企业500强等4个“500强”榜单，占全省入围数的30%，连续十二年居全省首位。科技创新能力不断增强。2019年科技进步贡献率提高到64.8%，继续保持全省第一。全社会研发投入占地区生产总值比重提高到2.9%，万人有效发明专利拥有量达43件，继续保持全省领先。无锡市高新技术产业产值总体呈上升态势（如图10–28）。2018年无锡市高新技术产业产值同比增长17.3%，占规模以上工业总产值达42.3%，2019年这一比重进一步攀升，达到45.59%，其中医药制造、智能装备制造、新材料、新能源总产值上升，其中医药制造业总产值2019年的增长率高达22.9%（见表10–20）。

可见纯资本和劳动力投入对无锡经济增长的贡献在逐步弱化，而包括技术创新、人力素质提升、结构优化等因素在内的技术进步的拉动作用在日益增强。

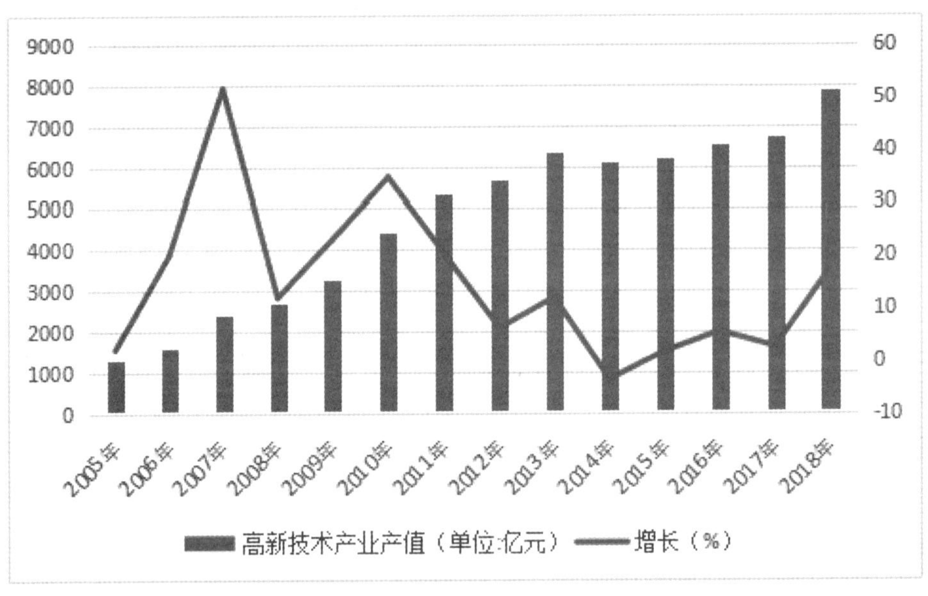

图10–28　无锡历年高新技术产业产值及增长情况

表 10-20 规模以上工业企业高新技术产业基本情况（单位：亿元）

行业	2018 年				2019 年			
	工业总产值	营业收入	营业利润	出口交货值	工业总产值	营业收入	营业利润	出口交货值
航天航空制造业	7.38	7.19	0.78	3.69	7.22	6.81	0.71	4.23
计算机及办公室设备制造业	275.55	275.97	9.32	233.78	279.02	300.54	14.65	251.04
电子及通信设备制造业	1888.26	1872.01	123.96	1029.79	1832.15	1839.07	110.59	994.79
制造业	339.71	326.75	42.64	55.33	417.53	402.92	62.00	68.44
仪仪表制造业	151.03	168.82	17.14	14.93	127.27	126.28	9.43	7.40
智能装备制造业	2960.44	3062.87	302.63	238.68	3481.38	3525.22	356.81	304.97
新材料产业	933.13	957.27	64.77	218.18	1047.72	1078.88	63.26	187.72
新能源	697.95	651.25	21.18	174.17	767.80	718.16	24.62	219.98
合 计	7253.45	7322.13	582.42	1968.56	7960.09	7997.88	642.06	2038.56

⑤科技金融助推制造业发展

进入 21 世纪以来，尤其在太湖供水危机以后，过度依赖工业发展的弊端逐步显现，人均耕地迅速减少，不足 0.4 亩，环境承载力已接近极限，生态环境修复压力巨大，城市综合服务能力提升不快，现代服务业和先进制造业的高端领域竞争力不强。因此，大力发展现代服务业，推动现代服务业和先进制造业的协同发展，成为无锡的必然选择。

从无锡服务业结构变化来看，批发零售、运输仓储、住宿餐饮等传统服务业比重降低，其中批发零售业比重降幅高达 10%（见表 10-21），而与先进制造业结合紧密的生产性服务业比重大幅上升，如金融业、信息传输、计算机服务和软件业、科学研究和技术服务大幅上升。其中增幅最大的是金融业。

表 10-21 无锡各服务业占服务业总增加值的比重（单位：%）

行业 年份	2005	2010	2015	2019
批发和零售业	38.75	35.18	32.12	28.40
交通运输、仓储和邮政业	8.11	5.46	4.45	4.14

续表

行业 年份	2005	2010	2015	2019
住宿和餐饮业	4.92	6.49	5.78	2.93
信息传输、计算机服务和软件业	4.42	3.34	3.37	5.41
金融业	7.81	11.30	14.26	15.93
房地产业	8.55	11.10	9.70	13.35
租赁和商务服务业	5.25	6.59	8.81	7.01
科学研究、技术服务和地质勘查业	1.85	2.42	2.05	2.56
水利、环境和公共设施管理业	0.68	1.21	1.10	1.56
居民服务和其他服务业	3.27	2.13	3.99	2.06
教育	4.40	4.26	3.86	4.16
卫生、社会保障和社会福利业	2.66	2.43	2.17	3.03
文化、体育和娱乐业	1.18	1.16	1.49	0.85
公共管理和社会组织	8.14	6.95	6.34	8.29

2010 年 10 月，无锡市被江苏省政府批准为科技金融创新发展试验区，积极探索科技与金融的结合。无锡的科技金融以“两级平台（市、区两级建立科技金融服务公司和无锡产权交易所）、三大体系（股权投资体系、科技信贷专营体系、创业板上市推进体系）”建设为抓手，各项工作稳步推进。

一是科技金融服务载体多样化。无锡市可发挥科技金融结合服务的平台有无锡产权交易中心、无锡金融资产交易中心、无锡海峡两岸科技金融服务中心。首先是建设与 2010 年的功能完备的无锡产权交易平台，它是全市最核心的科技金融公共服务平台，为科技型中小企业提供最为关键的融资服务，包含私募股权融资；银行融资服务；私募基金、信托产品募集及交易；企业并购、重组、改制服务；非上市公司的股权交易和质押；知识产权的评估和质押融资业务。该平台综合性的金融服务对推动无锡市的科技金融业务起到了媒介促进作用。其次是无锡金融资产交易中心，它提供商业票据发行、基金融资、企业债权、地产项目的转让提供平台，涉及科技型中小企业的股权交易很少。再次是无锡海峡两岸科技金融服务中心，它包含创业投资基金、产业基金、科技金融小微信贷风险补偿基金等业务。无锡市政府欲将其将打造成以短期借贷、债转股、股权投资、产业链并购、IPO 上市辅导、新三板上市为主体的服务链条。

二是建立多层次的股权投资体系。市财政每年安排 1 亿元设立市创业投资种子资金，引导社会资本、金融资本向无锡市新兴产业领域的中小科技企业投入，初步建立了包括天使投资、种子基金、创投基金、产业基金等多层次、多类型、多功能的股权投资体系。创投企业快速发展，有力支持了新能源、新材料、物联网等新兴产业初创期科技企业的发展需求。

三是试点科技专业信贷模式。鼓励和引导各商业银行开展科技金融合作模式创新试点，在全省率先成立了科技支行，探索设立了科技小贷、科技金融服务中心、科技担保公司等专业科技贷款服务机构。同时，设立无锡市科技成果产业化资金，以风险补偿、财政贴息等方式引导扩大科技信贷规模。2010 年 9 月，全国农行系统首家、无锡第一家科技支行揭牌。农行无锡科技支行立足于科技金融体制的创新，以专营机构、专业团队、专属产品、专门流程、专项补偿等“五专”运作模式区别于传统的营业机构，以高新技术企业为主要服务对象，围绕“政府推荐 + 担保 + 贷款”“创投 + 担保 + 贷款”以及“统贷支持”三种信贷资金运作模式研发金融创新产品。并且联合创投机构、担保机构、基金公司、租赁公司、证券公司等开展多方合作，支持科技企业开展资本运作。科技小额贷款公司以自有资金运作，不吸收公众存款，针对高新技术产业开发区内企业经营小额贷款和创业投资业务。

四是开发多种专项金融产品及服务。金融机构针对“轻资产”型的科技中小企业开发了专利权、商标权、股权、林权和版权等“五权”质押贷款，政府以保费补贴方式支持科技保险发展，取得较好成效。

五是建立科技企业上市工作推进体系。建立了市、区和镇（街道）“三位一体”的上市工作推进体系，按照“贮备一批、改制一批，辅导一批，上市一批，规范一批”的工作思路，厚基础、排梯队、扶重点，推动企业多渠道、多形式上市。全市上市企业数量和首发融资规模位居全国大中城市第五位。

⑥大力发展服务外包产业，优化外商投资结构和产业结构。

无锡 20 世纪 90 年代兴起的外贸企业大多仍是传统企业，产品多以价格竞争为导向，工业附加值低。面对日益薄弱的利润以及一些高污染、高能耗的企业给当地的环境带来的负担，无锡紧抓以服务外包、服务贸易以及高端制造业和技术研发环节转移为主要特征的新一轮世界产业结构调整带来新的机遇。

无锡服务外包起步于2004年，2007年开始突飞猛进。2007年9月，无锡太湖保护区被认定为“中国服务外包示范区”。无锡市政府随即推出了“123计划”，对国际服务外包或软件出口领军型企业，给予超常规的政策支持。同年，无锡市和江阴市被省政府认定为“江苏省国际服务外包基地城市”。2008年无锡市服务外包产业发展迅速，全年接包合同金额为9.41亿美元，执行金额为7.39亿美元；其中，离岸外包接包合同金额为6.18亿美元，执行金额为4.87亿美元，各项数据均位列江苏省第一，总量居全国前列。服务外包企业达552家，从业人员3万多人，年产值260亿多元，增速50%以上。在2017年商务部开展的中国服务外包示范城市综合评价中，无锡稳居第一梯队，年营业额500万美元以上企业数和承接国际服务外包合同执行金额全国第一，无锡已成为中国服务外包最具竞争力和影响力的城市之一。

服务外包产业是现代高端服务业的重要组成部分，具有信息技术承载度高、附加值大、资源消耗低、环境污染少、吸纳就业（特别是大学生就业）能力强、国际化水平高等特点。在产业规模保持稳步增长的同时，无锡服务外包业务形态向高端攀升，业务结构得到进一步优化。从信息技术外包起步，现已涵盖软件研发外包、集成电路设计外包、生物医药研发外包、工业设计外包、影视动漫创意设计外包、检验检测外包、物联网信息服务等多个领域，代表高端服务外包业务的KPO项目有较大增加，业务形态进一步向高端攀升。这其中，KPO项目业务约占总量的30%，ITO、BPO业务总量分别约占总量的66.5%和3.4%。从市场拓展来看，软件外包、IC设计外包、创意设计外包、生物医药研发外包、金融后台服务等重点领域服务外包业务拓展到了美国、日本、欧洲、香港等97个国家和地区。无锡服务外包业的大力发展有力地促进了无锡产业结构的升级。

（2）启　示

无锡成功地以智能化、绿色化、高端化促进制造业转型升级，实现了制造业由大变强的根本转变，其中金融科技的作用是这一过程中的亮点。其他正在或将要进行制造业转型升级的地区可从中获得一些启示。

启示一：要加强科技金融体系与地区产业政策的衔接融合。加强科技与发改委、财税、金融、国资、商务等部门的合作。从提升区域科技创新能力与产业竞争力角度入手，站在服务于经济社会转型升级战略高度，谋划部署科技金融创新战略，扩大科技金融服务主体；充分了解科技成果转化特性和金融运作的规律与特点，深入把握高科技产业及传统产业科技创新的规律，营造与科技创新相适应的金融支持政策环境和运作机制，促进传统产业转型升级，推动战略性新兴产业迅速发展壮大。

启示二：要加强科技金融服务平台建设，完善信用体系。积极推进以科技成果为交易标的的交易市场建设。科技与金融结合的关键是促进科技成果的转化和产业化。在实践中，大量的科研成果、技术专利得不到及时的转化，而大量民营企业却急需先进的技术促进产业、产品的升级。这种供给和需求间的信息不对称就需要政府搭建以此为平台的有形或无形市场，逐步形成科技成果转让和应用的市场化机制。

启示三：要加快科技金融的创新，包括持续深入推进科技信贷专营机构的建设。积极推行科技信贷的“专业化服务”和“规模化经营”，以及加快科技金融产品创新，结合科技型企业不同时期、不同产品、不同运作模式开发相应的融资、避险等科技金融产品。

5. 长沙：以智能制造统领产业转型升级

近十多年来，长沙市强化顶层设计，以智能制造为抓手，着力打造国家智能制造中心。2017 年首次跻身“万亿俱乐部”，地区生产总值全国排名第 13 位。但是 2005 年还只是全国排名第 28 位，15 位的排名上升幅度排在全国第一。2018 年 12 月 3 日，粤港澳大湾区研究院发布《2018 年中国城市营商环境评价报告》，对全国直辖市、副省级城市、省会城市共 35 个大中城市的营商环境进行了评价。在这份评价报告里，长沙的表现可谓亮眼，一个是营商环境排名，从 2017 年的全国 20 名跃升至第 9 名；另一个是城市软环境指数，从全国 31 名逆袭至全国第 2 名，仅次于深圳。

（1）长沙经济增长动力转换的经验

①做强支柱产业。

工程机械产业在较长时期内都是长沙的第一支柱产业，2010 年专用设备制造业占工业总产值的比重高达 26.01%。长沙工程机械产业起步于 20 世纪 70 年代末期。经过 30 多年的发展，形成了工程机械产业链。该产业链包含挖掘机械、混凝土机械、工程起重机等 18 大类产品；涵盖发动机、驱动桥、变速箱、液压泵、覆盖件及属具等各类型配套件，产品品种占全国工程机械品种的 70%，主要产品均占据国际、国内市场的较大份额。混凝土机械产量占全球产量的 80%、大直径全断面硬岩隧道掘进机占全球市场份额的 67%，起重机械、挖机产量全国第一。长沙是全球工程机械产业品种门类最齐全、知名企业聚集数量最多的区域。全球工程机械 50 强企业，长沙占有 4 个，分别是三一重工、中联重科、铁建重工、山河智能 4 个企业。全国工程机械前 5 强企业，长沙占有 3 强，分别是三一重工、中联重科、铁建重工。

②积极培育第二梯队、第三梯队支柱产业。

2010 年后，电子信息设备制造、汽车制造业和医药制造业这 3 个先进制造业发展突飞猛进，使得长期以来在长沙制造业领域当中“一业独大”的专用设备制造业，产值占比大幅度减少。2017 年长沙规模工业先进制造业中，电子信息设备制造业实现工业总产值 1025.3 亿元，是 2005 年的 16.4 倍（见表 10–22）；包括汽车制造业在内的交通运输设备制造业实现总产值 1318.9 亿元，是 2005 年的 15.6 倍；医药制造业实现总产值 512.5 亿元，是 2005 年的 13.6 倍。三大行业实现总产值 2856.7 亿元，十二年间年均增长 25.7%，高于规模工业年均增速 3.2 个百分点。2017 年这 3 个先进制造业总产值 767.14 亿元，占全部规模以上工业增加值的比重为 25.7%。同时传统主导行业占比下降。2017 年，烟草制品业、化学制品制造业和有色金属加工业合计占比为 19.1%，比 2005 年回落 6.8 个百分点。长沙制造业已经形成专用设备制造业、电子信息设备制造业为第一梯队，汽车制造业、医药制造业和电气机械和器材制造业为第二梯队，仪器仪表制造、化学原料和化学制品制造、铁路、船舶、航空航天和其他运输设备制造、通用设备制造、印刷和记录媒介复制等 5 大行业为第三梯队的发展格局，形成良好的制造业产业发展格局。

表 10-22 长沙主要工业行业占规模以上工业总产值的比重（单位：%）

年份	2005	2010	2015	2017
烟草制品业	11.92	11.47	8.43	2.12
化学原料及化学制品制造业	9.16	8.22	8.98	8.59
医药制造业	3.87	2.92	3.63	4.62
非金属矿物制品业	4.37	4.73	4.39	4.92
有色金属冶炼及压延加工业	4.86	4.67	7.27	8.36
金属制品业	1.49	2.04	2.86	2.81
通用设备制造业	5.66	5.16	5.27	5.67
专用设备制造业	11.19	26.01	17.21	16.17
交通运输设备制造业	8.67	6.04	6.88 （1.16）	10.53 （1.36）
电气机械及器材制造业	5.02	4.78	4.28	5.15
通信设备、计算机及其他电子设备制造业	6.41	1.08	8.63	9.24

注1：自2015年起交通运输设备制造业分为汽车制造业（括号外）和铁路、船舶、航空航天和其他运输设备制造业（括号内）

注2：2005年为国有及年销售收入500万元以上非国有工业企业；2010年为主营业务收入500万元以上独立核算工业企业；2015和2017年为规模以上工业企业；缺少2018和2019年数据（长沙归入《湖南统计年鉴》）。

③智能制造推动制造业高质量发展。

2016 年 9 月，首届“中国（长沙）智能制造峰会”在长沙隆重召开，“智能制造”这个在当时听起来似乎还有些陌生的词汇，也因此与这座城市结下了不解之缘。2017 年 12 月，第二届“中国（长沙）智能制造峰会暨长沙国际智能制造技术与装备博览会”亮相湘江水畔，层次更高、规模更大、形式更新的行业盛会召集了八方学者及众多企业领袖，促成签约项目 24 个，计划总投资金额达 410 亿美元。短短两年的时间，“智能制造”逐渐成了长沙这座城市所特有的崭新名片。

一是强化顶层设计，着力打造国家智能制造中心。长沙市第十三次党代会报告明确提出：建设国家中心城市、实现基本现代化，要着力打造国家智能制造中心，抢抓“中国制造 2025”和“互联网 +”行动的机遇，加快构建智能制造服务体系、产业链条和人才高地，推动长沙制造业率先向高端、智能、绿色转型升级，率先建成智能制造强市。在2015年5月，国家发布“中国制造2025”战略后，长沙便在国内率先出台《长沙智能制造三年（2015—2018）行动计划》；2015年10月，长沙按下智能制造“加速键”，成立了顶层设计机构——长沙智能制造研究总院，并成立了以市长为组长的智能制造工作推进小组。近年来，长沙出台了“国家智能制造中心三年行动计划”“工业新兴及优势产业链发展意见”“科技创新1+4”“开放型经济2+4”“人才政策22条”“长沙工业30条”“知识产权保护12条”“关于支持工业企业智能化技术改造的若干政策”等系列支持制造业发展的政策文件，推动长沙制造业规模不断壮大，质量不断提升。紧紧围绕“两主一特”产业定位，引进智能制造企业，加快企业智能化改造，延伸“智能化+”产业链条，实现智能制造与园区产业无缝对接。

2018年长沙专门发布《关于支持工业企业智能化技术改造的若干政策》，从智能制造服务提供商、智能制造解决方案设计、企业智能化改造实施及智能制造生态体系建设等方面为企业推进智能制造提供了多层次支持。2019年9月，长沙市第十三届委员会第八次全体会议上审议通过了《中共长沙市委关于深入贯彻落实习近平总书记在推动中部地区崛起工作座谈会上的重要讲话精神大力推动制造业高质量发展的若干意见》（简称“长沙制造业高质量发展20条”），全面推进产业基础高级化、产业链现代化，全面建设一流创新生态、一流营商环境，率先打造国家智能制造中心，为建设制造强国贡献“长沙力量”。多项连续政策的出台，让智能制造在各个领域深度融合、深入发展，工程机械、3D打印、人工智能产业，一个个全球和国内首台（套）产品，彰显长沙创新实力和高度；地下装备、自动驾驶、建筑装修领域，一个个打破垄断、填补空白的产品，让长沙科技创新从跟跑、并跑到领跑。

二是搭建平台，加速产业智能化转型升级。首先组建了长沙智能制造研究总院。2015年长沙市政府联合中国电子信息产业集团成立了长沙智能制造研究总院，统筹推进全市智能制造相关政策。同时，总院依托中国电子的产业资源和技术能力，开展产业研究和孵化、行业解决方案提供、工业云平台建设运营等核心业务，并引入中科院、IBM、西门子等具有国际先进技术和经验的优质资源共同为该市2600多家规模以上制造业企业提供智能化转型服务。

其次打造了长沙工业云平台。依托智能制造研究总院，长沙市建立了以应用为核心的新型服务平台——“长沙工业云平台”，深度整合政府资源、企业资源、金融资本、人才智库、大众创新，为工业企业提供应用服务、平台服务、基础设施服务。在“实体研究院（长沙智能制造研究总院）+线上平台（长沙工业云平台）”双轮驱动下，形成了央企、地方政府和优质外部资源的中国制造2025“长沙模式”，推动长沙智能制造产业生态发展。

三是以点带面推进智能制造。2015年，长沙发布了首批28个市级智能制造试点示范企业，开启了长沙“以点带面”推进智能制造的序幕。此后陆续发布了五批市级智能制造试点示范项目名单，至2018年底，长沙已成功创建市级智能制造试点示范企业464家，占全市规模以上工业企业总数的15.9%。一些智能化、数字化、信息化逐步完善的企业，在市委、市政府的支持与鼓励下，更是向国家级智能制造试点示范企业发起冲锋。至2018年底，获批国家级智能制造试点示范企业和项目27个，仅次于北京、上海、重庆三个直辖市，排全国城市第四位、省会城市第一位。2019年智能制造试点企业增至668家。

这些国家级和市级示范企业也带动了全市2800多家规模以上工业企业的智能化改造。具体路径就是通过企业上云加速企业智能化技术改造。自2016年长沙发布“工业云平台”以来，中小企业纷纷“腾云”追梦。截至2018年底，长沙“工业云平台”上云企业突破3.7万家。2019年获批国家级工业互联网项目7个。

④科技创新有力支撑。

数据显示，近五年，长沙市高新技术产值年均增长18%，科技创新对经济增长的贡献率超过60%。2016年，长沙在全国省会城市中唯一获评全国创新驱动示范市。2019年规模以上工业中，高技术产业增加值比上年增长25.0%，高加工度工业占全部规模工业增加值的比重为34.8%。2019年万人有效发明专利拥有量达34件，居省会城市第6。如此成就有赖于长沙在以下方面的努力：

一是全市对科技创新的支持力度加大，研发投入快速增加。国家自主创新示范区政策覆盖省级以上园区，研究与试验发展经费支出占地区生产总值的比重达 2.6%。一批具有标志性意义的重大科技成果涌现，超级计算机、超级杂交稻、高性能 3D 激光打印机等一批“长沙创造”实现重大突破，带动了劳动生产率稳步提高。高新技术企业突破 2300 家。获批创建国家知识产权强市，知识产权保护中心率先全国运营，湖南湘江新区专利大数据平台上线运行。

二是注重创新成果的转化。2007 年至 2016 年，一年一届中国（长沙）科技成果转化交易会举行。这是由国家科技部、教育部、中国科学院和湖南省人民政府共同举办的高规格科技盛会。截至 2016 年，科交会签约项目超过 3000 项，签约金额 2500 多亿元，其中 80% 的项目最终落地成为长沙产业发展的重要力量。自 2016 年 3 月开始，科交会逐渐发生了重要转变：从集中办会向全年活动拓展。每年平均有超过 20 场的企业和技术项目对接活动，科交会已经成为不开幕、不落幕的常态化科技服务平台。近年来，长沙全市的发明专利申请量每年增长 20% 以上，万人有效发明专利量居全国省会城市第 5 位，获批国家知识产权示范城市。

⑤新兴服务业加快发展。

服务业经济对全市经济的贡献程度不断提升，逐步成为长沙市经济发展过程中“首位经济”。

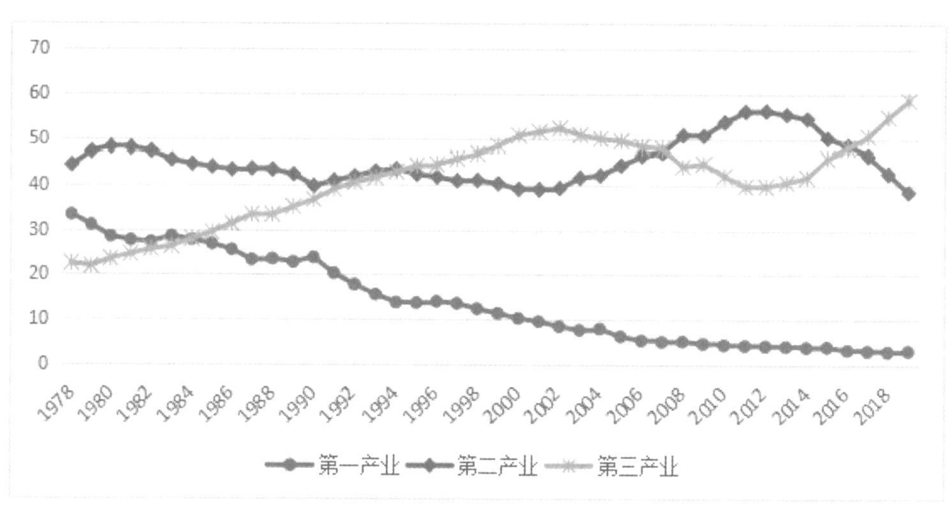

图10-29　长沙历年三次产业占地区生产总值的份额（单位：%）

第一，服务业经济总量快速扩大。2008—2019 年，长沙市服务业经济总量连续突破一千、两千、三千、四千、五千、六千亿元大关，跨越了六个千亿级台阶。2019 年服务业经济总量达 6775.21 亿元，是 2008 年 5.43 倍，是 GDP 总量增加的主要行业。服务业经济总量在全国省会城市中的位次逐步提升，先后超过济南和沈阳，总量跃居省会城市第 6 位，居中部省会城市第 2 位。

在服务业经济总量持续扩大的同时，服务业经济总量占 GDP 比重呈逐步提升的态势，有效推动了长沙市经济结构的优化调整，全市三次产业结构由 2008 年的 5.2∶50.8∶44.0 调整为 2019 年的 3.1∶38.4∶58.5，实现了长沙市经济产业结构由“二、三、一”向“三、二、一”的华丽转型，服务业成为长沙市经济发展过程中“首位经济”。

第二，新兴现代服务业加快发展。近年来，金融、文化体育和娱乐业、旅游休闲等新兴现代服务业加快发展，以“互联网 +”为代表的新经济加快发展，传统服务业转型升级有所加快。

现代金融业加快发展。近年来，长沙市陆续出台《关于加快发展现代金融业的若干意见》等一系列政策，积极推进金融改革创新发展，加快建设区域性金融中心，全市金融业呈现了加速发展态势。2019 年，全市金融业实现增加值 849.26 亿元，金融业增加值占 GDP 的比重达 7.3%，比 2008 年提升 3.4 个百分点。

文化产业平稳发展。近年来，在一大批文化项目投资拉动、文化消费驱动和政府投入带动的作用下，长沙市文化产业对经济增长的贡献在全国各省会城市中处在前列。2005—2017 年，文化、体育和娱乐业在服务业中的比重由 5.04% 提高至 10.29%，提高了一倍（见表 10–23）。2017 年 11 月 1 日，长沙从全球多个城市中脱颖而出，成为中国首座获评世界“媒体艺术之都”称号的城市。

新经济加快发展。新产业、新业态、新技术、新商业模式不断涌现，以“互联网 +”为代表的新经济加快发展。2017 年限额以上批发零售企业通过互联网实现商品销售额 169.60 亿元，比上年增长 67.3%；与电子商务密切相关的快递业务量比上年增长 27.3%，快递业务收入增长 29.2%；2017 年规模以上服务业中，高技术服务业出现结构调整和变化，8 个高技术服务业类别中有 5 个类别营业收入实现较快增长，其中电子商务服务、检验检测服务、研发与设计服务、知识产权及相关法律服务、环境检测及治理服务营业收入增速均超过 20%，分别为 28.7%、21.3%、25.6%、40.3%、55.7%。随着“互联网 +”的快速发展，以竞网智赢、映客互娱为代表的互联网信息服务业快速发展，营业收入比上年增长 18.1%；以中移电子商务为代表的电子商务平台等数据处理和存储服务业营业收入增长 23.4%。

房地产业增加值不增反降。与其他大中城市房地产业占服务业的比重较大幅度提升相比，长沙房地产业增加值由 2005 年的 7.6% 降至 2017 年的 6.9%。这也反映了以房地产价格为代表的商务成本总体偏低。2017 年底长沙二手房均价为每平方米 10000 余元，在 37 个主要城市中排名 29 位。长沙的房价不仅与东南沿海发达城市相比要低很多，而且也明显低于武汉、郑州和南昌等中部主要城市，尽管长沙的工资与这几个城市彼此相差无几，其中武汉房价高达 16000 余元，郑州 14800 余元，南昌 12000 余元。相对高的经济增速加上相对低廉的房价成本吸引了人口的大量流入。2017 年，长沙常住人口增量为 27.29 万，仅次于深圳、广州和杭州，是武汉和成都的两倍，南昌的三倍。而常住人口增速为 3.57%，高居全国第二，仅低于深圳。

表 10-23 长沙各服务业占服务业总增加值的比重（单位：%）

年份	2005	2010	2015	2017	2019
批发和零售业	23.65	20.88	17.12	14.67	18.80
交通运输、仓储和邮政业	7.89	8.23	6.60	5.77	6.37
住宿和餐饮业	5.91	6.94	5.85	5.04	5.10
信息传输、软件和信息技术服务业	6.54	5.81	5.16	5.92	–
金融业	6.79	9.33	11.15	13.36	12.58
房地产业	7.60	9.67	6.84	6.90	11.57
租赁和商务服务业	6.11	5.74	7.14	7.35	–
科学研究和技术服务业	4.00	4.90	5.38	5.57	–
水利、环境和公共设施管理业	1.26	1.19	0.93	0.98	–
居民服务、修理和其他服务业	4.40	4.63	5.78	5.90	–
教育	8.90	5.29	6.17	6.44	–
卫生和社会工作	4.09	3.47	2.59	2.52	–
文化、体育和娱乐业	5.04	6.91	9.77	10.29	–
公共管理、社会保障和社会组织	7.80	7.00	9.52	9.29	–

注：空格表示数据不详

（2）启　示

启示一：改善营商环境，吸引优秀人才。长沙市于 2017 年 6 月出台《长沙市建设创新创业人才高地的若干措施》即人才新政22条后，在全国引起了一定程度的轰动和关注，特别对年轻人才有吸引力。年轻人更具活力和创造力，是科技创新和经济持续发展的主要动力。实物式分房和补贴是计划经济的产物，论资排辈比较严重，特权关系严重，年轻人往往排不上，民企员工更难排上，在市场经济条件下只对底层低收入群体更有保障作用。当前我国推行的公共租赁房虽然让一些年轻人得到了居住实惠，但大多数年轻人享受不到，感受不到公租房的公平。与此相反，现金补贴形式不存在排队轮候的问题，只要符合资格和条件都可以领到手。所以，现金补贴是一种普惠形式，尤其让年轻人更具公平感和归属感，这无疑成为长沙市吸引人才的一大亮点。

启示二：要根据各地区的实际推进智能制造。推进智能制造是一个复杂的系统工程，也是一段漫长的“旅程”。不同行业、不同规模、不同所有制、不同制造模式的企业，推进智能制造的模式千差万别，个性化很强。需要政府、制造企业、公共服务平台，工业软件、工业自动化元器件和系统、智能装备、传感器与物联网、工业互联网平台、工业 APP 开发商等多种类型的智能制造厂商，以及科研院所、高校、行业协会和各种专业的咨询服务和培训机构多方进行平等互利的开放协作，才能实现多赢。长沙智能制造对传统制造业的转型升级正是多方合作共赢的结果。

6. 郑州：利用区位优势发展枢纽经济，促进经济转型

2018 年郑州首次进入“世界城市 100 强”“亚洲城市 50 强”，同时在中国社科院研究机构发布的“国家中心城市指数”中，荣登潜在国家重要中心七项榜单。

（1）郑州经济增长动力转换的经验

①利用区位优势发展枢纽经济。

河南地处中原腹地，自古就有“九省通衢”之说。省会郑州承东启西，连接南北，曾被誉为火车带来的城市，连接中国南北、东西的两大铁路主干线——京广铁路和陇海铁路以及京港澳高速、连霍高速在此交汇，形成中国

交通的十字交叉。近年来“米”字形高速铁路网使郑州晋级为高铁枢纽。从郑州出发，2 小时可达石家庄、太原、西安、济南、武汉、合肥；3 小时可达北京、南京、长沙、重庆；4 小时可达上海。

2013 年 3 月 7 日，国务院批复《郑州航空港经济综合实验区发展规划（2013—2025 年）》，郑州航空港经济综合实验区成为全国首个上升为国家战略的航空港区（以下简称“郑州航空港”）。航空港被定位为“国际航空物流中心、以航空经济为引领的现代产业基地、内陆地区对外开放重要门户、现代航空都市、中原经济区核心增长极”。以郑州为中心，不消一个半小时航程可覆盖全国 2/3 的主要城市，并达至全国和 3/5 的人口。

2015 年 3 月，国家发展改革委、外交部、商务部联合发布的《推动共建丝绸之路经济带和 21 世纪海上丝绸之路的愿景与行动》中两次提到郑州，可见郑州在国家“一带一路”建设中是重要的节点城市，它不仅是重要的中欧国际物流中心城市，也是丝绸之路经济带的重要支点。2016 年 12 月国家明确提出支持郑州建设国家中心城市，随后总投资 4.5 万亿元的国家中心城市建设重大项目库得以发布，1000 亿元产业发展基金设立运营。《郑州国际航空货运枢纽战略规划（2018—2035 年）》《郑州铁路枢纽总图规划（2016—2030 年）》成功获批，郑州被确定为全国 12 个最高等级国际性综合交通枢纽之一。

郑州充分利用交通枢纽或者地理枢纽的集聚扩散功能，吸引各种生产要素，包括原材料、劳动力资源、资本等在本地区交汇，从而大力发展本地区产业并赢得多种经济辐射的效应。

第一，汇集了物流业、高端制造业和现代服务业。

交通枢纽的发展会显著提升枢纽内人流、物流和信息流的流通，增强枢纽城市的交通便利性，显著降低经济活动的运输成本，进而吸引指那些对交通运输条件和运输实效性要求高的产业，且运输成本对其经济活动开展影响较大的区位指向型产业集聚于此。主要涉及制造业和生产性服务业两类产业。

制造业是所有产业中对交通运输依赖度最高的产业。一方面传统制造业对原材料和能源资料需求很大，导致其运输成本在总生产成本中占比较大，综合交通枢纽能大大降低运输成本并提供便捷性运输服务，从而减少企业的总生产成本，扩大企业的发展规模、提升企业的发展速度，使企业在市场上具有较强的竞争力。另一方面，高新技术产业的产品对劳动力素质、信息技术交流以及产品运输即时性要求较高，所以交通基础设施完善及运输条件便利的综合交通枢纽区域对高新技术产业有着特殊的吸引力。

综合交通枢纽对生产性服务业的集聚具有一定的客观必然性，这是由综合交通枢纽本身的技术特性与生产性服务业产业特性所决定的。一方面，生产性服务业是以人力和知识为主要投入要素的产业，而综合交通枢纽是客货运的集散地，能有效加速生产要素的流动和汇集，有力保证生产性服务业发展所需的人力与知识投入。另一方面，生产性服务业的产品具有不可储存性、不可运输性、生产消费的时空同一性等特质，导致时空距离较短是生产性服务业空间布局的重要原因，而综合交通枢纽的时空压缩效应有利于缩短市场间的时空距离，为生产性服务业的集聚效应在更大范围内发挥创造有利条件。

因此，郑州航空港区重点发展具有临空指向性和关联性的高端产业，一是航空物流业：以国际中转物流、航空快递物流、特色产品物流为重点，完善分拨转运、仓储配送、交易展示、加工、信息服务等配套服务功能；二是高端制造业：以航空设备制造及维修、电子信息、生物医药为重点，建设精密机械产品生产基地，规模化发展终端、高端产品，推动周边地区积极发展汽车电子、冷鲜食品、鲜切花等产业；三是现代服务业：大力发展专业会展、电子商务、航空金融、科技研发、高端商贸、总部经济等产业，打造为区域服务的产业创新中心、生产性服务中心和外向型经济发展平台。

随着腹地经济支持及政策持续推进，郑州航空港区逐渐形成了智能终端及新型显示产业、智能网联和新能源汽车产业、智能装备产业、生物医药产业、航空制造和服务产业、航空物流产业、电子商务产业和文旅商贸产业等八大核心产业。其中郑州航空港自 2013 年建立以来，航线由 143 条增加到 2018 年的 236 条，客货运量分别由 2013 年的 1314 万人次、25.6 万吨增长到 2018 年的 2733.5 万人次、51.3 万吨，年均分别增长 15.8%、14.9%。2018 年客运达到 2733.5 万人次，其中国际旅客达到 171.5 万人次；货运达到 51.5 万吨，进出口货物达到 32.92 万吨，客货运规模继续保持中部地区“双第一”。电子信息业的龙头企业富士康从 2011 年在郑州航空港正式开始投入生产，当年的手机产量为 2800 万部，在短短几年中，智能终端产业入驻企业 208 家、投产

67 家，全球重要的智能终端基地初步形成。2018 年电子信息业产值突破 3000 亿元，达到 3084.2 亿元；跨境电商业务单量突破 2000 万单，达到 2114.4 万单。

第二，辐射促进了腹地经济的发展。

要素资源在通过交通枢纽进行配置时，如果只是简单地进行交易和集散，其产生的增加值极为有限，而相应的成本一般需要枢纽区域来负担，可能对其他产业产生挤出效应。不同于单纯的通道经济、转口经济和过境经济，郑州充分以城市和综合交通枢纽为依托，充分利用交通枢纽的集聚扩散功能，吸引各种生产要素，又在此基础上加以扩展，与城市其他经济充分融合，达到多种经济辐射效应。以郑州航空港为例，除临空主导产业（如航空物流、高端制造业和现代服务业）外，也充分发挥前向关联和后向关联效应，促进产业链延伸，为生产商、供应商、分销商之间的协同合作提供平台，打造枢纽产业的生产供应链和消费供应链。也为腹地区域带来刺激生产、增加就业岗位和税收成倍增加的辐射效应。例如（根据 2017 年报）辅仁药业和羚锐制药这两个公司依托郑州航空港区带来的要素聚集效应，分别把运营成本降低了 5.2%、4.7%，并且由于运输模式的大规模转变，抢占了更大的销售市场，营业额纷纷翻倍。

我国国内众多城市中，像郑州这样是重要的航空枢纽、铁路枢纽以及公路枢纽的城市很少，并且其特有的区位优势为区域产业结构升级、对外开放程度加深提供了助力，未来进一步拓宽优化公路线网络、铁路线网络和航线网络，逐渐形成以航空港为中心枢纽的多层次"点—线—面"的产业格局，增强郑州与别的城市间的交流与沟通，加强物流网、金融业及其他优势产业的发展，将成为郑州及周边城市乃至河南省的重要增长极。自 2011 年 10 月，被国家确立为全国性综合交通枢纽后，郑州地区生产总值 7 年连跨六个千亿台阶，2018 年 GDP 达到 10670.1 亿元，经济增长较快，电子及通信设备制造业和汽车制造业成为新的主导产业（见表 10–24）。

表 10–24 郑州主要工业行业占规模以上工业总产值的份额（单位：%）

年份	2000	2005	2010	2015	2018
煤炭采选业	5.76	11.11	5.82	1.07	3.87
烟草加工业	4.19	2.29	1.58	3.05	1.56

（续 表）

年份	2000	2005	2010	2015	2018
纺织业	3.60	1.46	0.71	0.24	0.13
服装及其他纤维制品制造业	0.65	0.50	1.13	1.24	0.31
造纸及纸制品业	4.11	3.26	2.97	1.72	0.77
化学原料及化学制品制造业	5.32	3.73	3.45	3.04	1.04
医药制造业	2.27	1.55	1.49	0.95	0.66
非金属矿物制品业	16.97	17.21	24.98	20.66	10.17
有色金属冶炼及压延加工业	12.06	12.58	9.74	6.78	8.94
普通机械制造业	3.72	3.76	4.33	4.29	1.82
专用设备制造业	6.33	5.56	7.34	5.45	3.02
交通运输设备制造业	5.31	6.39	7.07	7.05 (0.17)	11.29 (0.44)
电气机械及器材制造业	3.11	1.65	2.28	1.75	3.61
电子及通信设备制造业	0.74	0.96	0.54	18.87	36.48
电力．蒸汽．热水的生产和供应业	8.34	8.38	6.69	9.45	3.68

注：自2015年起交通运输设备制造业分为汽车制造业（括号外）和铁路、船舶、航空航天和其他运输设备制造业（括号内）；2018年采用主营业务收入指标计算。

②以智能制造和现代服务业体系融合建设加快产业结构转型。

第一，加快构建现代制造业体系。2018 年高技术产业增加值增长 12.4%，战略性新兴产业增加值占规模以上工业比重达到 20%，新能源客车产销量突破 2.5 万辆、占全国的 27%。七大主导产业增加值增长 7.6%，对全市工业增长的贡献率达到 93.9%，初步形成电子信息、汽车及装备制造两个 5000 亿级产业集群，国家级技术创新和制造业单项冠军示范企业达到 9 家。

表 10−25　郑州七大主导产业龙头企业

七大主导产业	龙头企业
汽车及装备制造	宇通客车、少林客车、郑州东风汽车、郑州日产汽车、郑州海马汽车、奇瑞郑州等
电子信息	富士康集团、华为郑州、郑州中兴、郑州创维、郑州 oppo 等 100 多家
新材料	中国机械工业集团、华晶、郑钻、四方达、富耐克等

（续　表）

七大主导产业	龙头企业
生物医药	竹林众生、辅仁药业、天方药业、郑州华兰、羚锐药业等
铝及铝精深加工	中孚实业、明泰铝业、神火集团、豫光金铅集团等
现代食品制造	三全食品、思念食品、白象食品、双汇食品、好想你枣业、康师傅、可口可乐等
家具及品牌服装制造	娅丽达、若宇服饰、庄娇、领秀梦舒雅等

第二，强化智能制造引领。实施电子信息、汽车、装备制造等 5 个重点产业转型升级行动计划，智能传感器、信息安全等 5 个新兴产业培育专案，加快建设信息安全产业基地和智能传感谷，着力培育世界级智能终端、客车、超硬材料等先进制造业集群；加快铝及铝精深加工、家居和品牌服装制造等传统产业改造升级。

第三，加快构建现代服务业体系。三次产业比由 2013 年的 2.3 ∶ 52.1 ∶ 45.6 调整为 2017 年的 1.7 ∶ 46.5 ∶ 51.8（见图 10–30），实现了三产比重超过一产和二产合计的历史性突破，2019 年第三产业的比重达 59%。在现代服务业体系建设中，重点领域在如下几个方面：一是在信息服务领域，郑州入选国家信息消费示范城市、互联网骨干直连点城市，建成互联网国际通信专用通道；二是加快建设区域性金融中心。2017 年郑州在全国 28 个区域金融中心城市中的排名跃升至第 10 位，金融业增加值占 GDP 比重从 7.9% 上升至 10.8%，存贷款余额均居全国省会城市第 6 位。2018 年郑州农商行获批筹建，郑州银行成为全国首家 A+H 股上市的城商行，“中国大陆最佳商业城市”和《中国金融中心指数报告》，郑州均居第 12 位。2019 年金融业增加值突破 1200 亿元、占服务业比重达 18%。12 家全国性股份制商业银行全部集聚郑州，郑东新区金融集聚核心功能区迈上新台阶，龙湖金融岛加快规划建设，国家区域性现代金融中心载体再获突破，全球首个鲜果期货品种“苹果期货”在郑商所上市；三是加强交通枢纽服务能力。“空中丝绸之路”越飞越广。2014 年，河南航投与卢森堡货航通过国际资本合作开创了郑州—卢森堡“双枢纽”合作模式。2017 年 6 月，习近平总书记在会见卢森堡首相贝泰尔时，明确指出支持建设郑州—卢森堡“空中丝绸之路”。郑州机场获批第五航权，已开通航线 236 条，横跨欧美亚三大经济区国际枢纽航线网络初步形成，成为全国第二个实现航空、铁路、轨道交通、高速公路一体化换乘机场。“陆上丝绸之路”越跑越快，中欧班列（郑州）每周“去九回八”高频次运行，新开通中亚、东盟线路，全年开行752班，主要指标继续保持全国前列。“网上丝绸之路”越来越便捷。2016年国家批复设立中国（郑州）跨境电子商务综合试验区以来，郑州创新“网购保税1210服务模式”和B2B2C监管服务方式，实现全球首家跨境零售O2O现场提货。郑州成为全球跨境电商大会永久会址城市，2019年跨境电子贸易走货量5351万包，货值96.1亿元。2019年进出口总额4129.9亿元，居中部城市首位、省会城市第5位。“海上丝绸之路”越来越顺畅，郑州至连云港、青岛、天津等港口海铁联运班列累计开行206班。国际物流园区晋升为国家级示范物流园区。

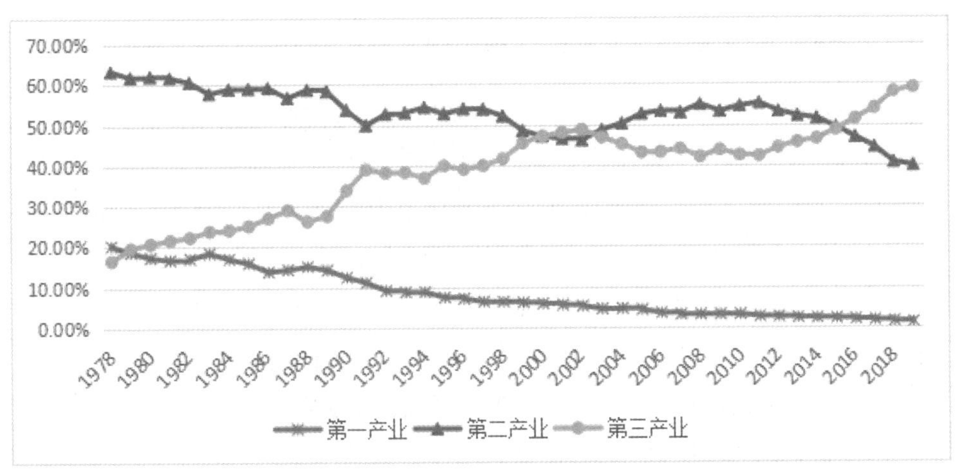

图10-30 郑州三次产业占地区生产总值的份额

（2）启示

启示一：统计显示，全世界35个国际大都市中有31个是依托交通枢纽发展起来的，全球财富的一半集中在交通枢纽发达的城市。对于经济后发、处于区域节点位置的城市，可以通过有针对性的基础设施平台、区域服务平台、产业创新平台的规划和建设，实现区域性经济流沿着交通通道、交通枢纽、物流供应链组织、产业链构建、产业集群化发展等路径进行聚集，并以网络化、平台化服务为手段进行经济规模扩张，使依托城市在较短的时期内成为所在区域的经济增长极。

启示二：实践证明，通过枢纽，内陆城市与全球供应链实现了有效连接，形成了高效的区域竞争力和发展效率。对于处于非区域节点位置的城市，可接受枢纽城市的辐射作用，与枢纽城市协同发展。

启示三：发展枢纽经济，可根据铁路、机场、港口等重要交通枢纽的技术经济特征，结合城市资源禀赋条件和发展目标导向，基于交通与产业的耦合关系甄别筛选出适合城市发展实际的产业目录，利用高质量、低成本的运输服务优势，吸引枢纽经济核心产业的龙头企业入驻，加快产业链条化和集聚化发展，打造交通枢纽偏好型产业集聚群。首先，可以通过交通枢纽功能拓展和技术提升盘活存量，推动传统产业转型升级。其次，可以依托交通枢纽集聚各种资源要素优势，注入增量，积极培育发展特色新兴产业。

7. 合肥：坚持创新驱动战略，积极融入长三角一体化和“一带一路”

作为新中国成立后才确立的年轻省会城市，合肥既不是古都，也没有富饶的自然资源，城市规模不大、基础建设薄弱、产业基础单一，有着先天上的不足。2000 年之前，合肥在 26 个省会城市中经济倒数。2006 年以前在中国的 26 个省会城市中，合肥的经济总量长期在 18 名以下徘徊，2006 年只有 1000 亿元出头。但在过去 10 年间，这个中部省会城市经济总量先后赶超太原、南昌、昆明、石家庄、长春、福州、哈尔滨和西安，从省会城市中下游跃入“十强”。2019 年合肥地区生产总值达 9409.4 亿元，位居省会城市第 9。

（1）合肥经济增长动力转换的经验

合肥经济增长得益于坚持创新驱动战略和融入长三角一体化和一带一路战略。

①坚持创新驱动战略。

合肥的创新基因并非一蹴而就。追溯到二十世纪七八十年代，以中科大为代表的一系列科教资源的迁入，为合肥积累了创新土壤。1982 年合肥就被确定为全国四大科教基地之一。近些年，合肥更是将创新驱动上升到战略高度。从 2004 年国家首个创新试点城市、2009 年合芜蚌自主创新示范区到 2017 年综合性国家科学中心，三连跳大步迈向“创新之都”。

2017 年，国家发改委和科技部联合批复了合肥综合性国家科学中心建设方案，成为继上海之后国家正式批准建设的第二个综合性国家科学中心。合肥以综合性国家科学中心建设为引领，逐步建立了“源头创新－技术开发－成果转化－创新创业－新兴产业”全链条创新体系，因科技创新成绩卓著，合肥上榜“中国40年最成功40城”，获得“创新之都”的荣誉称号，还向“具有国际影响力的创新之都”发起冲击。2019年全社会研发投入占GDP比重达到3.24%，高于区分创新型城市与非创新型城市的重要分界线3%。

第一，创新技术实现突破。合肥已在新型显示、集成电路等领域实现关键共性技术突破，悟空探秘、墨子传信、热核聚变、铁基超导等一批具有国际领先水平的科技成果相继问世，量子通信技术产业化走在世界最前沿，液晶显示技术站上了显示产业全球制高点，人工智能入列国家四大平台行列，驱动芯片实现了“合肥芯”“合肥造”，合肥科技创新能力显著提升。

创新型产品不断涌现，建设了全球首条10.5代液晶面板生产线，研发出国内首辆正向设计5人座A0级电动轿车、首款完全自主知识产权双离合自动变速器，诞生了全球第一款效率超过99%的商业化逆变器、世界最大吨位双动充液拉深液压机、世界上最大功率潜水泵、国内首台航管一次雷达、国内首台X射线口腔CT诊断机、国内首台太赫兹安检仪等。

第二，创新产业实现集聚。目前，合肥形成了一批具有相当规模和竞争力的产业集群，成为全球规模最大的家电产业基地、全国重要的挖掘机、叉车、轮胎生产基地和全国为数不多的全系列汽车生产基地之一。合肥现代显示、光伏新能源、新能源汽车、智能装备制造、集成电路、智能语音、公共安全等新兴产业高速发展，战略性新兴产业年均增速20%以上。一批国际竞争能力强的骨干企业加速成长，新型显示全国生产基地优势地位持续巩固，智能语音及人工智能、集成电路、光伏太阳能、新能源汽车等保持国内领先，家电、装备制造、平板显示及电子信息、汽车及零部件等4个产业产值突破千亿。2019年规模以上工业中，高技术制造业增加值比上年增长20.7%，占规模以上工业的比重为29.5%；战略性新兴产业增加值增长15.2%，其中新一代信息技术、节能环保、新能源和生物产业分别增长22.9%、15.9%、14.3%和11.4%。电子设备制造业在规模以上工业总产值中的占比增幅最大，逐渐占据合肥第一主导行业的地位（如表10–26所示）。

表 10-26　合肥主要工业行业占规模以上工业总产值的份额（单位：%）

年份	2000	2005	2010	2015	2019
农副食品加工业	2.77	3.74	4.32	4.54	2.65
烟草制品业	2.55	2.93	1.41	0.90	1.26
纺织业	2.95	1.91	1.03	1.39	0.46
化学原料和化学制品制造业	6.86	8.05	6.30	4.96	4.12
橡胶和塑料制品业	10.18	11.34	3.27	3.85	4.02
非金属矿物制品业	1.64	1.23	3.14	3.53	4.58
黑色金属冶炼和压延加工业	4.40	2.60	3.83	3.70	1.30
金属制品业	1.15	2.14	4.33	5.31	5.18
通用设备制造业	4.07	4.83	6.68	6.76	5.04
专用设备制造业	5.02	4.95	7.53	4.70	3.01
交通运输设备制造业	18.41	18.39	15.84	9.33	10.96
电气机械和器材制造业	21.97	17.60	23.99	22.64	18.70
计算机、通信和其他电子设备制造业	7.09	4.78	3.47	13.67	23.73

注：2000年为国有及年销售收入500万元以上非国有独立核算工业，2019年采用营业收入指标计算。

第三，创新支持体系更加有力。先后获批国家首批创新型试点城市、国家首批新能源汽车推广应用示范城市、国家知识产权示范城市、国家科技和金融结合试点、国家文化和科技融合示范基地、国家企业股权和分红激励试点、国家科技成果使用处置和收益管理改革试点、国家小微企业创业创新基地城市示范等，进入国家系统推进全面创新改革试验区，连续 8 次蝉联全国科技进步先进市称号。

第四，创新平台建设加速，协同创新共同推进。中科院合肥大科学中心获批筹建。启动建设科大先研院等一批新型协同创新平台，现代显示等十个战略性新兴产业研究院加快建设。企业创新平台快速发展，各类研究开发机构超过 1000 个。2019 年有院士工作站 59 个，两院院士 127 人；国家级（重点）实验室 10 个，部属（重点）实验室 36 个，省级（重点）实验室 130 个；省级以上工程技术研究中心 139 个，其中国家级（含分中心）7 个；省级以上工程研究中心 61 个，其中国家级 17 个；省级以上工程实验室 52 个，其中国家级 8 个。省级以上企业技术中心 347 个，其中国家级 50 个。市级以上科技企业孵化器 68 个，其中国家级 16 个。市级以上众创空间 90 个，其中国家级 18 个。全年有 8 项科技成果获国家科技奖，其中国家自然科学奖二等奖 1 项、国家科学技术进步奖二等奖 6 项、国家技术发明奖二等奖 1 项。

搭建创新平台的目的是让科技成果与市场对接、与资本“握手”，实现创新要素的集聚。被称为“江淮硅谷”的中科大先进技术研究院就是这样一个全新平台。该院由安徽省、中科院、中科大、合肥市四方按照“省院合作、市校共建”的原则共同推动建立。尽管四方来自政产学研不同领域，管理运作模式不同，但这四家单位却在先研院这个创新体建设上“心往一处想，劲往一处使”。安徽省将其纳入该省“十二五”重大专项，省市先后投入数十亿元，在项目申报、科研经费、人才引进、产业引导等方面给予重点支持；中科院开放下属的百余家科研单位创新资源，提供科研项目对接机会；中科大调动海内外校友资源，吸收先进科技项目落户。协同创新的力量在这里尽情释放，体制的障碍在这里得以合力破除。

第五，创新能力储备丰厚。合肥现有 56 所高校，各类科技人员达到 70 多万，是中国的四大科教基地之一。就在 2017 年 1 月，合肥综合性国家科学中心获批建设，成为继上海之后全国第二个综合性国家科学中心，也是除北京外拥有国家大科学装置最多的城市。

借助雄厚的人才储备，合肥先后建成了中科大先进技术研究院、合肥工业大学智能制造研究院等十多个高端科研平台。在这些平台上，产学研用协同作用，可以促进科技成果实现产业化。2018 年除去节假日，合肥平均每天就有一家国家级高新技术企业诞生。

第六，科技体制创新。2004 年，合肥被国家列为全国首个“国家科技创新型试点市”。试点无先例可循，合肥市首先从破除科技体制机制的沉疴入手，打破长期以来科技“养在深闺人未识”、成果多停留在实验室的积弊，明确提出科技必须面向经济一线。在科技管理体制上，合肥在全国率先打破科技资源配置“政出多门”的积弊，将科技创新从部门工作上升到市级层面，专门成立了市自主创新领导小组，建立高层面、跨部门的科技管理体系，统筹协调各部门开展创新工作，每年将创新型城市建设目标任务分解到全市 25 个相关部门，作为党政领导和部门重点考核内容，实现科技资源配置从部门“小科技”向全市综合“大科技”转变。同时试点股权与分红激励让科研人员更有“干劲”。

②积极融入长三角一体化和“一带一路”建设。

合肥主动作为，在促进互联互通、强化产业协同、保护生态环境、创新发展体制等方面，深度融入长三角“朋友圈”，同时积极发展与欧洲的商贸。

第一，构筑交通通道。按照长三角世界级城市群副中心的定位，合肥市加快建设现代化立体交通体系。开通运营合宁、合武、合福高铁，加快建设商合杭、合安高铁。滁淮高速建成通车，合宁高速扩容加快建设，形成“一环七射四联”高速路网体系。与宁波港、太仓港、上海南港等开展铁海联运、江海联运，规划建设公铁水联运物流枢纽。对接长江“黄金水道”，全面开工建设江淮运河。

第二，推动产业协作。合肥深入开展与上海双城合作，已携手走过4年多，谋划推进与上海临港集团战略合作，引进新华三、海康威视等一批长三角龙头企业，与100多家长三角知名企业签订合作发展项目。与G60科创走廊城市共同建立上交所科创板基地，一批企业进入科创板首批备选企业；牵头成立新能源汽车和网联汽车产业联盟，物联网产业合作示范园区在合肥东部新中心落地。建立长三角市场准入一体化机制，实现9城市地铁“一码通行”、18城市51个事项“一网通办”、41城市医保“一卡通用”。

第三，积极参与“一带一路”建设。2014年6月，合肥开通了安徽省历史上首条连接亚欧的国际铁路货运通道。在其后数年，中欧班列先后开赴塔什干、克列西哈、明斯克……加速了合肥乃至安徽与世界的融合。2018年合肥中欧班列累计发运182列，16984个TEU，同比增长152.06%，货值7.47亿美元，货重9.62万吨。2018年，实现进出口总额308.13亿美元，同比增长23.5%，总量、增幅均居全国省会城市第9位，总量是2015年的1.5倍。其中对“一带一路”沿线国家实现进出口75.29亿美元，占全市比重24.4%。

③引进龙头企业，带动整个产业发展。

2008年，自身财政不富裕的合肥投资200亿引进京东方。京东方这样的高端产业在合肥落地，给合肥带来了惊人的变化。给京东方配套的上游企业，纷纷到合肥设厂，玻璃基板的彩虹、康宁，显示面板产线设备的欣奕华、通彩、商巨、凯世通，显示面板光学材料领域的乐凯、三利谱、翰博、泰沃达，靶材领域的先导、江丰电子、拓吉泰等。合肥甚至还把下游的企业也拉过来，实现京东方就近供货，例如长虹、惠科、京东方视讯等。如今京东方在合肥总投资已超千亿元，吸引了 75 家上下游企业来此布局。凭借京东方的发展，合肥已在全球显示领域牢牢掌握了话语权。目前，合肥是全球唯一拥有6代线、8.5 代线和 10.5 代线三条高世代线的城市。在合肥北站物流基地，几乎每周都有包装完好的京东方液晶显示屏产品，从这里出发经由中欧班列，发往世界。

无独有偶，2013 年，合肥市洞察到集成电路产业发展的巨大潜力与机遇，在全国率先出台专项产业政策，推动集成电路产业实现了爆发增长。现在，合肥市已成为全国集成电路产业发展最快、成效最显著的城市之一。被列入国家集成电路产业重点布局城市。合肥长鑫公司和兆易创新公司合作联合研发，合肥一举成为全国三大存储器基地之一。集聚各类集成电路企业120余家，拥有晶合晶圆、联发科技、兆易科技等业内知名企业。成为国内少数几个拥有芯片设计、晶圆制造、封装测试、设备材料等全产业链的城市。

（2）启　示

启示一：加大人力资本投资入手，进一步增强经济发展的“后劲”。合肥快速的经济发展与其深厚的人才和教育积累分不开。其他城市可从中借鉴的有如下方面：一是继续创新人才政策，加大“招才引智”力度。增强人才政策的比较优势，加快引进高层次人才、高科技人才和优秀青年创新人才；二是大力发展高等教育、社会教育，加快本土人才培养。发挥各类高校、科研院所、政产学研基地的人才“摇篮”作用，实现本地人才培育与产业发展互动；三是加强劳动职业技能培训，全面提升劳动者素质。进一步加大农民工就业培训、大学生技能培训力度，完善职业技能培训激励机制；四是加强公共服务和城市软环境建设，增强对人才的吸引力和融合力。为各类人才发展提供全方位优质服务，营造有利于人才成长、发挥潜能的良好社会环境。

启示二：要科学地招商。不管是抓园区建设，还是抓产业发展，合肥都把工作凝结在项目建设这个载体和抓手上，形成了源源不断的发展后劲。以正确的导向抓项目，以科学的方法谋项目，以强有力的手段推项目，以招商引资保项目。合肥把大家耳熟能详的一些招商方式，包括精准招商、平台招商、以商招商、产业链招商、专业招商等做得很到位，取得了很好的效果。其他城市在招商引资时也要科学、明确，重点引进龙头企业，然后完善产业链条。

8. 泉州：传统、重化和高新三大板块各显所长，“一带一路”建设初见成效

由民营企业和乡镇企业发展起来的县域经济和特色经济是构成今日泉州实力的主体力量，是泉州发展模式的精髓所在。泉州是全国金融服务实体经济综合改革试验区、国家民营经济综合配套改革试点城市、国家创新型城市、国家电子商务示范城市、“中国制造 2025”城市试点示范和国家自主创新示范区。习近平总书记在福建任职时，7 次赴泉州晋江调研，并总结提出了“晋江经验”。从 2015 年到 2019 年泉州年均增长达到 8.3%，2019 年泉州实现地区生产总值 9946.66 亿元，即将迈入万亿俱乐部。

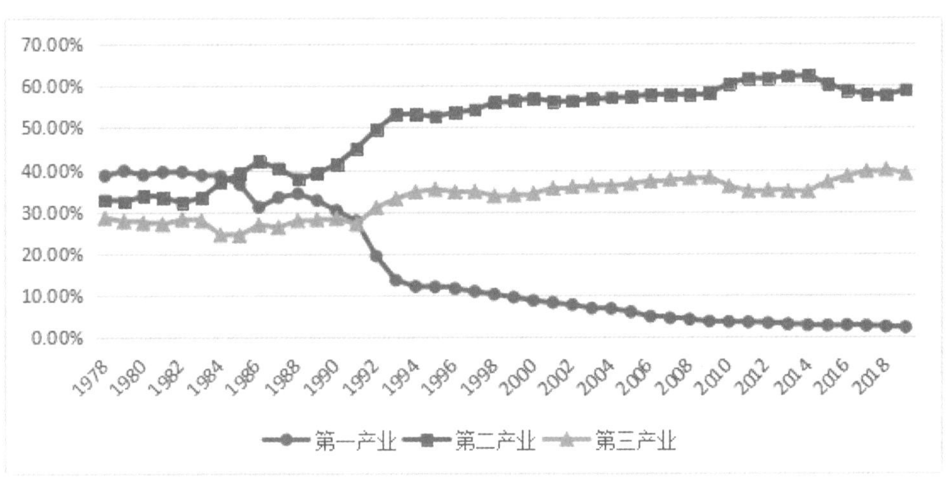

图10-31　泉州三次产业占地区生产总值的份额

（1）泉州经济增长动力转换的经验

与上述其他工业化先行城市显著不同的是，泉州第二产业自 1988 年以后就始终高于其他两个产业，甚至还有差距扩大的趋势（如图 10-31 所示）。2019 年三次产业比例是 2.2：58.87：38.94。表明第二产业仍在泉州经济增长中处于重要地位。泉州经济增长动力转换的经验也不同于上述其他城市。

①传统产业根基深厚，适时转型升级，再焕生机。

第一，传统产业根基深厚。改革开放初期，泉州各县市十分重视挖掘自然资源潜力和发挥传统工艺优势，贯彻“一村一品”“一地一业”的特色产业战略，把资源特色转化为产业特色，促进了县域经济的发展，如南安发挥建材资源优势，侧重发展建材产业，成为全国最大的石材集散地和建材加工基地；安溪利用山区资源优势，建成中国乌龙茶之乡、中国藤铁工艺之乡和中国茶文化旅游之乡；德化利用民间传统瓷雕技术优势，侧重发展工艺陶瓷，成为全国最大的西洋瓷生产和出口基地；晋江利用其深厚的海外资源发展了对接国际产业转移型的产业如纺织、服装、制鞋；泉港利用其港口优势发展了炼化产业。始终坚持立足本地优势和选择符合自身条件的最佳方式加快经济发展，而培育出的特色产业，具有很强的植根性。从 2017 年开始，泉州每年新增一个千亿产业集群，至今“千亿产业俱乐部成员”已有纺织服装、制鞋、石油化工、建材家居等 7 个。泉州是世界纺织鞋服生产基地，其中运动鞋产量占全球的 20%、占中国的 40%，纺织服装产量占中国的 10%。由表 10–27 所示，这些传统行业直到 2019 年在工业中仍保持较大比重。

表 10–27　泉州主要工业行业占规模以上工业总产值的份额（单位：%）

年份	2006	2010	2015	2019
农副食品加工业	1.61	1.80	1.71	1.73
食品制造业	2.79	2.92	3.90	3.62
饮料制造业	0.73	1.17	1.81	1.74
纺织业	8.69	6.20	6.88	7.08
纺织服装、鞋、帽制造业	14.01	12.94	11.73	11.95
皮革、毛皮、羽毛（绒）及其制品业	15.09	17.59	17.09	14.90
造纸及纸制品业	3.56	3.25	3.97	4.11
文教体育用品制造业	0.57	0.45	3.87	5.10
石油加工、炼焦及核燃料加工业	5.60	9.41	8.68	8.45
化学原料及化学制品制造业	2.19	2.38	2.41	2.94
非金属矿物制品业	12.44	10.60	11.27	12.23
通用设备制造业	1.78	2.64	2.88	2.75
专用设备制造业	1.50	1.82	2.03	2.23
电气机械及器材制造业	1.41	1.50	1.86	1.36

（续 表）

年份	2006	2010	2015	2019
通信设备、计算机及其他电子设备制造业	1.25	1.44	1.48	2.41
工艺品及其他制造业	5.66	4.21	1.68	1.17

注：表内数字根据各行业规模以上工业总产值占总计数计算

第二，政策支持转型升级。

泉州经济增长所依托的制造业优势中，有七个产业规上产值几乎都是传统产业。随着中国经济逐渐步入“新常态”，泉州的传统产业也大多陷入要素成本高昂、产能过剩、销售不畅、利润率下滑等经营困境。为此，泉州从2010年开始先后制定了纺织鞋服、石油化工、食品、机械装备、建材家居、工艺制品、造纸及纸制品产业等17个重点产业（多数都是传统产业）转型升级的路线图，出台了累计63份的政策文件扶持重点产业转型升级，从创新平台、研发投入、技术改造、市场开拓、人才培育等方面聚焦支持，努力构建全方位支持产业转型升级、创新发展的政策体系。

泉州近些年经历了四个转型升级阶段，六大传统产业基本都在2014年、2015年转型升级，走出了良好态势。泉州已有近2000家规模以上企业参与“数控一代”、智能化改造。产品质量、效益大幅提升，企业“好、中、差”格局由2015年的“4 ∶ 3 ∶ 3”发展到2017年的“6 ∶ 2 ∶ 2”和到2018年的“7 ∶ 2 ∶ 1”分布，产业转型升级取得初步成效。2019年传统产业仍贡献了58.8%的工业增加值。

以纺织鞋服业为例，作为泉州重要的支柱产业，纺织鞋服年产值约占全市工业总产值的1/3，主要分布在晋江、石狮以及开发区、永春等地，并拥有安踏、特步、361°、七匹狼、九牧王、百宏等龙头企业。近年来，泉州纺织服装企业全面推进智能制造和升级提升。泉州政府通过树立典型、现身说法，增加扶持力度（特别是列入“数控一代”示范项目产品，从销售和购置两方面合计给予30%的补贴扶持），加快推进以“机器换工”为重点的智能化、数控化改造，行业中700多家规上企业参与。其中，41家纺织鞋服企业纳入市级以上智能制造示范企业，产品质量、效益大幅提升、成本大幅下降，

2017 年实现利润增长 38.6%，高于全行业 20.3 个百分点。

第三，绿色生产成为新竞争力。近年来，泉州强化低碳发展模式，积极在传统企业生产中推行绿色生产，在 2017 年底，泉州 111 家印染生产企业全部完成实施低排水染整工艺改造，16 家制革生产企业全部完成实施铬减量化和封闭循环利用技术改造。纺织服装行业历来是高能耗行业，尤其印染行业更是重点监控行业，由于企业布局较为分散，为环保监管工作带来不小的困难。为此，晋江市在建设了安东园与东海垵两大印染集控区，引导周边印染企业入驻，并在园区内实施节能技改、清洁能源代替、推动减排降耗、鼓励企业履行社会责任等举措。通过设备改造，多数企业在不增加排污量的前提下，提升了企业产能。

第四，坚持创品牌。“晋江经验”最鲜明的特色就是咬住实体经济发展不放松，持续推动传统实体经济往品牌化方向转型升级，产业集群品牌与企业品牌形成良好互动。泉州制造业的主体以传统产业为主，如纺织鞋服、建材家居、食品饮料、工艺制品，这些产业都是在改革开放后培育起来的。但是，1980 年代的泉州制造业实质是加工业，企业都属 OEM 厂商，只从事制造产业链的中间环节，业务流程极为单一，没有品牌意识。随着市场风格向买方市场的转换及消费者品牌意识的觉醒，做服装加工的周少雄和他的合作伙伴萌发创牌的欲望，于是“七匹狼”于 1990 年注册成功。在此示范下，泉州的家族制造企业也开始走上树立品牌的道路。自 2002 年富贵鸟、亚礼得、安踏、爱乐、特步成为泉州历史上第一批中国名牌，如今，在泉州传统制造业领域都有一批能处于国内一线品牌的企业，如纺织鞋服领域的利郎、九牧王、七匹狼、劲霸、安踏、匹克、特步、361 度，食品饮料领域的达利、盼盼、雅客、金冠，轻工制品领域的浔兴拉链、恒安、辉煌水暖、九牧，品牌集群、品牌经济的态势极为明显，也因此于 2006 年就获得“中国品牌经济城市”的称号。在 2019 中国品牌价值信息发布活动上，泉州共有 19 个品牌跻身 5 亿元榜单，其中包括 10 个企业品牌、8 个自主创新品牌、1 个区域品牌。拥有中国名牌 46 件、中国驰名商标 155 件，均居中国地级市前列。

②重化产业为经济提供强有力支撑。

泉州重化产业由石化产业和机械装备产业组成，2019 年贡献了 24.97% 的工业增加值。石化工业主要围绕构建世界级大型石化基地，推动泉港、泉惠石化工业区资源整合、优势互补，延伸石化深加工产业链，提升炼化一体化产业竞争力；机械装备业则围绕打造全国重要的机械装备制造中心，全面提升机械装备自主研发能力，全力打造全国重要智能轻工装备基地。

③高新技术产业蕴含重大机遇。

在创新驱动战略下，泉州高新产业日渐成形成势。到 2019 年，全市高新技术企业 508 家，创新型(试点)企业 279 家，科技小巨人领军企业 493 家。为鼓励发展高新产业，市委、市政府制定出台“1+X”系列政策，推出 42 项全国、全省首创的创新举措，相继引进和建设中科院泉州装备制造研究所等 40 家高端公共创新服务平台，开展产学研合作攻关 300 多项。积极培育以晋华项目为龙头的集成电路产业链，并加强安溪湖头光电、三安光电、飞通、“芯谷”等高新技术产业园区规划建设。同时紧盯产业化石墨烯产业研究方向，结合传统产业转型升级需求和新技术、新材料、新业态的推广应用，培育经济发展新的增长点。2019 年泉州高新技术产业贡献了 16.7% 的工业增加值。由表 10–28 所知，近 4 年以来泉州高新技术产业工业增加值年均增长 9.5%，高于传统产业和重化产业。

表 10–28　2016—2019 年不同分类泉州工业增加值可比增长速度(单位：%)

年份	2016	2017	2018	2019
规模以上工业	7.7	8.3	9.1	8.6
按三大板块分				
传统产业	7	8.6	10.1	8.1
重化产业	12.2	6.8	7.8	8.1
高新技术产业	11.1	8	9.2	9.9
按“十三五”规划重点产业分				
主导产业	8.5	8	9.7	8.5
纺织鞋服	5.8	8	9.7	5.4
纺织服装	5.8	8.3	10.6	4.4
鞋业	5.8	7.6	8.5	7
石油化工	11.1	3.9	5.3	10
机械装备	13.5	10.6	11.4	5.7
建材家居	9.2	9.3	11.7	11.1

（续　表）

年份	2016	2017	2018	2019
特色产业	6.3	10.1	9.9	11
食品饮料	7.1	8.5	8.5	6
工艺制品	5.3	11	13.2	13.2
纸业印刷	6.2	11.9	7.2	15.1
新兴产业：新一代信息技术	26.7	37.6	16.3	29.7
新兴产业：生物医药	14.1	8.3	11.8	−11.7

注：①传统产业包括纺织鞋服、建材家居、食品饮料和纸业印刷，重化产业包括石油化工、机械装备，高新技术产业按照《福建省高新技术产业统计分类目录（2015）》和省科技厅认定的规上高新技术企业汇总，与传统产业和重化产业存在部分重复。

②机械装备口径采用国家装备制造口径。

③建材家居业涵盖的部分行业与其他产业重复。

④发挥港口优势，积极融入“一带一路”。

泉州自古以来就是海上丝绸之路的起点城市，在对外海洋贸易中有举足轻重的作用。作为“21 世纪海上丝绸之路先行区”，泉州在 2018 年与海丝沿线国家和地区贸易额达 911 亿元，荣膺“一带一路”建设案例城市。事实上早在 20 世纪 90 年代末就提出了“以港兴市”的发展战略，加大了港口建设资金投入。

首先，泉州有发展成现代化大港的资源优势条件。在长达 427 公里的海岸线上，适合建港的岸线长达 64.7 公里，可规划建设的泊位有 150 个，其中深水泊位有 99 个；规划港口吞吐能力可达 30904 吨，集装箱可达 684TEU，对促进泉州港货物出口具有天然的优势。同时，泉州港是距离从北美、东北亚至东南亚、印度洋、大西洋这一世界上最繁忙的国际航线最近的港口之一，地理位置十分优越，水陆交通也非常便利，港内海域宽阔、水深、不冻、避风，是中国东南沿海不可多得的天然良港之一。

其次，就港口腹地来说，泉州第二产业具有很大优势，本地货源充足，泉州港所辖的 5 个港区中，肖厝港和泉州湾港区是中心，肖厝港所在的泉港区是福建省石化基地，也是国家规划建设的 6 大石化基地和四大国际中转港口之一；斗尾港区以工业港为主，是对外开放港口，主要为临港工业服务；围头湾港区和深沪湾港区主要服务于泉州市地方经济，其中围头湾港区是福建省重要的内贸集装箱港口和泉州地区大宗内外贸件杂货的集散地；深沪湾港区是水泥、煤炭、钢铁等干件杂、干散货物流集散地。2019 年泉州港集装箱吞吐量达 258 万 TEU，在全国排名第 20 位。

再次，政策引领参与“一带一路”。随着 2013 年我国“一带一路”倡议的提出，泉州港口迎来了发展新机遇，泉州政府充分把握这个契机，加快融入“一带一路”，建设海丝先行区，依托国家对沿海城市港口建设的政策导向，制定了一系列促进泉州港口物流发展的方针政策，先后出台了《关于进一步促进集装箱从泉州港进出的若干意见》《泉州港口发展行动计划》等，加大在港口设施建设、港口集疏运体系、港口物流集聚、港口开放服务等方面的投资建设力度，加快建设港口及配套设施，以及港区集疏运铁路、公路，大力发展现代航运服务业，提高集装箱航线密度，完善港口物流信息平台，从而提高电子口岸服务效率，并最终提高港口通关效率。

最后，企业积极参与“一带一路”。泉州是中国著名的侨乡，旅居海外侨胞众多且实力雄厚。据统计，泉州籍侨胞已超过 310 万人，分布在世界 140 多个国家和地区。在东南亚的 1950 多万华侨华人中有超过 35% 的人祖籍是泉州。在东盟全球 500 强华人企业中，泉州籍就占了约 180 家。在利用“一带一路”的建设红利的过程中，这些海外侨胞成为泉州市最宝贵的资源和巨大的优势，以及促进“一带一路”经济、社会和文化深度融合的重要纽带。一批泉州的优秀企业积极响应国家“走出去”战略的号召，如石板材加工企业、建筑陶瓷业等越来越多地在境外投资设厂、收购国外资产、建立营销网络。2014 年，中国—东盟自贸区协议签订后泉州与东盟的贸易额更是呈井喷式上升。2016 年东盟跃升成为泉州市第二大贸易伙伴。2019 年泉州进出口贸易总值达 2111.80 亿元，同比增长 13.9%，其中对“一带一路”沿线国家进出口贸易增势良好，进出口贸易 1053.55 亿元，同比增长达 24.6%。

（2）启　示

从泉州经济增长动力转换的过程来看，我们可以得到的启示是正确处理新兴产业和传统产业的关系。具体而言，一是借助新兴技术改造传统产业。国内许多城市传统产业特别是制造业总量规模比较大。因此，抓好了传统产业，稳增长也就有了最基本的保证。所以，决不能简单地将传统产业等同于落后产能加以腾退，而是要积极运用先进适用技术和现代信息技术，加快传统产业技术升级、设备更新和绿色低碳改造，推动传统产业向高端攀升，促进传统产业凤凰涅槃、浴火重生。二是立足传统优势发展新兴产业。发展新兴产业不能赶时髦，一哄而上。如果脱离实际，一味求新求异、盲目跟风，那么在发展新兴产业的过程中，就难免会出现相互攀比、同质化竞争的“大冒进”，最终陷入“结构趋同—产能过剩—恶性竞争—经济衰退”的窘境。三是发展新兴产业也不能多点开花，四面出击。新兴产业是相对传统产业而言的，往往也与传统产业相伴相生，发展新兴产业并不等于告别过往另起炉灶，而应该立足传统优势乘势而上。例如泉州石油化工、机械装备、建材家居等传统产业在全省乃至全国具有比较优势，立足传统比较优势发展新材料、高端装备制造等新兴产业，既可以防止陷入同质化竞争，又可以实现产业集聚尽快形成规模化优势。

（三）小　结

从日本、韩国、巴西和国内各大城市的经济增长动力转换经验可以看出，能成功转换经济增长动力的经济体基本上从如下几个方面入手：

1. 加大自主研发投入，大力促进技术进步是经济增长动力转换的关键因素。如日本在经济增长过程中正是模范技术创新战略促使其获得经济成长，但是，随着模仿难度加大，出现了模仿陷阱，导致经济的衰退。韩国则是通过政府的政策引导，促进企业开展自主研发，进而推动经济持续增长。国内的深圳、苏州也是典型的促进自主研发，进而获得经济增长的持续动力源的城市。

2. 人力资本投资是经济增长的重要动力。日本经济获得长期增长的一个重要原因就是增加人力资本投资，促进全民素质提高，而巴西陷入中等收入陷阱的一个重要原因也是对教育投入的严重不足，导致人力资本质量难以提高，阻碍了技术创新速度和经济增长。深圳获得经济的突飞猛进一个重要原因是通过大力引进高端人才来积累人力资本。合肥雄厚的人才储备也促进了科技成果快速实现产业化。

3. 工业与服务业的协调发展是经济增长的重要动力。巴西的经验说明，过早去工业化会导致工业衰落，没有高端制造业的支撑，服务业也只能被困在低水平，因而工业与服务业的协调发展是经济持续增长的动力源泉。而无锡却是依托制造业拓展生产性服务业，鼓励大中型制造企业向服务企业转型，引导企业在价值链分工上向微笑曲线的两端延伸，通过管理创新和业务流程再造，实行“主辅分离”，发展服务外包，从而走出了工业和服务业共同发展的新路子。还有深圳的风险投资基金、无锡的科技金融、郑州的金融业都为当地的工业，尤其是高新技术产业、新兴产业提供了源源不断的资金。

4. 引导性开放是经济增长动力的重要源泉。巴西的经验表明，长期的进口替代战略是其经济长期低迷的重要原因，但是进口替代向出口导向战略的转化也促使巴西经济获得好转。然而，在开放的过程中，由于削弱了政府的作用，这种纯粹自由式的出口导向战略导致了政府无力培育以新技术为核心的产业集群，巴西的工业逐渐转向依靠资源、单一产品生产为基础的低附加值领域。国内的苏州就是通过政府的招商引导，加强了以电子信息、生物医药、机电一体化等高科技制造为主体的大规模产业集聚，使苏州高科技制造业在不长时间内形成一个良性循环的产业链，从而大大增强了苏州的制造业实力和外贸竞争力，开启了苏州经济高速增长的路径。

5. 依托自身的产业基础，充分利用开放和数字经济等新技术，建立自身有比较优势的产业是经济增长的最主要的动力。国内众多大中城市的发展经验表明，利用自身优势，建立具有比较优势的产业，借此培育产业竞争力是经济增长最为持续的动力源泉。像深圳就是走出了一条发挥体制优势与抢占高新技术产业的先机持续保持优势地位的特色道路。宁波则是充分将数字经济与本土航运业有机结合，获得经济的持续增长。郑州充分利用其区位优势发展枢纽经济，获得了经济的快速增长。长沙和泉州并未抛弃其原有优势的传统主导产业，而是通过推进智能制造，使传统产业降本增效，保持长久的竞争力。

6. 与其他地区结成紧密的城市群或联盟关系。城市群是工业化、城市化进程中，区域空间形态的高级现象，能够产生巨大的集聚经济效益，是国民经济快速发展、现代化水平不断提高的标志之一。韩国从美国、日本获得了几次国际产业转移，迅速提升了其产业梯度；苏州借助外商投资也摆脱了劳动密集型低水平的产业结构；合肥积极融入长三角一体化，引进了一批长三角龙头企业；郑州、宁波、泉州、合肥等积极参与“一带一路”建设，实现了进出口规模的大幅增加。

十一、佛山经济发展动力转换的基本思路与政策建议

（一）佛山经济发展动力转换的基本思路

通过前文分析可以看出，当前佛山市的经济发展在经历了多年高速增长后，2010年后进入8%左右的中高速增长，2018年开始进一步走低，进入6%的中速增长期，总体上看，与中央经济工作会议总结的经济新常态特征基本吻合。从需求侧的动力源分析，投资是目前拉动佛山经济增长的主要动力，但总规模占GDP的比重较高，进一步增加投资比例的空间十分有限；消费占比具有相对较大的提升空间，但传统消费需求刺激政策效果不显著；净出口规模占GDP的比例较高，但对佛山经济增长的平均贡献率和拉动率已经跌到了零或负值。从供给侧动力来看，“十三五”时期，资本规模扩张仍然是佛山经济增长的传统力量；劳动力规模的贡献率出现较大幅度波动，个别年份已出现负值；全要素生产率对佛山经济增长的贡献率和拉动率较“十二五”有一定增加，但仍需进一步提升，特别是通过全要素生产率的分解，我们发现，劳动生产率对全要素生产率的贡献近年来基本稳定，而资本生产率大幅下降。另一方面，从产业结构来看，佛山市制造业近二十年来在GDP中的占比一直高于50%，服务业占比则相对较低，呈现出极为鲜明的制造业城市特色。目前佛山已经明确要充分发挥制造业的比较优势，以制造业立市，那么，“十四五”时期应如何以制造业转型升级为基础，培育经济发展新动能，优化三次产业结构，进而推动经济社会可持续发展？

运用供给侧结构性改革基本理论分析，项目组认为：在当前较高资本存量、人口规模红利消减、土地资源稀缺背景下，以制度创新激活市场主体活力、

以技术创新提高生产率，使市场在资源配置中起决定性作用，更好发挥政府作用，通过市场竞争优化资源配置，进而推动要素结构、产业结构、消费结构、城乡结构、外贸结构以及营商环境的持续升级，坚持以人民为中心的发展理念，最终以提高全要素生产率推动高质量发展，是佛山市未来实现经济增长动力转换的基本思路。

（二）佛山经济发展的新动能培育路径

1. 以智能制造统领制造业转型升级，积极打造国际制造业科技创新中心和国际知识产权交易中心，构建面向全球的制造业创新网络

佛山是全国唯一的制造业转型升级综合改革试点城市，也是国家重要的先进制造业基地。党的十九大以来，佛山坚持以习近平新时代中国特色社会主义思想为指导，以《中国制造 2025》为行动纲领，贯彻落实新发展理念，充分发挥制造业基础雄厚、工业体系健全、配套设施完善的发展优势，“十四五”期间应进一步坚持以智能制造为主攻方向，围绕“存量优化”和“增量优质”实现突破，一方面通过支持企业开展技术改造、推广应用工业机器人、深化“两化”融合等组合拳，推动传统产业优化提升、重焕生机；另一方面要开展产业链招商，引进一批投资额大、带动能力强的重大产业项目，在装备产业取得重大发展的基础上，进一步加快培育壮大新兴产业，促进增量、优质，重点引进电子信息、新能源汽车、生物医药、新材料等战略性的新兴产业，形成佛山产业集聚品牌，全力建设国家制造业创新中心。新一代人工智能技术与制造业实体经济的深度融合，不仅将创造自动化的一些新需求、新产业、新业态、新应用，而且即将全面地改造提升经济活动的各个环节，成为拉动经济发展的新动能之一。

深入实施创新驱动发展战略，把创新摆在发展全局的核心位置，尤其要完善综合创新生态体系，增强自主创新能力，激发全社会的创新活力和创造潜能，打造具有国际影响力的创新高地，借助制造业的优势全力打造国际制造业科技创新中心。

首先，强化企业创新主体地位。充分发挥企业创新主导作用，深入推进

企业主导的产学研活动，支持企业与高校、院所和协会等相关单位共建研发机构。支持企业实行最严格的知识产权保护制度，积极利用佛山国家知识产权服务业集聚发展试验区的作用，支持全球知识产权在佛山交易落户，率先建成知识产权强市。提高普惠性财税政策支持力度，加大对企业创新扶持力度。

其次，积极完善创新生态系统。通过完善各项创新政策支持体系，加快以互联网应用推动各类创新要素资源集聚、开放、共享，形成多方参与创新的高效协同机制。深入推进科技管理体制改革，构建以政府引导资金撬动社会资本投入的创新投入新机制。强化对基础性、战略性、前沿性科学研究和共性技术研究项目的稳定支持。加快建设一批创新设计、公共检测、科技信息和专业技术平台。推进科技资源开放共享，完善科技法律服务体系，依托国家知识产权服务业集聚发展试验区的基础，打造国际知识产权交易中心，积极推进技术转移。在完善创新基础设施建设的基础上，加快构建以龙头企业为引领、广大中小企业积极参与的创新群体。从而形成创新体制机制、创新载体和创新主体为一体的创新生态系统。

第三，强化基础研究，积极对标国际标准，打造高水平产业创新平台。强化基础研究，将区块链技术作为核心技术创新的重要突破口，提升原始创新能力，推动佛山市在区块链这个新兴领域走在前沿位置，加快区块链和人工智能、大数据、物联网等前沿信息技术的深度融合，推动区块链集成创新技术在制造业中的应用。高起点、高标准建设好佛山先进制造业科学与技术广东省实验室，着力提升佛山基础研究和应用研究能力，进一步提升佛山在全国制造业中的核心竞争力，为佛山建设面向全球的国家制造业创新中心提供战略支撑。积极支持一些隐性冠军企业建立工程中心等研发机构，围绕制造业发展中的核心技术和卡脖子技术给予重点支持，形成重大源头创新和前沿突破的强力支撑。

2. 积极打造营商环境高地，降低制度性交易成本，全面激发企业家精神和激活市场主体的活力

好的营商环境就是生产力。近年来，佛山积极对照国际高标准营商规则

体系，下硬功夫打造发展软环境，多项改革举措走在全省乃至全国前列。积极推进“一网一门一次”政府服务改革，实现所有审批服务事项全面“上网”“全天候网上办理”。在全国率先实施“3+5”商事登记制度改革，真正实现商事登记“零见面、零跑动”，成为全国首批企业开办全程网上办“零见面”试点城市。但是在省内与东莞和中山相比还有差距，下一步需要持续深化“放管服”改革，降低制度性交易成本，打造法治化国际化便利化的营商环境。主要是对标国际、国内最高最好，主动对接和复制推广港澳领先、国际通行的规则，结合佛山实际找准规则衔接的契合点、发力点，在营商环境领域推出更多有针对性、开创性的改革举措，把佛山打造成为大湾区一流营商环境高地。建立与国际高标准投资贸易规则相适应的制度规范。发挥市场在资源配置中的决定性作用，探索取消或放宽对港澳投资者的限制，逐步打破壁垒障碍，促进要素自由流动。复制推广自贸试验区试点经验，积极申报综合保税区，深入推进亚洲国际市场采购贸易方式试点，不断提升投资贸易自由化便利化水平。通过营商环境的改善，积极弘扬企业家精神，发挥企业家在资源配置当中的枢纽作用。

3. 强化投资的效率导向，引导资金投向供需共同受益、乘数效应大的先进制造、民生建设、基础设施短板等领域，在严控房地产风险的同时，继续保持其对经济发展的拉动力

长期以来，佛山市基础设施建设投资占 GDP 的比重相对较低，不仅影响了佛山的城市形象，而且也制约了三次产业的进一步转型升级，经济建设必须以城市基础设施建设为基础。“十四五”时期，佛山市城市基础建设的投资应从两方面入手：一是按照佛山城市规划，整合提升佛山各区基础设施建设资源，推动佛山城市现代化建设；二是根据《粤港澳大湾区发展规划纲要》，加速与湾区城市基础设施的互联互通。具体可以从以下几个方面入手：一是大力支持新技术、新产品进入基础建设投资领域；二是打通城乡要素双向流动的通道，土地、资金、人员、技术等实现双向流动，三是创新投融资模式，引导社会资金进入基础设施建设领域。通过基础设施建设优化投资效率，实现佛山经济可持续增长。

“十四五”期间随着广佛同城深入推进和粤港澳湾区互联互通的城际交通网络不断完善以及佛山市经济转型逐步推进、城市建设的发展等，城市常住人口持续净流入，新市民数量日益增多，为房地产开发建设提供了强有力的物质支撑和相对充裕的市场需求，再加上住房产品形态日趋多样，形成了普通商品住房、高端别墅洋房、养老地产、结合文旅项目开发建设的旅游度假住房、用于出租的公寓房等多种产品类别，逐步适应群众多样化居住需求，房地产投资将是继续拉动佛山经济增长的动能之一。但是，“十四五”期间政府要坚定“房住不炒”的原则，在稳定房地产投资的时候，要更新监管手段、适时调整政策，防止房价暴涨暴跌、维持市场稳定、保护各参与主体权益、防范和化解社会稳定风险。同时，佛山市作为租赁住房试点城市，应进一步理顺管理体系、规范租赁行为、更好地保障承租人权益、在实现租购同权、提高租赁住房整体居住品质方面加大管理力度，严控房地产市场风险。

继续发挥政府引导基金的作用，在招商引资过程中积极引导资金流向先进制造业，避免资金在低端产业上的重复无效投资。

4. 深入开展村级工业产业园连片升级改造，提高存量土地的生产效率

村级工业园曾经是佛山经济腾飞的动力，被称为“珠江模式”的典型代表，也是佛山市民营经济发展的重要载体。然而，随着经济的现代化转型，村级工业园环境污染严重，生产生活设施杂乱和不足，以及违法建筑和安全隐患、条块分割等问题，不仅无法适应现代经济的发展，而且严重威胁城市和人民生活安全。“十四五”期间，佛山要全面深入落实《佛山市村级工业园整治提升方案（2018—2020）》和《中共佛山市委、佛山市人民政府关于推进乡村振兴战略的实施意见》，围绕按照向村级工业园要“创新空间、生态空间、品质空间”的总目标，积极推动“乡村振兴”“创新驱动”“生态文明建设”三大战略目标的实现，全力推进村级工业园区整治提升，调整优化佛山城市空间结构，释放发展空间，推动城乡经济社会高质量发展，建设佛山现代化经济体系新引擎。村级工业园改造要避免单打独斗，在与规划衔接的基础上，要创造条件、因地制宜地连片改造，并与乡村振兴战略实施和城乡一体化发展有机结合。

5. 坚持人才引进与本土培育相结合，持续提升人力资本水平

新动能的培育离不开劳动力，尤其是高端人才的支撑。一是要积极融入大湾区发展，积极引进博士、博士后、院士和港澳服务业专业人才等高端人才，为建设国际制造业科技创新中心提供必要的人才支撑。因而“十四五”期间应根据佛山产业发展的需求，制订人才引进的基本方向，形成人才引进的联动机制。二是要树立教育才是全面提升劳动力素质的关键。制订科学合理的教育发展规划，从幼儿教育、基础教育、职业教育、高等教育、在职培训等多个维度同时发力，才能全面提升教育综合实力和整体水平，为经济发展提供高素质劳动力；三是积极培育本土高水平大学，如大力建设佛山科学技术学院（广东理工大学），同时积极与世界名校合建高水平大学，为经济发展提供必要的人力资本存量；四是以户籍制度改革为突破口，构建一元化社会保障制度，推动外来人口市民化。佛山市近年来人口持续流入，从人口红利角度看，农民工群体蕴含着中国经济社会进步的巨大动能。当前，外来工供给总量不足和结构性不足并存，供过于求的廉价劳动力时代已经结束。因此，加快户籍制度改革，并完善与之相关的社会保障制度，不仅以开放包容的态度为所有在佛山本地就业的人员提供平等的教育、培训、医疗和其他公共服务，而且要建立低收入人口发展扶助的长效机制。主要通过改善贫困人口的基本生存环境，创造接受终身教育和技能提升的机会，并构建就业帮扶机制。让外来务工人员能够在佛山立业、安家、定居，这些外来人口不仅是佛山劳动力增长的源泉之一，也会带来大量的消费增长和住房需求。

6. 构建“智能制造”“数字经济”“生产性服务业”三轮驱动的产业路线图，推动产业结构优化升级和相互融合发展，打造制造业区块链经济的创新试验区

多年来制造业一直是佛山实现经济高速增长的重要动力，未来将继续以打造面向全球的国家制造业创新中心为目标，一方面是继续推动传统产业转型升级，另一方面是培育壮大战略性新兴产业。这两方面在“十三五”期间佛山都取得了较好的成效，这也是佛山最近两年经济仍然能够维持中速增长的重要原因。然而，从发达国家的实践来看，服务业在 GDP 中的比重超过

50%，才能被定义为成熟的发达经济体，2018 年佛山市服务业在 GDP 中的占比仅 40%。也就是说，单纯依靠制造业的单兵突破未来很难实现经济可持续发展。

一是要以智能制造业为核心，围绕“存量优化”和“增量优质”，一方面以智能制造为主攻方向，通过支持企业开展技术改造、推广应用工业机器人、深化“两化”融合等组合拳，推动传统产业优化提升、重焕生机。另一方面要开展产业链招商，引进一批投资额大、带动能力强的重大产业项目。

二是要大力发展与制造业转型升级密切相关的生产性服务业。主要包括技术研发、设计、金融、物流、信息服务、商务服务、人力资本服务等。同时注重服务性消费和生产性服务业的紧密融合，打造新兴的知识密集型服务业，使其成为拉动消费结构和产业结构升级的新主导产业。

三是大力发展以区块链产业为代表的数字经济，打造制造业区块链经济的试验区。数字经济是全球经济增长日益重要的驱动力，在加速经济发展、提高现有产业劳动生产率、培育新市场和产业新增长点、实现包容性增长和可持续增长中正发挥着重要作用。通过区块链的发展实现互联网、制造业、人工智能、金融资本乃至文化创意等的高度融合。积极利用佛山制造业规模大、产业链条长的优势，积极运用区块链技术打造制造业区块链经济的创新试验区。

总体说来，“十四五”期间，要充分发挥佛山制造业的比较优势，以优势制造业带动生产性服务业，抓住价值链的上下游高端环节，并以区块链技术发展，全力推动制造业和现代服务业的双轮驱动，着力优化产业结构和产业布局，以此构建具有全球竞争力的现代产业体系，全力推动“三龙湾”成为三产融合发展的典型示范区。

7. 加大服务性消费供给，推动生活消费结构升级

佛山市消费对 GDP 的贡献率和拉动率一直滞后于广东省和全国的平均水平，与佛山所处的经济发展阶段不符。2019 年达到 3516.33 亿元，是 2001 年的 9.38 倍，但是佛山这一消费指标连续第四年增速放缓。研究表明，未来基本生活消费增长趋于平稳，但包括医疗、教育、文化、娱乐、养老、旅游等

在内的服务性消费将进入快速成长期。也就是说，消费结构升级成为大势所趋。2018 年 9 月，中共中央、国务院印发《关于完善促进消费体制机制，进一步激发居民消费潜力的若干意见》，提出建设若干国际消费中心城市的目标。作为制造业大市，佛山市要主动适应消费结构升级趋势，扩大优质商品和服务有效供给，使消费特别是外来消费成为“十四五”期间拉动经济增长的新引擎，这需要佛山创新生产性服务和服务消费、旅游娱乐消费等融合发展，在此过程中，佛山应该确立品牌服务形象，发展“新商品”，即实物商品、服务商品、体验商品“三位一体”的融合，改变目前多数地区普遍注重实物商品，轻视服务商品和体验商品的传统局面。把佛山打造成为引领放心消费的城市。

8. 积极推进乡村振兴战略和全面落实《粤港澳大湾区发展规划纲要》，以基础设施的互联互通互融为基础，推动城乡融合发展和广佛深度合作，全力打造城乡融合发展标杆城市

结合佛山乡村振兴战略推进，全面落实中共中央、国务院发布《关于建立健全城乡融合发展体制机制和政策体系的意见》，健全农业转移人口市民化机制、建立城市人才入乡激励机制、改革完善农村承包地制度、稳慎改革农村宅基地制度、建立集体经营性建设用地入市制度、健全财政投入保障机制、完善乡村金融服务体系、建立工商资本入乡促进机制、建立科技成果入乡转化机制，率先构建城乡融合发展体制新机制，使得城乡要素自由流动制度性通道基本打通，城市落户限制逐步消除，城乡统一建设用地市场基本建成，农村产权保护交易制度框架基本形成，基本公共服务均等化水平稳步提高。全面落实《粤港澳大湾区发展规划纲要》，主动融合大湾区，在加速与湾区城市基础设施互联互通的基础上，推进广佛深度合作，推进城乡基础设施的互联互通互融，实现土地、资金、人员、技术的自由流动，全力打造城乡融合发展标杆市。

9. 加快构建高水平开放型经济新体制，优化进出口结构，培育出口新优势，推动外贸高质量发展

开放是实现高质量发展的必经之路。“十三五”期间佛山市进出口总规模总体保持进一步增长态势，在巩固传统市场的同时，新兴市场进出口增长也

十分迅速，但外贸质量有待进一步提升。“十四五”期间，推动外贸高质量发展需要做好如下工作：一是对标国际，推动改革，在“放管服”改革上下更大功夫，力促投资便利化，创造良好营商环境；二是要充分发挥作为粤港澳大湾区核心城市的区位优势，积极对接国家、广东省外贸高质量发展相关精神，积极探索对内对外经济合作新模式、新路径、新体制，不断优化国际市场布局、国内区域布局，经营主体、商品结构和贸易方式，在更大范围、更广领域和更高层次上推动新一轮开放合作。三是积极协助企业构建境外自主营销网络、打造外贸高质量发展的公共服务平台。积极发挥平台对贸易的支撑作用。四是加大进口力度，促进贸易与产业的互动，推动产业国际化进程。围绕制造业技术创新的关键技术和环节，加大技术和生产性服务贸易的进口，推动制造业的技术进步和生产性服务业水平提升，从而达到制造业与现代服务业的深度融合和协调发展，培育具有全球影响力和竞争力的先进制造业集群。五是健全参与粤港澳大湾区的对接机制，推动广佛同城、“香港 + 佛山”等实现更大突破，借力发力参与全球要素配置、产业分工和竞争。创新参与“一带一路”建设体制机制，优化企业走出去发展模式，提高对外贸易和国际产能合作水平。继续改革创新招商引资体制机制，健全对欧美的交流合作模式，打造全球创新资源与国际合作汇聚高地。

10. 积极发挥资本市场和保险市场对实体经济的支持作用，以产业金融和普惠金融创新为导向，通过融合发展服务实体经济和人民生活

产业发展和结构调整、科技创新、要素结构调整等经济新动能培育都离不开金融的支持。习近平总书记在 2019 年中央政治局第十三次集体学习时明确指出，“深化金融供给侧结构性改革必须贯彻落实新发展理念，强化金融服务功能，找准金融服务重点，以服务实体经济、服务人民生活为本”。金融供给侧结构性改革的内容可以概括为“一个基础、六大方向”。“一个基础”就是确认金融在国民经济中的重要地位，“六大方向”是未来金融改革和发展的主要领域，分别为：服务实体经济、优化金融结构、管理金融风险、遵循经济规律、发展金融科技和扩大对外开放（李扬，2019）。

因此，佛山市金融创新动能培育应遵循以下思路：

一是积极推动资本市场对佛山实体经济的支持作用。积极鼓励企业以资本市场开展融资，不同类型的企业进入不同多层次的资本市场，推动企业规范成长和可持续成长，为佛山实体经济培育市场主体。二是大力培育保险市场主体，积极打造保险小镇，积极发挥保险服务实体经济的功能，创新保险产品，为佛山实体经济发展保驾护航。三是以制造业创新为引导，三产融合为基本方向，重点推动区块链技术在金融业和制造业及其他相关产业的广泛应用，打造金融企业与本地产业紧密结合的产业金融服务生态圈，创新制造业金融发展新模式、新业态，从传统制造业来说，通过制度创新引导金融资本进入以众陶联、众塑联为代表的行业创新组织或以龙头企业为主导的行业协会，充分发挥金融企业信息优势、人才优势、技术优势，在为龙头企业提供金融支持的同时，创新为中小企业服务的新模式，解决长期以来中小企业融资难的传统痛点。对于引进或创新的先进制造业，在鼓励金融企业为其提供资金支持的同时，更要充分发挥金融先行引导作用，推动先进制造业与佛山本地经济的融合发展，培育新的产业集群。四是通过顶层制度设计，打造金融服务人民生活的普惠金融生态圈。以社区金融发展为突破口，发挥社区金融机构搜集居民信息的便利优势，充分调研居民金融服务需求，鼓励普惠金融产品创新供给，大力发展诸如运用大数据评估居民信用的新型中介服务体系，解决普惠金融服务信息不对称痛点，为发展服务人民生活的普惠金融创造条件。

11. 充分发挥财政在社会保障制度中的基本保障功能和杠杆作用，为创新者解决后顾之忧

社会保障制度本质是通过政府财政收入的再分配功能，将社会财富进行部分转移，从而合理科学地调节国民收入分配结构，完善的社会保障能够有效调节居民收入差距，保障居民安心工作，发达国家成熟的社会保障制度不仅对社会稳定具有重要保障功能，而且能够有效推动创业创新。在“十四五”期间，佛山要充分界定政府与市场的边界，既勇于承担社会保障支出中的公共财政责任，更要注重通过财政杠杆引入市场机制为劳动者特别是为勇于创新创业的劳动者提供较高水平的社会化保障。具体来讲，一是进一步完善社

会保险、社会救济、社会福利、优抚安置和社会互助五个方面的传统保障制度，在财力许可范围之内，优先保证劳动者基本生活保障水平能够伴随经济增长同步提升。二是通过财政投入，引导金融资本和其他社会资本与政府携手构建劳动者收入风险分摊机制，创新商业化的劳动者收入保险供给，通过市场力量满足不同收入的劳动者差异化生活保障需求，为创业创新者解决后顾之忧。具体思路首先是以政府新险种保费补贴方式鼓励商业保险机构发挥自身优势，创新设计劳动者收入保险产品，接着通过再保险和金融衍生产品创新将保险公司和政府财政面临的风险分摊给社会投资者。

参考文献

[1]［美］道格拉斯·诺斯,［美］戴维斯．制度变迁与美国经济增长 [M]. New York：Cambridge University Press,1971 年．

[2]［美］诺斯,［美］托马斯．西方世界的兴起 [M]. 北京：华夏出版社，1999 年．

[3]［美］诺斯．经济史中的结构与变迁 [M]. 上海：上海三联书店，1997 年．

[4]［英］大卫·李嘉图．政治经济学及赋税原理 [M]. 郭大力，王亚楠译．北京：商务印书馆，1972 年．

[5] 中共中央党史，文献研究院等主编．习近平关于“不忘初心、牢记使命”重要论述摘编 [M]. 北京：中央文献出版社、党建读物出版社，2019 年，第 24 页．

[6]［英］彼罗．斯拉法．李嘉图著作和通信集 [M]. 北京：商务印书馆，1999.

[7] 斯密．国民财富的性质和原因研究 [M]. 中文版（上卷）. 北京：商务印书馆，1974.

[8] 吴敬琏．中国经济增长模式抉择［M］. 上海：上海远东出版社，2006.

[9] 马克思．资本论 (第 1 卷)[M]. 北京：人民出版社，1975 年．

[10][英] 亚当·斯密．国民财富的性质和原因的研究 [M]. 北京：商务印书馆 ,1972 年．

[11][日] 藤田昌久，雅克－弗朗索瓦·蒂斯．集聚经济学—城市、产业区位与区域增长 [M]. 刘锋，等，译．成都：西南财经大学出版社，2004 年．

[12][英] 约翰·梅纳德·凯恩斯．就业、利息与货币通论 (重译本)[M]. 高鸿业译．北京：商务印书馆，1999 年．

[13] 毕正华．基于哈罗德—多马模型的中国经济增长实证分析［J］. 经济与管理研究，2007(8)：44—47.

[14] 蔡昉，林毅夫，张晓山，朱玲，吕政．改革开放 40 年与中国经济发展 [J]. 经济学动态，2018(08)：4—17.

[15] 蔡昉，王美艳．中国面对的收入差距现实与中等收入陷阱风险 [J]. 中国人民大学学报，2014,28(03).

[16] 蔡昉．"中等收入陷阱" 的理论、经验与针对性 [J]. 经济学动态，2011(12)：4—9.

[17] 蔡昉．人口转变、人口红利与经济增长可持续性——兼论充分就业如何促进经济增长 [J]. 人口研究，2004(02)：2—9.

[18] 蔡昉．推进全面配套改革 [J]. 经济理论与经济管理，2012(10)：5—11.

[19] 陈亚琦．基于供求视角的 "中等收入陷阱" 分析与对策——来自日本与韩国的经验 [J]. 河北经贸大学学报，2014(5)：60—66.

[20] 程文，张建华．"中等收入陷阱" 的定量识别与跨越路径 [J]. 统计与决策，2019（01）：129—132.

[21] 丁守海，王红梅．对 "索洛悖论" 解释的最新进展 [J]. 经济理论与经济管理，2005,（4）：58—63.

[22] 范和生，唐惠敏．"中等收入陷阱"，本身就是理论陷阱？[J]. 人民论坛·学术前沿，2015(04)：68—79.

[23] 高京平，齐佳楠．巴西为什么落入 "中等收入陷阱"[J]. 人民论坛，2017(7) 上：102—103.

[24] 葛立宇，王峰．从产业政策到创新政策的制度基础——比较政治经济学视角的考察 [J]. 科技进步与对策，2018(9)：100—107

[25] 顾钱江，张正富，王秀琼．习近平首次系统阐述 "新常态"[J]. 领导之友，2015（01）：10—11.

[26] 郭晗．数字经济与实体经济融合促进高质量发展的路径 [J]. 西安财经学院学报，2020,33(02)：20—24.

[27] 郭利平．经济新常态下郑州航空港经济的演进路径及对策研究 [J]. 中原工学院学报，2018(2)：26—32

[28] 郭庆旺，贾俊雪．中国全要素生产率的估算：1979—2004[J]. 经济研究，2005（06）：51—60.

[29] 郭熙保，朱兰．“中等收入陷阱”存在吗？——基于统一增长理论与转移概率矩阵的考察 [J]. 经济学动态 ,2016(10)：139—154.

[30] 郭熙保，朱兰．中等收入转型概率与动力因素：基于生存模型分析 [J]. 数量经济技术经济研究 ,2017(10).

[31] 郭熙保．中国经济高速增长之谜新解———来自后发优势视角［J］. 学术月刊，2009(02)：63—71.

[32] 何菊莲，王志娟，胡娇，何健．长沙市经济发展方式转变进程测评 [J]. 湖南行政学院学报（双月刊）,2014(06)：27—34

[33] 何雄浪，姜泽林．制度创新与经济增长——一个理论分析框架及实证检验［J］. 工业技术经济，2016(05)：130—136.

[34] 何雄浪，杨盈盈．制度变迁与经济增长：理论与经验证据［J］. 中央财经大学学报，2016(05)：79—85.

[35] 胡乃武．中国经济增长潜力分析［J］. 经济纵横，2010(05)：14—16.

[36] 华民．如何才能跨越经济增长的陷阱 [J]. 国际经济评论 ,2018(01)：72–85+6.

[37] 华生，汲铮．中等收入陷阱还是中等收入阶段 [J]. 经济学动态，2015（07）：4—13.

[38] 黄泰岩．中国经济的第三次动力转型 [J]. 经济学动态 ,2014(02)：4—14.

[39] 姬超．韩国经济增长与转型过程及其启示：1961—2011——基于随机前沿模型的要素贡献分解分析 [J]. 国际经贸探索 ,2013(12)：45—60.

[40] 季菲菲，陈雯，袁丰，孙伟．高新区科技金融发展过程及其空间效应——以无锡新区为例 [J]. 地理研究 ,2013(10)：1899—1911.

[41] 江三良，纪苗．工业化后期城市经济增长新动力探究——以合肥市为例 [J]. 皖西学院学报 ,2018(1)：49—55.

[42] 江时学．中国不会跌入“中等收入陷阱”[J]. 经济 ,2013(12)：72—74.

[43] 姜长云，张于喆，洪群联，胡文锦．产业形势和培育产业发展新动能研究——对浙江省宁波市的调查与思考 [J]. 社会科学战线 ,2017(2)：41—47.

[44] 金碚．工业的使命和价值—中国产业转型升级的理论逻辑 [J]. 中国工

业经济，2014（9）：51—64.

[45] 金华林，张汉泽．韩国成功跨越“中等收入陷阱”的经验 [J]. 发展研究，2017（05）：90—95.

[46] 黎琴芳．科技进步与中国经济增长［J］. 三峡大学学报，2006(6)：163—165.

[47] 李丹．韩国科技创新体制机制的发展与启示 [J]. 世界科技研究与发展，2018（04）：399—413

[48] 李培林．中产阶层成长和橄榄型社会 [J]. 国际经济评论，2015(01)：29–47+4.

[49] 李天国，沈铭辉．中等收入陷阱的成因及启示：基于拉美与韩国经验的比较 [J]. 拉丁美洲研究，2018(4)：68—85.

[50] 李天国．“中等收入陷阱”与经济结构改革：来自韩国的经验 [J]. 亚太经济，2016(6)：69—75.

[51] 李天国．经济转型、收入差距与社会保障政策：韩国政府的探索 [J]. 经济贸易，2016(6)：40—45.

[52] 李文．城市化滞后的经济后果分析 [J]. 中国社会科学，2001(04)：64–75+204.

[53] 李晓平，翟有龙．从内生增长模型探讨日本经济发展的可能性 [J]. 日本学刊，2006(1)：39—50.

[54] 李耀萍．技术进步对经济增长效应影响的实证研究——基于 VAR 模型的脉冲响应和方差分解分析［J］. 技术与创新管理，2016(5)：491—496.

[55] 厉以宁．论“中等收入陷阱” [J]. 经济学动态，2012(12)：4—6.

[56] 梁军，赵青．全要素生产率变动与日本经济长期萧条 [J]. 日本问题研究，2016（02）：11—21

[57] 梁军．劳动生产率增速变动与日本经济长期低迷 [J]. 日本学刊，2014（06）：93—109.

[58] 林毅夫，李永军．出口与中国的经济增长：需求导向的分析 [J]. 经济学 (季刊)，2003(03)：779—794.

[59] 林志帆．“中等收入陷阱”存在吗？——基于增长收敛模型的识别方

法 [J]. 世界经济研究 ,2014(11)

[60] 刘福垣 . 中等收入陷阱是一个伪命题 [J]. 南风窗 ,2011(16)：76—78.

[61] 刘金全 , 王俏茹 , 刘达禹 . 中国跨越“中等收入陷阱”的路径突破——基于增长收敛理论的识别及“双轮驱动”检验 [J]. 上海财经大学学报，2018（01）：29—42.

[62] 刘兰剑 , 应海涛 , 张田 . 战后日本科技创新能力演变及其构建机制研究 [J]. 科学学与科学技术管理 .2018(3)：16—33.

[63] 刘莉 . 从“深圳制造”到“深圳创造”——论高新技术产品自主品牌的创新之路 [J]. 深圳大学学报（人文社会科学版）,2005(6)：5—10.

[64] 刘瑞翔，安同良 . 中国经济增长的动力来源与转换展望——基于最终需求角度的分析 [J]. 经济研究，2011（7）：30–41+64.

[65] 刘伟 , 蔡志洲 . 经济周期与长期经济增长——中国的经验和特点（1978–2018）[J]. 经济学动态 ,2019(07)：20—36.

[66] 刘正才 , 陈雷 . 长沙优化营商环境的亮点 [J]. 上海商业 ,2019(4)：17—20.

[67] 柳华平 , 夏铭泽 , 张丹 , 杨波 . 跨越中等收入陷阱的税收治理逻辑 [J]. 税务研究 ,2018(04)：91—96.

[68] 龙莹 . 中国中等收入群体规模动态变迁与收入两极分化：统计描述与测算 [J]. 财贸研究 ,2012,23(02).

[69] 卢志渊 . 论泉州改革开放 40 年 [J]. 当代经济 ,2019(4)：54—57

[70] 鲁炜，龚叶茂 . 制度变迁与经济增长——基于东西部面板数据的分析［J］. 北京航空航天大学学报，2016(1)：89—97.

[71] 陆杰 . 生产性服务业发展研究——以苏州为例 [J]. 统计科学与实践，2019(2)：22—25.

[72] 罗吕榕，王迪熙 . 宁波发展模式演进浅析 [J]. 统计科学与实践，2010（03）：41—43.

[73] 马克林 . 郑州航空港区经济增长动力结构与转换路径选择 [J]. 河南科技学院学报 ,2017(9)：61—65.

[74] 蒙荫莉 . 金融深化、经济增长与城市化的效应分析［J］. 数量经济技

术经济研究，2003(4)：138—140.

[75] 裴平 , 曹源芳 . 我国经济增长的动力分析 [J]. 南京社会科学 ,2008(11)：1—5.

[76] 裴平，曹源芳 . 我国经济增长的动力分析［J］. 南京社会科学，2008(11)：1—5.

[77] 乔榛 , 王丹 . 我国经济增长动力转换的新机制研究 [J]. 学习与探索，2020（01）：123—130.

[78] 邱晓华 , 郑京平 , 万东华 , 冯春平 , 巴威 , 严于龙 . 中国经济增长动力及前景分析 [J]. 经济研究 ,2006(05)：4—12.

[79] 邱晓华 . 中国经济增长动力及前景分析［J］. 经济研究，2006(5)：4—11.

[80] 屈鑫涛 . 韩国国家治理现代化：结构存量、推进路径与经验审视 [J]. 河南社会科学 ,2016(03)：38–44+123.

[81] 瞿华，夏杰长，马鹏 . 我国消费、投资、出口与经济增长关系实证检验——基于 1978 – 2010 年数据［J］. 经济问题探索，2013(3)：37—41.

[82] 任保平 . 新常态要素禀赋结构变化背景下中国经济增长潜力开发的动力转换 [J]. 经济学家 ,2015(05)：13—19.

[83] 任泽平 . 韩国在增速换挡期面临的挑战、应对与启示 [J]. 发展研究，2018（03）：15—36.

[84] 邵文波 , 匡霞 , 刘健 . 经济增长的国际经验及对中国的启示——以美国和日本为例 [J]. 国际金融 ,2017(08)：53—63

[85] 沈承诚 . 经济特区的转型治理: 国家治理体制变革活性载体的观察——以转换期的深圳经济特区为例 [J]. 体制改革 ,2017(02)：42—50

[86] 沈坤荣，李子联 . 中国经济增长的动力与约束［J］. 经济学动态，2011（01）：26—32.

[87] 沈利生 . “三驾马车”的拉动作用评估 [J]. 数量经济技术经济研究，2009（04）：139–151+161.

[88] 孙利生 . “三驾马车”的拉动作用评估［J］. 数量经济技术经济研究，2009(4)：139—151.

[89] 孙新研．新常态下苏州经济增长动力转换研究 [J]. 统计科学与实践，2016（06）：22—25.

[90]孙振清，刘建雅，兰梓睿，边敏杰．中国跨越中等收入陷阱潜力研究——专利技术视角 [J]. 科技进步与对策 ,2019,36(01)：18—27.

[91] 陶青．深圳高新技术产业发展的研究与对策分析 [J]. 特区经济，2008（08）：39—40.

[92] 田国杰，郭占苗．新常态下苏州经济增长动力转换研究 [J]. 北方经贸，2018（10）：115-116+135.

[93] 王德劲，向蓉美．要素投入、技术进步与经济增长［J］. 云南财贸学院学报，2005(4)：31—35.

[94] 王飞．从货币政策看巴西工业化升级的失败 [J]. 文化纵横 ,2019(6)：49—56.

[95] 王菲．福建泉州调研实录——探寻迈进中高端的新动能 [J]. 纺织科学研究 ,2018(12)：47—49.

[96] 王庆五．国家治理体系和治理能力现代化：中国的发展战略与路径转换［J］. 江苏行政学院学报，2014(5)：5—10.

[97] 王帅，任颋．深圳经济可持续发展的动力分析 [J]. 经济体制改革，2014（2）：54—58.

[98] 王燕，申探明．“中等收入陷阱”在中国存在吗？——人口红利与技术进步的视角 [J]. 江西社会科学 ,2019,39(03)：49-58+254-255.

[99] 王一鸣．跨越与落入“中等收入陷阱”国家的企业研发机构——以韩国和巴西为例 [J]. 科学管理研究 ,2018,36(02)：101—104.

[100] 王妤，李剑．新常态下的经济增长与产业结构关系研究［J］. 工业技术经济，2016(2)：105—113.

[101] 温静．人力资本投资与中国经济增长关系的实证研究［J］. 科技创业，2007(1)：138—139.

[102] 吴红星，张超．无锡经济增长动力研究及“十三五”经济发展预测 [J]. 统计科学与实践 ,2015(11)：22—25.

[103] 武鹏．改革以来中国经济增长的动力转换 [J]. 中国工业经济，2013

（02）：5—17.

[104] 夏杰长 . 中国教育投资对 GDP 增长贡献率的实证分析及其财政政策选择 [J]. 扬州大学税务学院学报 ,2002(03)：1—4.

[105] 肖艳玲，黄河 . 新常态下经济增长动力转换问题研究：基于文献的梳理 [J]. 梧州学院学报 ,2017（8）：26—32.

[106] 谢桂花 , 朱华进 . 二战后韩国经济起飞与国际机遇的利用 [J]. 哈尔滨学院学报 ,2016(2)：35—39.

[107] 邢益新 , 陶延风 , 殷强 , 倪自宏 . 关于无锡潜在经济增长率的分析研究 [J]. 江南论坛 ,2016(8)：20—21.

[108] 徐现祥 , 舒元 . 基于对偶法的中国全要素生产率核算 [J]. 统计研究，2009（07）：78—86.

[109] 徐现祥，周吉梅，舒元 . 中国省区三次产业资本存量估计 [J]. 统计研究，2007(05)：6—13.

[110] 杨新铭 . 增长动力转换与高质量发展 [J]. 经济学动态 ,2019(6).

[111] 姚战琪，夏杰长 . 资本深化、技术进步对中国就业效应的经验分析［J］. 世界经济，2005(1)：58—67.

[112] 叶初升 . 中等收入阶段的发展问题与发展经济学理论创新——基于当代中国经济实践的一种理论建构性探索 [J]. 经济研究 ,2019,54(08)：167—182.

[113] 余欣泉 . 制度变迁与经济增长的实证研究［J］. 郑州航空工业管理学院学报，2016(4)：30—37.

[114] 余泳泽 . 改革开放以来中国经济增长动力转换的时空特征 [J]. 数量经济技术经济研究，2015，32(02)：19—34.

[115] 袁易明 , 姬超 . 资源约束下的经济增长转型路径——以深圳经济特区为例 [J]. 经济学动态 ,2014(10)：75—86.

[116] 岳云霞 , 史沛然 . 跨越“中等收入陷阱”：巴西与韩国比较研究 [J]. 国家行政学院学报 ,2017(2)：118—123

[117] 张德荣 .“中等收入陷阱”发生机理与中国经济增长的阶段性动力 [J]. 经济研究，2013（9）：17—29.

[118] 张欢，徐康宁，孙文远 . 城镇化、教育质量与中等收入陷阱——基于跨国面板数据的实证分析 [J]. 数量经济技术经济研究 ,2018,35(05)：40—58.

[119] 张欢，徐康宁 . "中等收入陷阱" 视角的收入差距、消费支出与经济增长研究 [J]. 经济问题探索 ,2016(12)：10—17.

[120] 张季风 . 日本经济长期低迷原因新探 [J]. 日本学刊 ,2015(4)：53—69.

[121] 张建华，程文 . 服务业供给侧结构性改革与跨越中等收入陷阱 [J]. 中国社会科学 ,2019(03)：39-61+205.

[122] 张军，施少华 . 中国经济全要素生产率变动：1952—1998[J]. 世界经济文汇，2003（02）：17—24.

[123] 张军，吴桂英，张吉鹏 . 中国省际物质资本存量估算：1952—2000[J]. 经济研究，2004(10)：35—44.

[124] 张永恒，郝寿义，杨兰桥 . 要素禀赋变化与区域经济增长动力转换 [J]. 经济学家，2016（10）：46—52.

[125] 赵世萍 . 日本和韩国经济转型对中国的启示 [J]. 财政科学，2018(11)：144—155.

[126] 赵彦云，刘思明 . 中国专利对经济增长方式影响的实证研究：1988—2008 年 [J]. 数量经济技术经济研究，2011（4）：34—48.

[127] 赵治国 . 为什么是长沙 [J]. 决策 ,2019(1)：54—57.

[128] 正解局 . 掉进坑里的巴西：丢掉实体经济，到底有多可怕？ [J]. 商业文化，2019（05）：46—50.

[129] 中共深圳市委机构编制委员会办公室 . 深圳经济特区 40 年行政管理体制改革实践与经验 [J]. 特区实践与理论 ,2020(4)：66—74.

[130] 中国经济增长前沿课题组 . 突破经济增长减速的新要素供给理论、体制与政策选择 [J]. 经济研究，2015（12）：4—19.

[131] 钟坚 . 历史性跨越（上）——深圳经济特区改革开放和现代化建设回顾与思考 [J]. 特区实践与理论，2018(2)：21—30.

[132] 周密，朱俊丰，郭佳宏 . 供给侧结构性改革的实施条件与动力机制研究 [J]. 管理世界，2018（3）：11-26+37.

[133] 周文，赵果庆，徐波 . 中国跨越 "中等收入陷阱" 的路径突破与政策

应对——基于地区收入差距视角 [J]. 经济理论与经济管理，2017(01).

[134] 周小亮 . 高质量发展新旧动能转换机制与路径：学术梳理的视角 [J]. 东南学术，2020(04)：157-168+248.

[135] 周小亮 . 新常态下中国经济增长动力转换：理论回溯与框架设计 [J]. 学术月刊，2015（9）：15—26.

[136] 朱子云 . 中国经济增长的动力转换与政策选择 [J]. 数量经济技术经济研究，2017，34(03)：3—20.

[137] 宗振利，廖直东 . 中国省际三次产业资本存量再估算：1978—2011[J]. 贵州财经大学学报，2014(03)：8—16.

[138] 袁易明 . 深圳产业发展与结构演进的内在原因——一个制度变迁视角的解释 [C].2008 年中国经济特区论坛：纪念改革开放 30 周年学术研讨会论文集 ,2008-12-13：302—307.

[139] 纪淑萍 . 我国消费与经济增长的实证分析［D］. 厦门：厦门大学，2007 年 .

[140] 韩璐 . 要素禀赋变化背景下中国经济增长动力转换研究 [D]. 西北大学，2015.

[141] 习近平 . 决胜全面建成小康社会夺取新时代中国特色社会主义伟大胜利 [N]. 人民日报 ,2017-10-28(001).

[142] 蔡昉 . 利用“人口红利”促进经济增长［N］. 中国人口报，2004 — 05 — 10.

[143]Aghion，P. and Howitt，*P. Endogenous growth theory*[M]. Cambridge，MA. MIT Press，1998.

[144]Koopmans T., *On the concept of optimal growth, The econometric approach to development planning*[M]. Econometric approach to development planning, 1st edn. North Holland, Amsterdam, 1965, pp.225—287.

[145]Morishima, Michio and Catephores, George., *Value, exploitation and growth: Marx in the Light of Modern Economic Theory*[M], London; New York: McGraw-Hill, 1978.

[146]Foley D K, Michel T. *A heterodox growth and distribution model*[M], in

Salvadori, N.(ed.): Economic Growth and Distribution: On the Nature and Causes of the Wealth of Nations, Edward Elgar, Cheltenham, 2006.

[147]Grossman G M, Helpman E., *Innovation and growth in the theory*[M]. MIT Press,1991.

[148]Basu, Deepankar. Marx-biased technical change and the neoclassical view of income distribution[J]. *Metroeconomica*, 2010, pp.593—620.

[149]Audretsch D B，Keilbach M. Entrepreneurship and regional growth: an evolutionary interpretation[J]. *Journal of Evolutionary Economics*，2004: 605—616.

[150]Basu S，Weil D N. Appropriate technology and growth[J]. *Quarterly Journal of Economics*，1998: 1025—1054.

[151]Cass D., Optimum growth in an aggregative model of capital accumulation[J]. *Review of Economic Studies,* 1965, pp.233—240.

[152]Can Tansel TU?CU. How to escape the middle income trap: international evidence from a binary dependent variablemodel[J].*Theoretical and Applied Economics*,2015(01).

[153]Dixit and Stiglitz. Monopolistic Competition and Optimum Product Diversity[J].*The American Economic Review*, 1977,67(3):297—308.

[154]Easterly W, Levine R. It’s not factor accumulation: stylized facts and growth models[J]. *General Information,* 2002, pp.21—224.

[155]Eichengreen B, D.Park, and K.Shin. “Growth Slowdowns Redux”[J].*Japan and the World Economy,*2014(11).

[156]Farrell, Michael. The Measurement of Productive Efficiency[J].*Journal of the Royal Statistical Society*, 1957, 120:253—290.

[157]Galor O, Weil D. From malthusian stagnation to modern growth[J]. *American Economic Review*, 1999: 150—154.

[158]Galor O，Michalopoulos S. Evolution and the growth process:Natural selection of entrepreneurial traits[J]. *General Information*，2011: 759—780.

[159]Grossman Gene M., Helpman Elhanan. Trade,knowledge spillovers,and growth[J].*North-Holland*,1991, 35(2-3):517—526.

[160]Henderson J V. Urbanization and economic development[J]. *Annals of Economics and Finance*, 2003, pp.275—341.

[161]Jones, L.E., and Manuelli, R., A Convex Model of Equil-ibrium Growth[J]. *Journal of Political Economy*, 1990, Vol. 98, No.5, pp.1008—1038.

[162]Kurz S, Salvadori N. Classcial roots of input-output analysis: A short account of its long prehistory[J]. *Economic Systems Research*, 2000, pp.153—179.

[163]Laitner J. "Structural change and economic growth[J]. *The Review of Economic Studies*, 2000, pp.545—561.

[164]Lucas R E. On the mechanics of economdevelopment[J].*General Information*， 1988: 3—42.

[165]Moomaw R L, Shatter A M. Urbanization and economic development: A bias toward large cities[J]. *Journal of Urban Economics*, 1996, pp.13—37.

[166]Nelson R. Bringing institutions into evolutionary growth theory[J]. *Journal of Evolutionary Economics*, 2002: 17—28.

[167]OhnoK.Avoiding the Middle-income Trap:Renovating Industrial Policy Formulation in Vietnam [J].*Journal of Southeast Asian Economies*,2009(01).

[168]Persson T, Tabellini G. Is inequality harmful for growth? theory and evidence[J]. *Social Science Electronic Publishing*, 2004, pp.600—621.

[169]Robert M. Solow. A Contribution to the Theory of Economic Growth[J]. *Quarterly Journal of Economics*.1956, 70(1):65—94.

[170]Rodrik, Dani, Alesina, "Alberto. Distributive politics and economic growth[J]. *Quarterly Journal of Economics*， 1994: 465—490.

[171]Romer P. Increasing returns and long-run growth[J]. *Journal of Political Economy*， 1986: 1002—1037.

[172]Solow R. A Contribution to the theory of economic growth[J]. *Quarterly Journal of Economics*， 1956: 65—94.

[173]Swan T W. Economic growth and capital accumulation[J].*Economic Record*， 1956: 34-361.

[174]Young A. Learning by doing andthe dynamic effects of international trade[J].

Quarterly Journal of Economics, 1991: 369—405.

[175]OECD. Productivity Manual:A Guide to the Measurement of Industry-level and Aggregate Productivity Growth[R], Paris, 2001.

[176]Barro R J, Lee J W. "Losers and winners in economic growth" ,*Jong Wha Lee*, 1993.

[177]Romer, P. M. 1990. "Capital, Labor, and Productivity. Brookings Papers on Economic Activity." *Microeconomics* 1990: 337—367.